企业新媒体营销应用研究

蒋国春 著

天津出版传媒集团

天津科学技术出版社

图书在版编目（CIP）数据

企业新媒体营销应用研究 / 蒋国春著. -- 天津：
天津科学技术出版社，2017.5
 ISBN 978-7-5576-2930-4

Ⅰ. ①企… Ⅱ. ①蒋… Ⅲ. ①企业管理－市场营销学 Ⅳ. ①F274

中国版本图书馆CIP数据核字（2017）第117543号

责任编辑：石　崑
责任印制：兰　毅

天津出版传媒集团

天津科学技术出版社出版

出 版 人：蔡　颢
天津市西康路35号　邮编 300051
电话(022)23332369（编辑室）
网址：www.tjkjcbs.com.cn
新华书店经销
天津印艺通制版印刷有限责任公司印刷

开本：787×1092　1/16　印张 15.25　字数 300 000
2021年1月第1版第2次印刷
定价：68.00元

序　言

互联网的发展及兴盛,深刻改变了当代人们的生活方式,也对诸多行业产生了巨大冲击,反映在企业营销领域,则是传统营销日渐式微,而新媒体营销大行其道,受到企业的重视。另外,新媒体营销作为企业新兴营销方式吸引了学术界的不少学者、专家对此展开研究。本人长期从事市场营销专业教学及研究工作,对该热门现象自然也予以关注,并进行系统的深入分析,而本书正是这些分析的结晶,希望能以资借鉴。

本书全书分为七章,第一章为导论,介绍研究主题的背景、目的、内容和方法;第二章为新媒体营销,主要阐述新媒体和新媒体营销等重要术语的涵义,并探讨新媒体营销与传统营销的差异;第三章为企业与新媒体营销,主要内容为从理论层面介绍学术界关于企业应用新媒体营销的研究状况,并从现实层面深入分析当前企业应用新媒体营销的现状;第四章为企业对不同类型新媒体的应用,这是全书的重心所在,主要探讨企业在应用不同类型的新媒体时的具体操作。在该部分,将新媒体细分为网络新媒体、手机新媒体、数字电视新媒体、户外新媒体、出版物数字化五种类型分别进行阐述;第五章、第六章为不同行业企业的新媒体营销案例分析,在该部分选取了与消费者生活比较密切的典型行业(如服装、餐饮、房地产、交通、医药、零售等)作为考察对象,分析了部分企业的新媒体营销活动案例,并总结其经验;第七章为研究结论及对企业开展新媒体营销的建议,在该部分,对全书进行了概况总结,并对国内企业开展新媒体营销提供了参考建议。

本书适用于高等院校或科研院所的市场营销类、新闻传播类等专业的人士用作研究的参考资料。另外,也可供具备市场营销专业、新闻传播专业等专业理论基础的社会人士用作自学资料。

本书的写作过程,历时一年多,耗尽心力,颇为辛苦。期间得到了家人及本人所在工作单位的大力支持。另外,在写作过程中也参考、吸收了不少学者、专家的观点。现书稿终于付梓,谨向无论是提供过直接帮助,还是间接帮助的人们,一并致以深深的谢意。

受限于本人目前的学术视野及研究能力,书中不免存在诸多不足,恳请各位专家或读者提出宝贵的修改意见,以便今后不断完善,同时也帮助本人提高。

蒋国春
广州科技职业技术学院
2017.3

目　　录

序言

第一章　导　论　/1
  第一节　研究背景与研究目的　/1
  第二节　研究内容与研究方法　/4

第二章　新媒体营销　/8
  第一节　新媒体与新媒体营销　/8
  第二节　新媒体营销与传统营销的比较　/14

第三章　企业与新媒体营销　/18
  第一节　企业应用新媒体营销的研究综述　/18
  第二节　企业应用新媒体营销的现状分析　/19

第四章　企业对不同类型新媒体的应用　/21
  第一节　企业的网络新媒体营销　/21
  第二节　企业的手机新媒体营销　/49
  第三节　企业的数字电视新媒体营销　/62
  第四节　企业的户外新媒体营销　/63
  第五节　企业的出版物数字化营销　/66

第五章　不同行业企业综合案例分析（上）　/70
  第一节　优衣库的新媒体营销思维　/71
  第二节　新百伦——"青春"和"雅痞"　/72
  第三节　黄太吉，新媒体营销的神话　/82
  第四节　空中食宿——新媒体下的"人性化"　/83
  第五节　肯德基——"谁能代表肯德基"　/96
  第六节　百事可乐——"把乐带回家"　/106
  第七节　三只松鼠——电商的互联网营销　/114

第八节 益达——"甜、酸、辣、苦" /120

第九节 武汉万达99°空间SOHO项目 /128

第十节 "YOU＋公寓"的新媒体营销法则 /135

第六章 不同行业企业综合案例分析(下) /138

第一节 优步——"互联网＋"打车营销 /138

第二节 宝马——"广告,也是生活" /147

第三节 小米4年100亿的新媒体之路 /156

第四节 支付宝——"账单日记"新创意 /162

第五节 欧珀——"手游"与"微电影" /169

第六节 同仁堂——传统"十大名药"新宣传 /180

第七节 高洁丝——"亲柔无忧"与"亲密柔情" /189

第八节 杜蕾斯——"蹭红微博是王道" /196

第九节 苏宁易购——零售巨头的"互联网＋" /207

第十节 卖萌的"故宫淘宝" /216

第七章 研究结论及对企业开展新媒体营销的建议 /231

第一节 研究结论 /231

第二节 对企业开展新媒体营销的建议 /231

参考文献 /235

后 记 /238

第一章 导 论

第一节 研究背景与研究目的

一、新媒体的兴起和发展

社会经济的高速发展使得人们需要的信息量也随之膨胀。这就需要信息反馈的及时与准确性。从信息语言的使用到现在新媒体的广泛运用，我们的生活越来越离不开手机，电视，电脑等设备。据中国互联网信息中心在《第 35 次中国互联网络发展状况统计报告》中显示，随着互联网的快速崛起，2014 年中国网民规模 6.49 亿，手机网民 5.57 亿，较 2013 年增加 5672 万人，以 2013 年美国 2.683 亿互联网用户计算，中国网民规模是美国的 4.2 倍。网络已经发展成为中国媒体领域中最具有影响力，发展最迅速的媒介，新媒体带给我们的是更快的信息传播，更便捷的通讯方式以及更广泛的信息来源。

新技术的发展日新月异，新的传播与交流方式也逐渐涌入大众的生活中来，手机、互联网、移动数字电视等新媒体设备也逐渐普遍起来。社会大众间的交流与沟通日益频繁，信息的传播速度加快，而这其中的主要介质就是媒体，新媒体的出现不仅满足了快节奏的现代社会人的需求，更是从根本上改变了信息传播的模式。自从互联网进入中国后，网络迅速成为人们关注的话题。随后，电视网络如分众传媒、聚众传媒，网络电视如优酷、爱奇艺，沟通工具如微博微信如雨后春笋般出现在我们的生活中。

玉树地震后，在 4 月 18 号到 21 号期间，仅仅通过微博的力量，就聚集了几十吨物品运往灾区。新媒体改变了人们的思维力方式，使人们跳出点、线、面的限制，以三维立体的思维方式思考问题。

二、新媒体的特征

1. 信息实现双向交换

信息化的背景下，人们更加关注的是得到信息的便捷性和有效性。传统媒体的信息传播是受众被动地接受信息，而新媒体就拿微博来说，信息的发布和评论就是充分利用网络平台，在传递信息的同时使受众能够在同一平台上各抒己见，交换和反馈信息，这不仅满足了大众对信息的需求，还使信息的传递变为双向。

2. 信息的控制权掌握在受众手中

新媒体的出现使得受众不仅有了话语权和对话语的控制权，而且可以选择是否接受信息，接受哪些信息并且可以把自己的观点传播出去，人们的表达需求得到了满足，可以个性的有了自我展示的平台，因此对媒介使用的积极性也就随之提升，也促进了新媒体的发展。

3. 传播形式由固定变为移动

网络、无线电技术突破了信息传播的固定模式，公交车上有移动电视，出租车上有无线广播，手机可以随处浏览信息，4G网络的发展更使移动设备走向成熟和主流的媒体形式。

4. 各种传播形式融合与交融

新媒体集合了声音、文字、图像等形式，使一种移动设备集合多种功能，信息的传播更加具体形象，内容更加丰富。如手机，集合短信，通话，视频，音频等多种功能，化解了信息传播的单一性。

三、新媒体的营销方式

1. 微博营销

在微博营销平台上，每一个个体都是潜在营销对象，企业定时更新自己的微博向网友传播企业和产品信息，广告宣传的时候都会附上微博或微信二维码，通过网络来推广自己的品牌和产品，通过与公众互动的方式来增加自己的知名度和影响力，树立良好的企业形象和产品形象。

微博营销注重价值的传递、内容的互动、系统的布局、准确的定位，它的火热也带动了营销显著成效。微博营销涉及的范围包括认证、粉丝、话题、名人微博等。目前，新浪微博推出企业服务商平台，为企业在微博上进行营销提供了一定帮助。

2. 微信营销

微信营销是网络经济时代企业营销模式的一种。它是伴随着微信的火热而兴起的。微信打破了距离的限制，用户注册后，可与同样注册的"朋友"形成一种联系，订阅自己所需的信息，商家通过提供用户需要的信息，推广自己的产品，从而实现点对点的营销。

微信经过几年来的发展，功能越来越丰富，充值、彩票、理财、购物，吃喝玩乐功能一应俱全。微信营销通过展示、推广和互动来促进成交。就连今年的央视春晚都增加了一个新的互动模式——春晚吉祥物羊羊，并且通过微信红包来吸引公众参与。微信营销使交易变得更加简明，专业和高效，与客户的链接更为亲密。微信营销解决了企业开发成本高，周期长的难题。

3. 网络营销

网络营销是个人或集体基于互联网技术、支付中介、物流快递满足顾客欲望及购买力的过程。网络营销是在全球商务活动趋向电子化形势下应运而生的新兴行业，是信息技术大发展的产物，依赖互联网技术、信息技术、支付中介、信用评估、物流交通等，未来可能随着3D技术的发展及实体体验店的建立，将会更好的满足顾客的购物体验。

四、研究现状和发展趋势

新媒体营销的渠道，或称新媒体营销的平台，主要包括：门户、搜索引擎、微博、SNS、博客、播客、BBS、RSS、WIKI、手机、移动设备、APP等。新媒体营销并不是单一地通过上面的渠道中的一种进行营销，而是需要多种渠道整合营销，甚至在营销资金充裕的情况下，可以与传统媒介营销相结合，形成全方位立体式营销。

新媒体环境完全改变了企业与客户之间的关系。它可以实现实时的信息传播，它拥有独特的个性化以及灵活的互动性，它可以做到精准的定向传播，使整个过程变得简单并且成本低廉。随着消费者获取信息方式的改变，客户的购买行为发生了巨大的变化，很大程度上改变与颠覆了企业原先所处的市场环境，特别是营销环境，同时也深刻地影响和改变目标顾客的思维方式、生活方式、信息获取、信息交流、意见表达、决策制定。在新媒体时代，消费者不再是被动地受广告和促销影响，而是在互动交流中建立并自主传播品牌体验。

对企业来说，利用处于快速发展演变之中的网络新媒体展开营销推广是一个重大机遇。

（1）增加了营销方式、开拓了新的营销阵地，网罗原先的营销传播渠道未能涵盖的目标客户和潜在客户。

（2）降低了营销的成本，通过品牌及产品信息的在线展示、宣传、营销推广活动来吸引客户的注意。

（3）提高了营销的效果，运用网络技术分析辨识出企业的目标客户群体进而针对性地展开营销攻势，同时通过网络新媒体与所有用户交流沟通发掘潜在客户和培育忠实客户。

（4）及时捕捉、把握市场的需求变化，收集目标客户的要求及建议，不断地自我完善，继而引领市场创新。

越来越多的企业已经开始意识到网络新媒体所蕴藏的能量，除了其所汇聚的庞大目标客户群体和它无可比拟的传播成效，利用网络新媒体开展营销的需求也更加迫切。就新东方而言，它通过微博营销、微信营销、YY语音平台营销、网络远程教育、视频面对面同步授课、QQ群等途径，来与学生或者那些对新东方企业、新东方名师有兴趣的人群进行互动，从而为新东方企业增加了知名度并且能更好的做到与社会群体的沟通，新东方和客户之间由以前的单向关系来到了现在的双向互动的关系，并通过新媒体缩小与客户的距离。

随着互联网络技术及其形态的迅猛发展及广泛普及，企业面临的外部环境已悄然地发生变化，如何在激烈的市场竞争中，借助新媒体的发展演变，来改变自身营销方式和策略，顺应并切引领时代潮流，以期实现企业基业长远的发展下去。网络新媒体营销具有较强的实践性和可探索性，属于较新的营销方式，发展前景不可限量。开展企业网络新媒体营销研究，有利于为企业寻求在新媒体背景下开展营销活动时提供一个新方法、新策略；有利于为新媒体营销这一领域将来开展更深层次的理论分析提供一个阶段性、基础性的平台；有利于我国企业在具体的营销实践中对先进经验的及时归纳和总结，为我国企业在把握更新的新媒体营销时机与具体操作提供一定的参考和借鉴。

第二节　研究内容与研究方法

一、企业的市场机会——SWOT分析

表1－1　新媒体环境下企业的市场机会

优势	劣势
1. 消费群体庞大 2. 技术逐渐成熟，并逐渐成为主流 3. 资费低廉	1. 信息杂乱，针对性弱 2. 新媒体广告权威性小，准确性低 3. 模仿性高，同质化高
机遇	威胁
1. 智能终端普及 2. 新媒体传播效果更加直观	1. 信息的安全性令人担忧 2. 各种媒体数据不统一

1. 优势

（1）新媒体已经遍布人们生活的方方面面，已经大范围地接触人们的生活。就拿微信来说，截至到2012年9月17日，微信用户破2亿，2013年1月23日，微信用户达3亿，时间短至5个月，而且仍在加速普及中。面对中国改革开放三十年来国家经济的迅猛、持续、稳健的高速发展，财富的积累加之全球的接轨，中国人口众多，消费群体庞大，新媒体有巨大的发展潜力。

（2）新闻客户端、微信、4G应用等热点现象自从新媒体进入中国以来发展进一步呈现移动化、融合化和社会化加速的态势。微信收发动态图片、语音、对讲等功能也为用户带来了交互式的沟通体验，并且极大地增强了软件娱乐性。良好的用户体验使得微信营销为用户带来了新鲜感，引起用户关注，极大加强了营销效用。在这种态势下，中国新媒体传播成为主流传播方式，因此，基于新媒体的微传播已经成为促进中国社会发展的新动力。

（3）新媒体信息传播迅速和获取资源迅速，效率高，因此可以快速锁定目标受众群，对市场投放宣传，占领消费市场。对于企业而言，一则广告的费用可能超过几十万甚至上百万，而通过微信平台的信息推送则可以大大降低成本，对于每一位粉丝的推送成本只需要几分钱。微信的普及都使得微信网络营销更具有关注与开发价值。

2. 劣势

（1）互联网的发展一方面方便了人们的生活，但另外一方面也给生活带来了许多困扰，信息量的增加给人们的选择也增加，每天会有各种消息发送到我们的手机，邮箱上，加上我国的监管制度不完善，造成信息杂乱，信息传播的针对性弱。

（2）近年来电视购物，电话销售兴起，但其真实性却令人担忧，网络上虚假信息过多，准确度低，使大众有了信任危机，新媒体的主要通过互联网传播，所以目前其权威性还不够。

（3）不少新媒体进入门槛低，重复建设造成同质化严重。南方报业传媒集团披露，集团各报刊都建立了独立的域名和网站，现在网站多达30多个。近年来微信火热，上海报业集团披露，集团旗下各媒体开设了百余个微信公众账号。线上建设中福，线下模仿也严重。

3. 机遇

（1）新媒体传播建立在网络通讯业不断发展的基础之上，而当前智能手机、平板电脑、智能电视能智能终端开发日新月异，使得智能终端越来越多代替传统传媒渠道而承担信息传递的任务。日渐贴近用户生活的各种软件实现的网络营销可以有效弥补传统营销渠道的短板，实现面向智能终端的"一对一"营销，智能终端的普及为新媒体营销提供了运行模式。

（2）新媒体传播及声音图像等于一体，传播效果更为直观。它能够保证读者对新闻发生的广阔背景及所产生的影响进行全程观察，从而更准确地判断生存环境发生的变化。新媒体传播内容要几十秒、几秒，文字有时要精准到几十个。新媒体可以不限时、不限量地贮存和传播信息，运行各种信息数据库。这不仅极大方便了消费者，也能够使企业的信息传递速度加快，提高效率。

4. 挑战

（1）信息技术的发展使得信息获取也变得更为容易，由于手机等原因丢失造成的财产损失屡见不鲜，网络营销被不少不法分子利用进行犯罪诈骗。不仅如此，这种营销方式也涉及用户的隐私问题，在对用户消费行为进行数据收集与分析的同时难免对用户的隐私进行侵犯，这也需要公众平台功能的进一步优化与建设。

（2）由于数据两的庞大和各种媒体方式以及研究方式的不同，新媒体数据库数据出现了不统一的现象，消费者不知道该如何选择，往往搜索一家企业会出现众多平台，真假难辨，这有待于运营团队对于公众平台的甄别与进一步规范。这也给造成企业信息投放造成了一定困扰。

二、企业营销再定位

面对目前媒体行业媒体的激烈竞争，要让新媒体突破中国传统媒介市场分布的局限，获得新的发展机遇，实现营销的目标，必须对现有的资源进行整合，进行营销的再定位。

企业营销再定位是对传统媒体优势的继承和劣势的改变，规避原来的短板，改善传播方式。整合现有的媒体资源，重新定位企业目标，制定新的营销策略，树立企业新的形象，利用自身在行业内已形成的优势，开发新时代下特有的文化内涵，通过高新技术和传统媒体的结合，为企业品牌打上新的文化烙印，在行业独树一帜。通过品牌更新，使企业既保持原有的优势，又融合新的方式，让消费者能够记住这个不一样的品牌，进而进行选择。

三、新媒体下的企业营销传播

1. 向数字化转型

传统媒体的传播依靠固定的设备和固定媒介传播，传播效率低，手机和电脑的普及，生活节奏的加快，人们越来越不愿意去买纸质书籍阅读，人们希望同时阅读不同类型的信息，并且希望提高信息获取的效率。如在公交车，地铁上就可以随时拿出手机阅读。事实上报纸的收入已经开始急剧下滑。目前美国几乎100%的报纸都推出了在线或者移动出版的版本，在中国，有统计显示，去年中国报刊广告市场规模整体下跌12.6%，而互联网广告增幅达46.9%。

所以纸媒面临亟待转型的时代。国内最为火爆的杂志——《伊周》、《ELLE》、《瑞丽》等也创建了电子杂志，iPad掌上阅读不仅具有纸媒杂志的内容，而且还可以动态显示，如缩略图快速目录，滚动阅读，快速查找页面，内容分享收藏等，使用户有了新的阅读体验和乐趣，影响力迅速超越了传统媒体。企业必须主动转型，以新媒体为主阵地，善用移动互联网，赢取未来。

2. 加快企业创新

单单利用新媒体的优势，利用新媒体平台来对企业产品进行传播是远远不够的，企业要想发展立足必须根据市场需求提高自身价值。浙江卫视的《中国好声音》、《奔跑吧，兄弟》一经推出就获得了巨大反响，收视率创下新高。究其原因，企业抓住了大众娱乐需求增加的心理，并且利用名人明星的效应扩大影响力，吸引观众眼球。但企业也必须以专业和负责的态度来面对大众的诉求，如《中国好声音》的标准作业流程长达200多页，连海报上评审的V字形手势，主持人45度倒拿麦克风，都有严格标准化要求。标准化，娱乐性，参与度都是媒体创新创新需要考虑的。

第二章 新媒体营销

新媒体营销是指利用新媒体平台进行营销的模式。在web2.0带来巨大革新的年代，营销思维也带来巨大改变，体验性（experience）、沟通性（communicate）、差异性（variation）、创造性（creativity）、关联性（relation），互联网已经进入新媒体传播2.0时代。并且出现了网络杂志、博客、微博、微信、TAG、SNS、RSS、WIKI等这些新兴的媒体。

第一节 新媒体与新媒体营销

一、新媒体的概念

对于"新媒体"这一热门领域，无论业界还是学界都没有一个准确的概念界定。正如清华大学出版社《新媒体百科全书》主编斯蒂夫·琼斯所说："新媒体是一个相对的概念，相对于图书，报纸是新媒体；相对于广播，电视是新媒体；'新'是相对于'旧'而言的。新媒体又是一个时间的概念，在一定的时间段之内，新媒体应该有一个相对稳定的内涵。新媒体同时又是一个发展的概念，科学技术的发展不会终结，人们的需求不会终结，新媒体也不会停留在人和一个现存的平台。"可见，新媒体是和时代相连的，新媒体的概念是一个动态的变化过程，媒体的"新"与"旧"是相对而言的，很难形成一个完整、标准的定义。因此，人们对于新媒体的理解，有的是根据媒体的形态，有的是将新媒体与传统媒体比较，学界常常用"有别于传统媒体"的反向划归方法为这个概念作一个模糊的概括。

目前学界对于新媒体的理解有如下典型说法：

清华大学熊澄宇教授指出，新媒体主要是指在计算机信息处理技术基础上产生和发生影响的媒体形态，包括在线的网络新媒体和离线的其他数字媒体形式。他提出，新媒体并不是终结在数字媒体和网络新媒体这样一个平台上，对于新媒体的理解要重视两个概念：一是以前没有出现的新媒体；一是受计算机信息技术影响而产生变化的新媒体形态，目前更需要关注的是数字媒体之后的新媒体形态。

中国人民大学匡文波教授认为，新媒体是一个相对的概念，是在报刊、广播、电视等传统媒体以后发展起来的新的媒体形态，包括网络新媒体、手机媒体、数字电视等。新媒体亦是一个宽泛的概念，是利用数字技术、网络技术，通过互联网、宽带局域网、无线通信网、卫星等渠道，以及电脑、手机、数字电视机等终端，向用户提供信息和娱乐服务的传播形态。严格地说，新媒体应该称为数字化新媒体。在目前的经济技术条件下，互联网是新媒体的主体。

互联网实验室对于新媒体的定义是：新媒体是基于计算机技术、通信技术、数字广播等技术，通过互联网、无线通信网、数字广播电视网和卫星等渠道，以电脑、电视、手机、PDA、MP4等设备为终端的媒体。它能够实现个性化、互动化、细分化的传播方式，部分新媒体在传播属性上能够实现精准投放、点对点的传播，如新媒体博客、电子杂志等。互联网实验室将新媒体划分为以下几种类型：第一类是基于互联网技术的新媒体，包括电子杂志、电子书、网络视频、博客、播客、群组、其他类型的网络社区等；第二类是基于数字广播网络的新媒体，如手机电视、数字电视、车载电视、公交电视等；第三类是基于无线网络产生的手机短信、手机WAP等新媒体形式；第四类是跨网络的新媒体，包括IPTV等。

业界对于新媒体也提出了很多理解，具有代表性的观点有：

美国《连线》杂志对新媒体的理解是：新媒体是所有人对所有人的传播。这个概念从传播者角度对于新媒体进行界定，由于没有对新媒体的形态和新媒体的特点作出更为详细的解释，很难将这个理解作为新媒体的学术概念。

凤凰网刘爽认为，对于新媒体的理解应该从三个层面展开：一是从物理平台的层面，新媒体是一个新的信息载体；二是从媒体运作方式来看，新媒体从内容产生、编辑到传输方式都发生了根本的变革，具有"去中心化"、"个性化"、"互动性"的特点，符合长尾经济时代的生产特征；三是新媒体体现出社会思潮和时代精神，可以上升到社会学和哲学的范畴加以理解。

本书作者认为，我们所讨论的新媒体是相对于传统意义上的报刊、广播、电视等大众传播媒体而言的，指随着传播新技术的发展和传媒市场的进一步细分而产生的新型传播媒体，主要是指学界和业界分别称为第四媒体、第五媒体的宽带网络和手机媒体两类新媒体。

二、新媒体传播的特点

新媒体在信息传播与经营模式等方面与传统媒体有着巨大的差异，新媒体与传统媒体的差异不仅在于出现了一种新的技术手段、平台和介质，更在于新媒体带来的从内容生产方式到传播语境的变化。

(一) 传播模式发生巨变

新媒体在信息内容、传播模式、传播受众方面与传统媒体有着截然不同的特征。

从传播信息形式看，传统媒体以文字、图片、声音、画面等信息形式进行传播，信息形式不够丰富和灵活；新媒体则充分发挥互联网、无线通信网络的技术优势，融合多媒体、动画、互动技术、数字内容等多种信息形式，信息的实时性、灵活性和丰富程度都高于传统媒体。

从信息传播的状态看，传统媒体是典型的"一对多"式的单向信息传播模式，信息反馈和过程比较复杂；新媒体则可以实现P2P（Peer to Peer）"多对多"的信息传播模式，通过互联网、手机短信等新媒体方式，任何人都可以经济而便捷地以众多形式向他人传播信息，且信息反馈及时便捷。

从传播受众看，新媒体的受众群体从大众转向小众。传统媒体是大众媒体，具有公共产品的性质；新媒体被称为细分媒体，可以通过技术手段、传播模式等方式针对特定受众进行信息传播。新媒体导致了消费者偏好的改变，受众有可能接触到越来越多的媒体和信息，对于信息传播过程的参与性越来越高，新的传播状态使传统的大众媒体的"大众"正在逐渐变为"小众"。

(二) 新媒体传播的特征

互联网实验室将新媒体传播特征归纳为互动性、主动性、个性化、移动化。

1. 互动性

传统媒体充当信息源与受众之间的中介，由于技术条件、信息采集方法以及单向传播模式的制约，信息传播过程中媒体与受众的互动性无从体现。新媒体基于网络和通信技术所提供的信息路径和存在空间，强化了传播的双向性，媒体与受众之间的互动性传播得以实现。

2. 主动性

回顾人类的大众传播史，印刷传播和电子传播的形态通道是固定的，传播者具有较强的垄断性和控制权。新媒体时期的媒体形态更加丰富，传播行为更加自由，由于数字化带来的交互性，传播者与信息接收者之间的界限不再分明，受众信息接收的主动性大大增强。通过发送手机短信、撰写博客日志、发起网络群聊，任何人都可以在"任何时候、任何地点、对任何人"进行信息传播，传统主流媒体的话语权垄断得以突破。受众在接收信息时的主动性和消费偏好变得日益重要。

3. 个性化

不同于传统媒体信息生产的模式化与大众化，新媒体针对大众需求提供个性化的内容，传播过程强调信息传播者和信息接受者的平等交流，而"多对多"的信息交流方式使得受众之间可以同时进行个性化交流。为受众提供的个性化"窄播"、"点播"

服务将取代传统媒体的"广播"模式。

4. 移动化

"移动化"将是未来新媒体的重要特征。随着无线网络技术和通信网络技术的融合，网络应用将逐步移动化。导致媒体移动化的最重要因素源于人们对摆脱束缚、实现自由的强烈渴望，移动通信使人们可以摆脱"固定"的束缚，获得联系的便利和自由；互联网内容与服务越来越丰富，使用越来越便利，特别是移动上网的实现，必然影响未来媒体的走向。新媒体的发展将从PC、笔记本终端走向手机终端，网络视频、博客、播客等新媒体从固定走向移动化。

（三）以最新技术手段为基础

技术创新是新媒体产业发展的内在动力。新媒体的发展归根结底是技术的推动，包括无线通信、网络等科技发展的最新技术，通过互联网、宽带局域网、无线通信网和卫星等渠道，新媒体向用户提供视频、音频、语音数据服务、连线游戏、远程教育等集成信息和娱乐服务。

新媒体产业的出现，是计算机技术、通信技术、数字广播等技术不断创新和发展的成果。互联网新技术的发明与应用，推动媒体产品不断更新，新的服务和应用层出不穷，尤其是Web 2.0概念的提出，以个性化、去中心化和信息自主权的特征吸引了众多网络受众的参与，博客、播客、网络论坛更是引发了"草根传播"的热潮。2007年年底，中国手机用户突破5亿，人均持有量高于电脑，随着3G移动通信系统推广、3G牌照的发放，手机电视、手机报、手机游戏、手机移动搜索等手机业务即将进入良性发展期。

随着技术发展的频率不断加快，新媒体的换代升级会越来越接近摩尔定律——使用性能越来越好，而获取或进入的"门槛"会越来越低。

三、新媒体影响媒体生态

（一）新媒体成为热点产业

新媒体之所以成为热点产业，不仅在于传播方式与传播形态的创新，更在于新媒体所形成的全新商业模式，以及新媒体在融资模式、盈利、营销方面的创新。

从资本市场来看，新媒体产业已经成为众多产业关注和投资的热点。自20世纪末期风险投资商追捧网络概念，催生新经济的代表——网络经济发展以来，互联网媒体关于投资、收购、合并等产业变革的主题始终没有中断过。2005年以来，以博客、网络社区、网络视频等为代表的Web 2.0新型互联网应用模式的普及进一步为新媒体的迅猛发展提供了动力；2006年，PPLive、千橡等获得风投巨额投资，传媒机构央视、凤凰等大举进军新媒体产业，使新媒体成为关注热点。2007年，中国新媒体用户潜力、营销能力等潜在商业价值受到国际风险投资商和传统媒体机构的青睐,风险投资资金不断流入新媒体产业。

从产业政策来看,国家政策对新媒体产业的发展空前重视。2006年,《国家"十一五"时期文化发展规划纲要》(简称《纲要》)颁布,《纲要》第十六条指出:"发展新兴传播载体,充分发挥国家主流媒体在信息、人才等方面的资源优势,发展手机网站、手机报刊、IP电视、移动数字电视、网络广播、网络电视等新兴传播载体,丰富内容,创立品牌,不断提高市场占有率。"国家政策的支持为新媒体产业提供了进一步发展的契机。

(二)改变媒体市场格局

新媒体产业发展引发了传媒产业变局,对媒体市场份额进行了重新分割。新媒体大量涌入,对传统媒体冲击加强,替代趋势加速。中国传媒大学广告主研究所的研究表明,传统媒体占的广告份额曾经高达80%,然而由于传统媒体一对多的宣传分散,造成在这些媒体上投放广告效果的弱化,被访企业连续4年分配在新媒体和户外媒体广告费用占媒体广告投放总体费用的比重逐年上升。2007年,互联网和商务楼宇LCD是广告主新媒体投放费用中最大的两部分,2008年,广告主在手机媒体和电梯海报的广告预期投放有所增长。随着新媒体业务应用进一步成熟、价值进一步提高,新媒体分流传统媒体的广告资源和用户资源更加明显,对传统媒体的冲击将继续加大。

新媒体在加剧媒体市场竞争,分流传统媒体市场份额的同时,也影响了整个媒体产业的生态环境,媒体的市场格局发生巨大改变。从传媒市场格局来看,中国新媒体的两大组成板块——网络新媒体和手机媒体近年均实现较快增长。2006年网络新媒体总收入为252亿元,包括网络游戏、网络广告、网络视频、博客、各种下载业务等,其中网络游戏和网络广告收入增长较快,同比分别增长62.0%和48.2%。据艾瑞咨询统计,2007年中国网络广告市场规模达106亿元人民币,同比增长75.3%,从2004—2011年中国网络广告市场规模复合增长率将达45.5%;中国无线广告市场规模将达到7.8亿元人民币,较2006年增长56%。新媒体广告相对低廉的价格,以及用户数量的激增使得广告主从成本较高的传统媒体转向新兴广告媒体,新媒体逐渐成为商业广告投放的主要渠道和市场。

(三)新媒体发展与融合趋势

互联网实验室发布的《2006—2007年中国新媒体发展研究报告》提出了"融合新媒体"的概念,融合是新媒体发展的显著特点,这种融合既包括新旧媒体的融合,也包括技术融合引起的终端融合和网络融合。

1. 新旧媒体的融合

从新媒体的媒体属性看,新媒体和传统媒体在其独立发展之外,又是交叉融合发展的。传统媒体与新媒体的融合发展是媒体发展的重要方向,传统媒体在内容生产、品牌传播中有独特优势，新媒体凭借技术和渠道优势也占据强者地位，在新的竞合环境下，两者之间是一种相互依存、相互借鉴、共同发展的互补关系。

具体来说，新旧媒体的融合有以下几种形式：

(1) 传统媒体与互联网的融合

传统媒体与网络新媒体融合，借助网络传播提高自己在传统领域的内容优势。品牌强大的电视或报纸媒体可以通过创办网站实现快速发展，影响力小的传统媒体则应该专注于内容优势，借助其他新媒体实现网络传播。

(2) 传统媒体与手机的融合

传统媒体与手机媒体融合已经成为传统媒体拓展受众市场、细分受众群体和实现媒体内容商业延伸的有效方式。例如，随着3G技术的成熟与手机业务模式的深入应用，手机电视、手机报等传统媒体与手机融合的新媒体形式，将为传统媒体带来比单一媒体更优越的流量和盈利增长。

(3) 多种媒体的融合

基于受众对于不同媒体的接触时间、接触机会存在差异，媒体之间通过互补更好地实现强强联合。2006年9月6日，北京人民广播电台开通DAB广播式手机电视业务，除转播北京人民广播电台节目外，还首播中央一台及北京一台的电视节目，用户可以免费使用三种媒体，实现了广播、电视与手机三者的融合，充分发挥电视内容丰富、手机携带方便和广播覆盖面广，可移动接收的多种优点。

(4) 传统媒体与新媒体的并购与合作

新媒体与传统媒体的融合，除了传统媒体涉足新媒体，更直接的是两者之间的并购。1998年NBC并购Snap Online，1999年新闻集团与雅虎签订合作协议，2000美国在线合并时代华纳，2005年新闻集团收购了全球最大的博客网站MySpace。上述并购与合作案例，正是传统媒体为扩大媒体市场影响力、开展多元化经营以及提高核心竞争力而与新媒体产业的深入融合。

2. 技术的融合

新媒体产业是影响数字家庭产业链、通信产业链、传统媒体产业链等众多产业的热点产业。新媒体产业的技术发展是各种融合趋势形成的基础，新媒体产业的发展，促进了信息技术与内容产业之间的嫁接与融合，带动了基于互联网、无线网络、数字广播电视等众多产业的变革、转型和融合，并促使这些产业不断创新和发展，向融合化和移动化方向发展。

(四) 新媒体营销价值凸显

新媒体的营销价值正得到广告主以及广告公司、公关公司等营销机构的认同，新媒体逐渐成为企业整合营销中的重要组成部分。新媒体的营销传播能力和价值正在逐步得到认同，受到越来越多的企业和营销机构关注，新媒体的市场规模近年来也保持着高速增长态势。

研究表明，随着市场供给的饱和与竞争的加剧，广告主越来越强调细分市场以及目标营销的效果，正如提出"长尾理论"的克里斯·安德森所说，我们的文化和经济重心正在加速转移，从需求曲线头部的少数大热门（主流产品和市场）转向需求曲线尾部的大量利基产品和市场。在一个没有货架空间的限制和其他供应瓶颈的时代，面向特定小群体的产品和服务可以和主流热点具有同样的经济吸引力。广告不再是对大众的劝服，而是"分众"进行信息传播。传统媒体一味强调大发行量、高收视率和收听率的盈利模式面临挑战，大众媒体的市场效用增长减缓。

据市场研究公司CTR的研究，2007年，传统媒体广告市场花费增长率进一步收缩，广告花费总量达3120亿元人民币（不含互联网和新媒体）；电视广告以12%的增幅保持领先地位；杂志、电台广告增长速度明显减慢；报纸广告业务下滑局面依旧，比上年降低1%；户外媒体广告受到城市整治和户外新媒体等诸多影响，出现6%的负增长。相反，新媒体经营保持爆发之势，互联网广告花费达116亿元人民币，增长率高达48%，占媒体市场4%的份额。商务楼宇LCD以76亿元人民币的广告花费总量位居第5位，占媒体市场2%的份额。

（五）新媒体盈利模式仍需探索

数字化、网络化的新媒体发展，突破了传播的物质壁垒，降低了传播的边际成本，导致了传媒市场更为广阔，竞争更为激烈。2006年是新媒体产业整合、收购、扩张的一年，伴随着技术的成熟与新媒体企业的发展走上正轨，新媒体产品和服务的开发速度加快，电子杂志、网络视频、互动社区等新产品和服务不断出现。

由于目前新媒体产业的发展无法绕开通过产品和服务进行盈利的问题，新媒体发展商业利益是第一位的。有些新媒体形式，如博客、电子杂志、网络视频等基于互联网络平台的新媒体提供的服务种类较多、发展快速而且应用服务比较完善，已经形成了相对成熟的盈利模式；有些新媒体形式，如基于数字广播网络、跨网络的新媒体则尚处于初级阶段，应用服务尚不完善，盈利模式还需要进一步探索。

第二节 新媒体营销与传统营销的比较

在企业之间营销竞争持续加剧，传统营销模式效果持续走低的情况下，新媒体营销在企业营销中的地位不断彰显，其对于传统营销的替代成为了一个必然趋势。不过由于两种营销模式各有利弊，因此短时间内来看，二者虽然是此消彼长的关系，但是新媒体营销并不能完全取代传统营销模式，如何实现二者之间有机融合，成为了企业营销领域的一个难点和重点。当前很多企业在新媒体营销与传统营销方面的结合不是很理想，结果导致了这两种营销模式的作用得不到充分发挥，拖累了企业的营销效果，针对这一问题，企业营销中必须积极拥抱新媒体营销，同时采取有效措施确保新媒体营销与传统营销的有机结合，从而实现企业与营销水平的持续提升。

一、新媒体营销内涵以及特点

1. 新媒体营销内涵

新媒体营销从字面意义上来理解就是指利用各种新媒体来进行营销活动的开展，这些年随着"微信"、"微博"等新媒体的不断涌现，新媒体营销逐渐成为了企业营销的重要选择。新媒体营销的核心在于新媒体，即借助于新媒体这一载体来进行营销，其现实背景在于新媒体逐渐成为了人们获取信息的主要渠道，这使得新媒体成为企业营销的主要平台。新媒体的"新"只是相对于传统广播、电视等传媒而言的。

2. 新媒体营销特点

新媒体营销相对于传统营销来说，具有以下几个方面营销特点：首先就是成本较低，新媒体营销成本相对于传统营销来说成本较低，信息推送可以送达很多人，边际成本几乎为零；其次就是互动性比较强，传统营销就是信息推送，没有反馈，而新媒体营销，用户可以进行评论、点赞等互动行为，互动反馈可以让企业营销进行不断调整；三是新媒体营销比较精准，新媒体营销可以一定程度上改变传统营销"普遍撒网"的低效，仅仅吸引感兴趣的潜在消费者点击阅读，因此大大提升了营销的精准性。还有就是新媒体具有内容丰富、推陈出新、长尾效应等特点，这些特点使得新媒体营销效果非传统营销可以替代。

二、传统营销模式以及利弊

1. 传统营销模式

传统营销模式是以"4P"营销理论为核心，借助于广播、电视等媒体来进行营销活动的模式，其基本出发点就是强调将更多的产品以及服务销售给客户，从而实现利润的最大化。传统营销的主要手段就是大做广告，向顾客单方面的推送各种促销信息，但实践证明，在目前各种广告充斥人们眼球的背景之下，传统营销效果不断下降。

2. 传统营销利弊

传统营销模式尽管营销效果不断下降，但是这并不意味着这一营销模式一无是处，传统营销本身也有自身的优点，这些优点是新媒体营销难以完全取代传统营销的主要原因。传统营销的优点主要就是目前人们在价值理念、购物行为等方面已经比较适应传统营销，这种习惯难以短时间内彻底扭转。另外就是对于一些不使用新媒体的老年人来说，传统营销依然是非常有效的营销手段，同时并不是所有的产品都适合新媒体营销。

三、新媒体与传统媒体之间的差异

1. 市场的差异

传统媒体目前是国家垄断性的，要有"准运证"。垄断带有保护性，能赚钱，能带来高利润。而互联网却是没有垄断保护的，互联网一产生，它就处在激烈的市场竞争中。

2. 受众的区别

传统媒体是"主导受众型"，而网络新媒体是"受众主导型"的。在网络新媒体那里，受众有更大的选择权。

3. 管理的不同

传统媒体发展至今已经有非常清晰的管理机制和结构。编辑至上，轻视市场。而网络新媒体的管理机制相对模糊。网站的老大是总经理而不是总编。对技术的重视也有区别。在网站决策层中技术人员的份量重，而传统媒体则不然。

4. 内容的不同

传统媒体分级管理，网络新媒体的编辑职权相对大于传统媒体的编辑。记者—编辑—总编辑，这样一种"三审制"，没办法在网站上实行。总编把关的模式很难在网站实现，一天滚动发2000条新闻，你总编辑一个人哪里看得过来。所以网站编辑的职权大，也要求他有更强的把关意识。

5. 时效的不同

传统媒体有明确的发布时效、时段。定时定量。这种传播时效，决定了受众的关注也有了时段性：每天有一次性的关注。而网络新媒体24小时在滚动，每天必须N次关注，才不会漏掉重要新闻。滚动新闻这种形式，对于习惯了每天一次性关注的受众来说，很可能会漏掉重要新闻。

6. 版面不同

报纸有版面的规律，报纸版面的轻重、主次，标题的处理、版面区域的安排，在网站上不存在。网络新媒体是以时间流分配信息的。没有平面布局的概念。网络新媒体还没有形成像报纸一样成熟的版面语言。

7. 写作的不同

网络新闻文稿关注的是速度快，文章要短。一弄就几千字的新闻稿，在网上是行不通的。网络标题的制作是大白话，直接了当，突出重点。什么标题的对仗、平仄、工整、文乎，做得再好也没人看的。

8. 采访

网络新媒体基本是编辑为主，少量的采访新闻，少量的原创。而传统媒体是以自采为主。一个特派记者,花多少多少费用写回来的稿子,如果到网上一发,全给人抄走了。

四、新媒体营销和传统营销有机结合

新媒体营销与传统营销相互搭配、有机结合,将会极大的提升企业营销效果,而做好新媒体营销与传统营销的有机结合,关键是要做好以下几个工作:

1. 树立起来整合营销理念

企业在新媒体营销以及传统营销有机结合方面,关键是要树立起来整合营销理念,明确新媒体营销与传统营销的利弊,意识到二者之间的互补作用,在这一理念的指导下来构建一个立体化、全方位的营销体系。在企业营销目标之下,无论是新媒体营销也好,还是传统营销也好,只要有助于营销目的实现、营销效果提升营销模式、手段都需要使用,借助两者合力共同促进营销水平的不断提升。

2. 在营销内容方面做到搭配

新媒体营销以及传统营销目前针对的客户群体不太一样,同时两种营销模式的特质也不尽相同,因此客观上需要在营销内容方面来做到良好搭配。企业在新媒体营销与传统营销结合方面,需要制定不同的营销方案,尽力发挥两种营销模式的优点。举例而言,传统营销内容要更加直接,而新媒体营销则需要彰显更多的趣味性。

3. 在营销模式方面灵活结合

新媒体营销模式以及传统营销模式有机结合的关键在于营销模式层面需要做到灵活多样,新媒体营销方面可以采用事件营销、社交营销等手段,传统营销则可以采用广告营销、人员推广等手段,将这些手段进行灵活结合,所取得的营销效果显然要好于单纯的新媒体营销或者传统营销。

对于绝大部分的企业来说,企业营销工作开展中新媒体营销以及传统营销将会长期共存,企业要想实现营销效果的不断提升,将新媒体营销与传统营销进行有机结合,这是必须要做好的工作,反之如果二者之间没有良好的结合,将会拖累企业营销水平的提升。而在新媒体营销以及传统营销有机结合的过程中,除了要在理念层面树立整合营销理念之外,更是要在营销方案以及方法层面做好配合。

第三章 企业与新媒体营销

第一节 企业应用新媒体营销的研究综述

新媒体创造了虚拟的社群环境,企业开展新媒体营销,能有效地扩大品牌或产品的影响范围。从新媒体影响企业决策的机理、企业网站部署新媒体应用、基于新媒体平台开展新媒体营销三个方面的研究现状进行综述,并探讨了未来值得研究的问题。

新媒体营销是网络营销的最新发展阶段。新媒体是由 Web2.0 技术构建,通过社会化网络服务进行信息传播的新型媒体,包括网络社区(含 BBS、博客等)、社交网络(SNS)、网络视频(播客)、微博等应用形式。新媒体受众庞大,据 CNNIC(中国互联网信息中心)对国内网络视频的单项统计,截至 2010 年年底,用户规模就达 2.84 亿人,营销价值巨大。新媒体颠覆了传统媒体传者与受众之间的严格界限,变单向传播为双向交流,具有群分性、传播速度快、参与广泛、互动性好等特征。它创造了虚拟的社群环境,使具有特殊喜好或者共同用户体验的群体建立经常性的联系。社群内的成员共同分享用户体验,相互传递信息,影响群体成员的消费选择,加之标签和社会化书签、RSS 的使用,能有效地扩大品牌或产品的影响范围。

1. 新媒体影响企业决策的机理研究

新媒体上有企业需要的信息,这些信息会在热心网友的帮助下变得非常完善。消费者的产品选择受到网络推荐信息的影响,消费者最信赖非商业的第三方信息。新媒体上的发帖和回复大部分是非商业的第三方信息,不是出于利益相关者的吹捧,所以新媒体容易成为个性化企业信息生成和扩散的节点。在新媒体上,兴趣相同、有共同体验的网民往往会聚集在同一主题内,以文字、图片、视频等形式留言、查询、回复、评论等,这就形成了网络口碑。网络口碑为消费者提供了大量来自其他消费者的真实产品体验,影响了消费者的决策。网络口碑的数量、类型及产品体验的特性影响着潜在者的购前评价和消费行为。

2. 网站部署新媒体应用的研究

企业建立官方网站开展网络营销是一种较常见的形式。官方网站通常有两类：供应商网站、代理商网站。

近年来，企业开始在官网上部署新媒体应用形式。比如，7天酒店推出SNS应用，并通过社交游戏来增加会员的黏性，会员通过玩游戏与其他用户互动、得到积分奖励，积分达到一定数量后就可以享受房价的优惠；同程网着力打造其博客应用，每年投入十多万元举办"同程中国旅游博客大赛"来扩大知名度；春秋航空官网上的CEO博客，成为旅游业服务的对外窗口；海南某旅游目的地重点打造官网播客应用，设置景点年票、荣誉村民、免费住宿等奖励来鼓励网友拍摄景区视频来扩大影响力等。

3. 基于新媒体平台开展新媒体营销的研究

国内知名的网络社区，如天涯社区、猫扑网、西祠等，通常会有消费者对产品或服务给出意见和建议，发表观点，甚至发泄不满情绪。企业应设置专人监控这些社区，对于消费者给予积极的回复或解释。SNS网站拥有庞大的社交网络，国内用户又以学生、白领人群为主，在线预订意识强烈。社交网络的存在可以带来信任，能将虚拟的网络社交变成现实的社交体验。微博营销是一种主动管理目标客户的全新营销方式，极富煽动性的话语，每月不定期推出的优惠活动，让足不出户的网友快速知道最新资讯。

4. 未来值得研究的问题

从研究综述看。研究者一致认为新媒体承载着个性化的信息，拥有大量来自消费者的真实产品体验，由此形成的网络口碑深刻影响了消费者的行程计划和消费决策。但是，对于网络口碑的组成元素，哪些关键元素对消费者决策影响最大，值得研究。从本文第2部分研究综述看。网站部署新媒体应用的状况较为普遍，网站部署了新媒体应用，并不代表能形成有效的网络口碑，继而影响消费者的消费决策，还取决于用户的广泛参与和互动程度等因素。如何评价网站部署新媒体应用的绩效？这些值得研究。企业基于新媒体平台开展新媒体营销的案例较多，但更多的是一种应对新媒体热潮的尝试行为，表现在营销策略较为零碎、不系统，没有上升到营销战略的高度。原因在哪里？在网站比较普及的情况下，如何让新媒体平台为网站贡献更多的流量？如何评估新媒体平台为网站带来预订的贡献度？目前的研究较少涉及，值得探讨。

第二节 企业应用新媒体营销的现状分析

1. 新媒体行业生命周期

通过对新媒体行业的市场增长率、需求增长率、产品品种、竞争者数量、进入壁垄及退出壁垒、技术变革、用户购买行为等研判行业所处的发展阶段。

2. 新媒体行业市场供需平衡

通过对新媒体行业的供给状况、需求状况以及进出口状况研判行业的供需平衡状况，以期掌握行业市场饱和程度。

3. 新媒体行业竞争格局

通过对新媒体行业的供应商的讨价还价能力、购买者的讨价还价能力、潜在竞争者进入的能力、替代品的替代能力、行业内竞争者现在的竞争能力的分析，掌握决定行业利润水平的五种力量。

4. 新媒体行业经济运行

主要为数据分析，包括新媒体行业的竞争企业个数、从业人数、工业总产值、销售产值、出口值、产成品、销售收入、利润总额、资产、负债、行业成长能力、盈利能力、偿债能力、运营能力。

5. 新媒体行业市场竞争主体企业

包括企业的产品、业务状况（BCG）、财务状况、竞争策略、市场份额、竞争力（swot分析）分析等。

6. 投融资及并购分析

包括投融资项目分析、并购分析、投资区域、投资回报、投资结构等。

7. 新媒体行业市场营销

包括营销理念、营销模式、营销策略、渠道结构、产品策略等。

第四章 企业对不同类型新媒体的应用

第一节 企业的网络新媒体营销

21世纪是高科技的世纪,是"信息"的世纪。互联网及其技术的高速发展与广泛普及影响并改变了人类社会原有的生活、生产方式,为经济社会运行方式的变革提供了机遇和挑战。我国网民规模位居全球首位且仍处于高速增长阶段、互联网普及率也已赶超全球平均水平,从某种程度上也可以认定我国已经进入网络经济时代。借助互联网及其应用的跨越式发展,各种网络新媒体不断涌现,信息产生与传播的速度不断飙升,信息量呈爆炸式增长,深刻地改变了企业所处的外部环境,尤其是营销环境。传统媒体已经不能满足企业保持与开发市场的需求,许多企业已经开始采取措施顺应网络新媒体发展的潮流,利用网络新媒体展开营销并获得了良好的效果,中粮集团便是其中的典型代表之一。

网络新媒体是一个集合名词,且处于不断地发展演变之中。结合近几年我国网络新媒体的发展现状,选取SNS网络社区、网页游戏及微博等作为其代表开展研究。网络新媒体的高互动性、全时空性、去中心化、多媒体化、高性价比、高成长性等特质决定了其具有较强的影响力,为企业更好地把握市场需求变动,增加新的营销方式、降低成本、提高效果提供了可能。理论界与实业界也对网络新媒体表示了极大的研究热情;探讨其在企业营销中的应用具有一定的前瞻性,也有较强的现实意义:促使企业在激烈的市场竞争中借势网络新媒体来动态革新自身营销方式与策略,以期实现基业长青。

一、网络新媒体的产生与发展

(一) 网络新媒体的形成

关于网络新媒体的概念,学术界和实务界从不同的角度进行了研究,比较有代表性的有以下定义：

网络新媒体是"借助国际互联网这个信息传播平台，以电脑、电视机以及移动电话等为终端，以文字、声音、图像等形式来传播新闻信息的一种数字化、多媒体的传播媒介"。

网络新媒体"从广义上说通常指互联网，从狭义上说就是指基于互联网这一传播平台进行新闻信息传播的网站"。

彭兰教授在《中国网络新媒体的第一个十年》将网络新媒体定义为"具有一定资质的、利用网络这样一种媒介从事新闻与信息传播的机构，包括传统媒体背景的网站和有新闻登载资格的商业网站"。

以上定义从不同的角度对网络新媒体的本质进行了描述。

值得一提的是，互联网尽管具有媒体的传播性质和功能，但是这些并不能代表互联网的全部功能，因此，我们所说的网络新媒体不能简单地等同于互联网。

在中国，网络新媒体通常指"基于互联网这一信息传播平台进行信息传播的网站"。

市场研究公司 IDC 发布的"全球数字媒体市场模式和预测"报告称，2008 年期间，全球经常使用互联网的用户将达到 14 亿户，约占全球总人口的 1/4；到 2012 年时，全球网民总数量（以独立访问用户量为标准）将超过 19 亿户，将近全球总人口的 1/3。

随着网络新媒体的影响力不断提高，网络新媒体成为企业开展营销、塑造品牌和传播信息的新型信息传播平台。近年来，在全球广告市场遇到发展阻力、传统媒体广告收入下滑的背景下，网络广告表现出良好的发展态势，广告主越来越重视网络广告的投放。据实力传播机构预测，2008 年，全球网络广告支出将增长 24%，达到 446 亿美元，网络广告在全球广告市场占有的份额将达到 9。4%。

据国际数据公司的报告显示，2007 年美国互联网广告总开支达 255 亿美元，比 2005 年增长了 27%，比 2006 年的 169 亿美元增长了 27%，网络广告的增长速度远远高于其他媒体的广告增长速度。预计到 2011 年，美国互联网广告市场规模将增至 313 亿美元。

在欧洲地区，目前网络广告在广告支出中所占比例达到或超过 15% 的国家只有英国、丹麦、挪威和瑞典。预计到 2010 年，网络广告在上述 4 个国家的广告支出将超过 20%，同时将有其他 10 个国家的网络广告比例超过 15%。

2008 年，中国网民数量突破 2 亿，互联网已经成为一个价值千亿元的巨大市场。据艾瑞咨询研究，2007 年中国网络广告市场规模达 106 亿元人民币，2003—2007 年网络广告市场平均增幅为 65.3%，是媒体广告市场中增幅最快的，预计 2011 年中国网络广告市场规模将达到 370 亿元人民币。网络广告占广告市场的比重逐年递增，网络广告已经成为网络新媒体的主要收入之一。

(二) 网络新媒体的特点

1. 网络新媒体的优势

与传统媒体相比，网络新媒体具有得天独厚的优势，包括以下几个方面。

(1) 信息传播时效性更强

互联网传输文字、声音、图像不受印刷、运输、发行等因素的限制，瞬间能够将信息发送给用户，具有即时发布、即时传递的特点，被称为最快速的传播媒体。此外，网络新媒体的信息来源广泛，制作发布简单，易于操作，突破了传统媒体在时间、地域和技术上的限制，尤其是对突发性事件的报道，能够做到随时随地发布信息，信息传播的时效性超过其他大众传播媒体，带来了信息传播的速度革命。

(2) 信息容量大，内容丰富

传统媒体的信息传播存在容量有限的缺点，因为传统媒体的信息发布是平面的，单位节目时间和版面信息的传播数量是有限的，而网络新媒体所储存和发布的信息容量是巨大的，互联网独有的链接特性使得信息传播的深度和广度大大扩充。网络新媒体细致的信息分类、强大的信息储存和检索功能，也为受众提供了传统媒体不能提供的便利，面对"海量"的信息，受众能够根据自己的需要进行信息的选择与保存。

(3) 实时互动能力

所谓互动是指信息传播者与信息接受者之间进行的直接的沟通，互动是网络传播的本质，也是网络新媒体超越大众媒体的根本特性。在大众传播时代，信息传播者与信息接受者是严格区分的，大众传播是单向的传播，由传播中心向数量庞大的群体同时发布信息，针对性不强，很难进行直接的反馈和互动（见图4-1）。

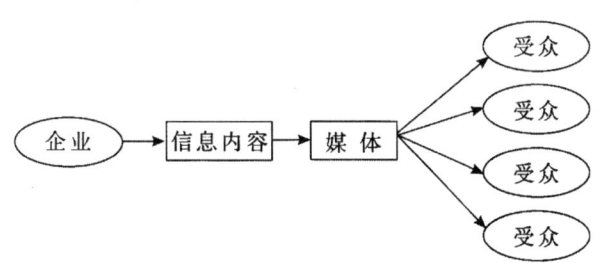

图4-1 大众媒体传播模型

网络新媒体的信息平台打破了传者与受者之间的界限，通过互联网的链接，形成了非线性的传播模式。受众不仅可以自主选择信息，而且能够表达意见、发表看法、进行信息的交流与反馈，从而参与信息的传播，实现传者与受者的无差别化。网络新媒体使媒介和受众的关系和地位发生了深刻的变化，受众与传播者真正实现了双向沟通传播（见图4-2）。

(4) 覆盖广，开放性强

与传统的媒体相比，网络新媒体打破了国家的界限，具有更高的开放性，开创了更为广阔的传播空间，只要不存在语言障碍，任何人可以在世界任何地方查询和使用

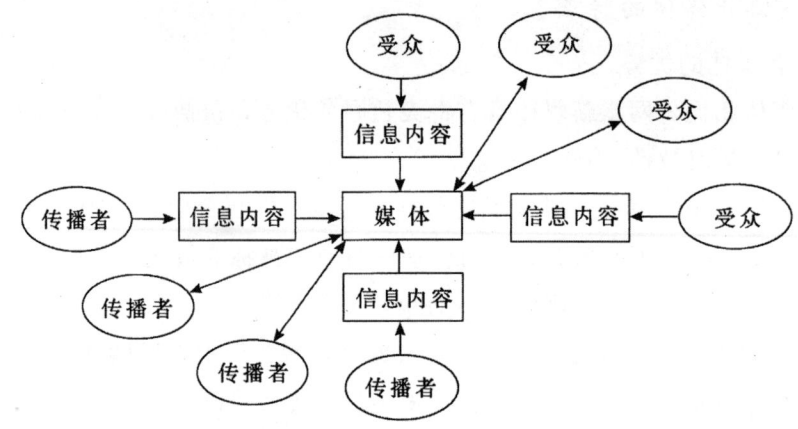

图 4-2 网络新媒体传播模型

网站的内容和信息。网络新媒体的这一特征，不仅表现在传播范围的全球性，而且表明它还具有一种使用上的开放性特征。

（5）表现形式多样性

随着多媒体技术的发展，网络新媒体融合了报纸、广播、电视的各种表现手段，突破了传统媒体只有一种或几种符号、手段的传播方式，表现形式丰富多样，包含文字、声音、图像、动态影像、动画、虚拟现实等多种形式，不仅提高了信息对于受众的吸引力和有效性，信息的传播价值在突破时空的迅捷输送过程中也得到了更有效的保证。

（6）可进行一对一行销

传统的大众媒体因为媒体的特性，无法针对个人实施营销，但是在网络新媒体中，采用计算机数据库的设计，网络可以对网民进行分辨，再根据其过去的行为和习惯，提供他们最感兴趣的信息，或是用不同的方法对其进行销售。

网络传播所具有的范围广、容量大、多样化以及真正无国界、交互性、非即时传播等特点和优势都必然对传统媒体产生巨大冲击（见表 4-1）。

表 4-1 网络新媒体与传统大众媒体的比较

媒体	网络	电视	广播	报纸	杂志
实时性	极高	高	高	低	很低
互动性	高	低	低	低	很低
信息的复杂性	极高	低	低	高	高
版面的精致度	高	高	低	低	高
目标的集中性	极高	很低	很低	很低	高
传播区域大小	极大	大	大	大	大
阅读费用	最高	高	免费	低	高
刊播费用	最低	高	低	最高	高

(续)

媒体	网络	电视	广播	报纸	杂志
一对一的营销能力	最高	无	无	无	无
广告的主动接收	高	低	低	低	低
版面限制	最低	高	高	高	高
阅读的便利性	最低	低	高	高	高
多媒体效果	高	最高	低	无	无
刊播的时间限制	无	高	高	高	高
信息的保存期限	最高	很低	很低	低	高

2. 网络新媒体的劣势

(1) 网络普及度不及传统媒体

目前网络的普及率低于大众媒体。影响网络普及的原因主要有4个方面：一是网络用户的素质，即不懂电脑或网络，与受教育程度有关；二是硬件限制，没有上网设备或者当地无法接入互联网，与居民的月收入水平及社会经济水平相关；三是主观原因，不感兴趣等；四是互联网方面的原因，互联网的质量不佳使人远离互联网。其中网民不懂电脑或网络是非网民不上网的最主要原因，有48.9%的非网民都受此限制。

此外，我国网络用户虽然超过了两亿人，达到了总人口的16%，互联网普及率仍比全球平均水平19.1%低3.1个百分点，与互联网发达国家冰岛、美国等差距很大，日本、韩国和俄罗斯等邻国的互联网普及率均高于我国。曰相对于传统媒体的覆盖率，网络的普及程度有限，且网络用户主要集中在城市和经济相对发达地区。

(2) 媒体受众分布不均衡

目前的网络使用者主要集中于年轻族群，且男女比例呈现不平衡的现象，对于以女性或是年龄较大的消费者为目标的产品不适合在网上开展营销，这些问题有待于网络普及化之后才能解决。

(3) 网络尚未成为主力媒体

网络新媒体虽具互动特质，但是它需依赖使用者主动的查询、阅览，需配合其他大众媒体，或依靠网络搜索、在线广告等方式，将网址告知网络使用者，否则使用者很难得知网站的地址。

(三) 我国网络新媒体发展概况

我国互联网的发展最早可以追溯到1987年，北京大学的钱天白教授向德国发出第一封电子邮件。1991年10月，在中美高能物理年会上，美方发言人怀特·托基提出把中国纳入互联网络的合作计划。1994年3月，我国获准加入互联网，并在同年5月完成全部中国联网工作。1995年5月，张树新创立了我国第一家互联网服务供应商——瀛海威，我国的普通百姓开始接触互联网络。

2000年4月至7月,我国三大门户网站——搜狐、新浪、网易成功在美国纳斯达克挂牌上市,我国的互联网产业步入第一个快速发展时期。

1. 网络新媒体的现状

与发达国家相比,我国互联网的应用虽然起步晚,但发展势头迅猛。据中国互联网信息中心(CNNIC)第21次统计报告,我国互联网的普及率从2002年的4.6%提高到了2007年的16%(见图4-3)。

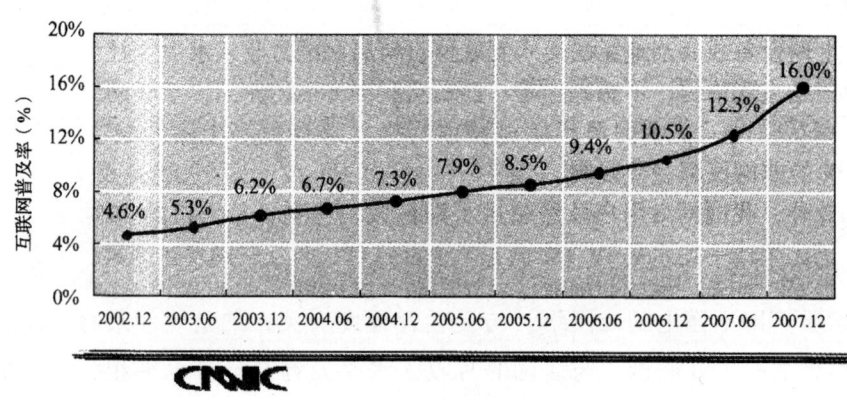

图4-3 我国互联网普及率

CNNIC报告显示,我国互联网基础资源增长迅猛,年增长率均超过38%,尤其是域名、网站和网页数量,年增长率均超过了60%。到2007年底,网站数量已有150万,其中.CN下的网站数量达到100.6万个,占我国网站数的66.9%。域名总数1193万个,年增长率达到190.4%,其中CN域名数量已达到900万个。网页总数达到84.7亿个,年增长率达到89.4%,是2007年互联网基础资源中增长最快的一项,互联网上的信息资源数量日趋丰富。我国的IP地址数达到1.35亿个,年增长率为38%,国际出口带宽数达到368927Mbit/s,年增长率为43.7%。

经过多年的持续、快速发展,我国互联网已经形成规模,互联网应用正在走向多元化。人们在工作、学习和生活中越来越多地使用互联网,互联网对于社会政治、经济、生活的影响越来越明显,逐渐从单一的行业互联网发展成为深入我国各行各业的社会大众的互联网。

2. 网络受众规模与分布

(1) 规模

2007年我国网民数量已达到2.1亿人,略低于美国的2.15亿人,位于世界第二位。2007年我国网民数增加了7300万人,年增长率达到53.3%。从2000年开始,我国的网民数量一直在持续增长,其中增长速度最快的2002年的增长幅度达到了80.9%(见图4-4)。

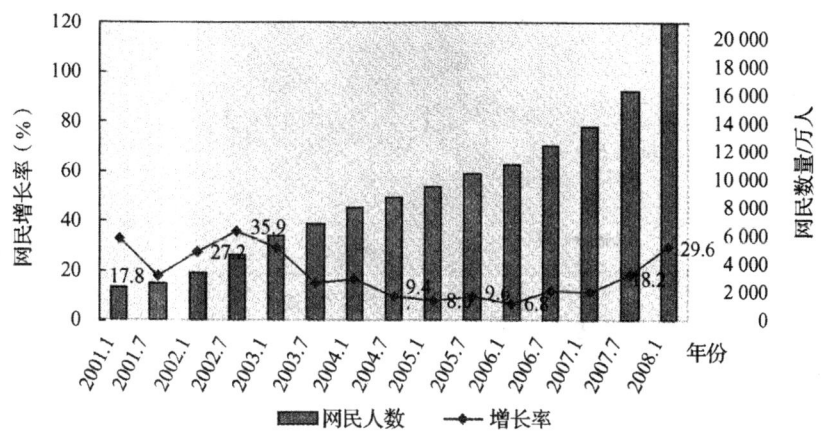

图 4—4 我国历年网民数量与增长率

（2）分布

从网络受众的分布情况看，由于各省互联网普及率相差较大，网络受众的分布呈现不均衡的特点。北京和上海的互联网发展水平最高，北京的互联网普及率已经达到46.6%，略高于上海。西南地区的云南、贵州和四川省互联网普及率则较低，再加上安徽和甘肃，这5个省的互联网普及率仍在10%以下。

广东省网民人数最多，达到3344万人，其次是江苏和浙江省。从增长率上看，中部省份增长率较高，河南、江西和安徽等省份的增长率均在70%以上。

（3）构成

2007年网络受众男性比例为57.2%，女性比例为42.8%，男性互联网普及率为17.7%，女性互联网普及率为14.1%。互联网在男性中的普及程度高于女性。从1997年以来的发展趋势看，男女性别比例差异正在缩小，性别发展不平衡的状况正在逐年改善。

网络受众呈现年轻化的特点，35岁以下的网民占60.9%，其中18～24岁的青年占网民总数的31.8%，学生网民群体占据重要地位。

相对于人口总体情况，网民属于学历较高的人群。近年来，互联网使用逐步向较低学历人群扩散：1999年以来，大专及以上网民比例已经从86%降至目前的36.2%（见图4—5）。城镇与农村网民之间的学历分布差异较明显：城镇网民中大专及以上学历者居多，但农村网民中初中和高中文化程度者居多。网络受众的职业构成中，学生占据主体，达到28.8%（见图4—6）。

3. 网络新媒体使用情况

宽带的快速发展是互联网媒体应用快速普及的基础。截止到2007年底，中国宽带网民数达到1.63亿，占总数的77.6%。

CNNIC的调查显示，网络新媒体的使用率从高到低依次是：网络音乐、即时通信、网络影视、网络新闻、搜索引擎、网络游戏、电子邮件。各种互联网应用使用比

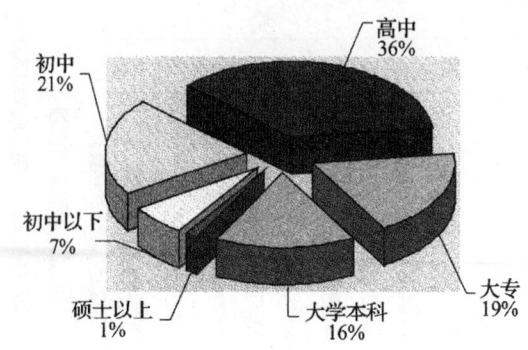

图 4-5 网民的学历构成

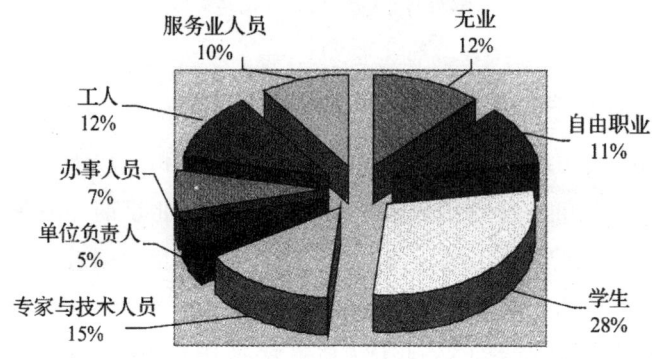

图 4-6 网民的职业分布

例为：搜索引擎（72.4%）、电子邮件（56.5%）、即时通讯（81.4%）；半年内浏览新闻（73.6%），相信网络新闻真实性的比例为 51.3%；网络游戏 59.3%，网民玩网络游戏的平均时长是 7.3 小时/周；半年内 86.6% 的网民收听过网络音乐，下载比例为 71.2%；在线网络影视观看比例为 76.9%，下载比例为 40.5%。网络购物比例是 22.1%，网民发帖或上传帖子的占 65.7%；上传过图片的占 31.8%；上传过影视节目或者视频内容的占 17.5%。半年内更新过博客、个人空间的比例为 23.5%，但表示相信博客内容真实性的网民比例仅有 32.6%。

从网络用户关注的信息类型来看，娱乐、音乐、时尚位居前三名，显示出互联网强大的娱乐功能（见图 4-7）。

二、网络新媒体盈利模式

传媒产业投资经营成功的关键是建立正确的盈利模式，网络新媒体也必须寻找到恰当的盈利模式与其经营方向和市场定位相适应。互联网既融合了通信和媒体传播的功能，也包含了大众传播、组织传播、人际传播、个人传播等传播形态。1997 年我国开始进行互联网服务的商业化运营，2005 年中国的互联网服务收入首次超过百亿元人民币。伴随着互联网媒体的商业化运营实践，网络新媒体一直在探索有效的盈利模式，

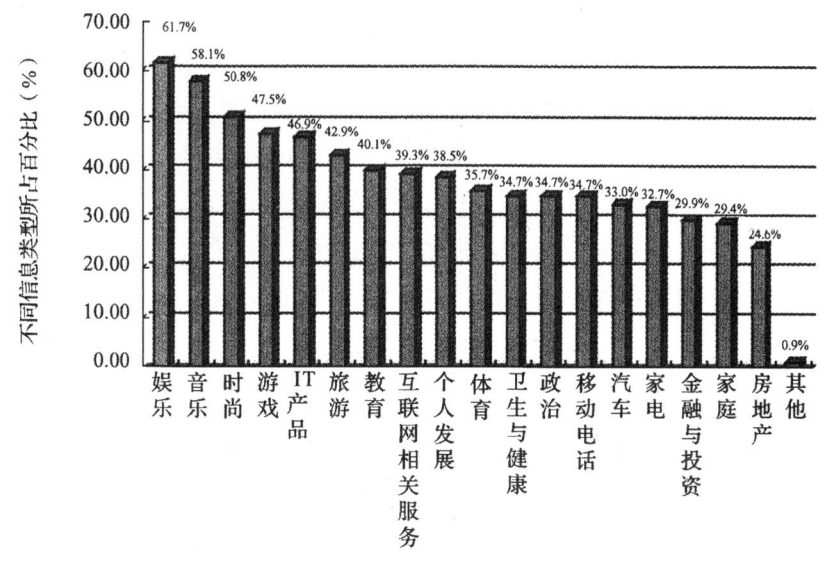

图 4－7　网民关注的信息类型

从而获得互联网媒体持续盈利的有效途径。但是，网络新媒体的形态各异、定位不同，单一盈利模式不可能适用于所有的网络新媒体，而是根据媒体形态和市场需求的不同呈现多种盈利模式（见表 4－2）。

表 4－2　网络新媒体盈利模式示例盈利模式

企业代表	备注广告收入
三大门户网站	该模式要求人均访问量至少万级以上电子商务
淘宝、易趣	网上销售，会员收费制或交易额提成传统媒体合作
互联星空的电影、电视收费	主要通过网站的增值服务收费电信行业合作
WAP 网	提供短信、彩铃下载等业务网络游戏
盛大、九城	2003 年起成为中国互联网新的增长点在线教育
新东方	E－learning 课程收费招聘类业务
中国人才热线	收取企业会员费与即时消息结合
腾讯 QQ	通过即时消息发布广告与短信结合收费

（一）媒体盈利模式

媒体盈利模式是指互联网媒体通过丰富的内容资源吸引广告主，将媒体的广告位出售给广告主，从而收取广告费用，它是互联网媒体最直接的商业模式。媒体盈利模式体现了"二次售卖"的理论，一方面，互联网媒体通过丰富的内容资源获得广泛的受众；另一方面，互联网媒体将这些受众的注意力资源出售给广告主，获得广告收入。

影响网络新媒体盈利模式的包括 4 个因素：内容为王、广告经营、注重受众偏好和媒体品牌经营。

1. 网络信息与内容经营

目前，受众面对的是海量信息的覆盖，受众的选择不断增多，"内容为王"已经成为网络新媒体提高核心竞争力的最重要的手段，高质量、具有针对性的内容在网络新媒体的价值链中具有更高的议价能力，成为吸引受众最有效的方式。网络新媒体服务的用户流量作为向广告主进行二次售卖的"产品"，与广告收入之间形成正比，流量的绝对值越大，广告收入就越大；反之，广告收入则减少。从这个意义上说，"内容为王"从根本上决定了网络新媒体服务的用户流量，因此深刻影响着网络新媒体的盈利模式。

(1) 内容产品盈利的条件

从2003年年底开始，美国和加拿大的118个新闻网站中，64%的网站开始获利，转亏为盈的一个关键因素是网络新媒体经营者和上网用户已逐渐接受信息内容有价的观念。信息内容无异于网络新媒体的产品，内容的生产、加工、营销、服务不仅实现了网站的信息传播功能，而且实现了受众的信息交易。网络新媒体的信息强调"内容为王"，即通过内容产品、内容服务和内容带给消费者的体验等获得盈利。

网站的经营活动始终是围绕产品的生产以及相关营销手段而展开的，网站的内容直接影响到网站盈利模式的形成，也影响到网站竞争力的高低。内容产品的经营包括两种方式：一是通过内容吸引注意力，从而吸引广告的投放；二是直接将内容销售实现收费。两种方式都要求网站的内容产品有相应的价值，因此"内容为王"成为网站内容经营的原则。

目前中外网络新媒体实现信息内容盈利的形式有三种：新闻和信息内容打包向其他网站或媒体销售；用户付费方能浏览网站；用户付费进行数据库查询。

内容产品实现收费应具备如下条件：

信息质量高，内容独特性高（即替代性要低）；付款机制方便完善，消费者付费观念健全；上网费率低、速度快；明确的市场区隔；内容不易被仿冒及复制等。

(2) 内容产品与服务产品的开发

※内容产品。市场营销的产品包括核心产品、有形产品和附加产品。网站的内容产品也不例外，要创造出与众不同的核心利益，网站就要开发具有独创性的内容。此外，网站的内容产品所包含的附加利益是多重的，用户在接收内容产品时所使用的界面、网站的整体氛围、网站提供的服务系列等，都可以成为附加利益为内容产品增值。从有形产品的角度看，网站通过改变内容产品的包装方式使内容产品发生演变，如利用数据库对内容产品重新包装满足受众长期的需求，并对数据库查询服务进行收费。此外，还可以采用技术性再包装，如将文字、图片内容重新包装为Flash新闻等，提升网站的品牌价值。

※服务产品。针对不同的用户，网站提供的服务包括个人服务、企业服务和社会服务。

个人服务包括电子邮件、游戏、交友、个人主页等形式，面向个人用户的服务是网站经营的重要项目，也是培养长期用户的基础。

企业服务包括为企业提供网络专供信息、网上直播、与政府和企业联合开办网上专题等业务，新浪、搜狐等商业网站都开展了此类服务。一些媒体网站也开始将眼光转向企业级用户。

社会服务是针对社会性用户如社团、现实世界的社区等提供服务。社会服务既可以在网络平台上实现，也可以在网络之外实现。

（3）内容产品的渠道策略

网络信息可以直接销售给受众，也可以通过其他内容发布平台实现内容销售。

※直接销售渠道。针对个人用户的直接销售，关键在于内容平台的再开发。目前的短信订购和宽带新服务就属于此类平台。短信订购是将放在网站免费的内容通过手机这一新的渠道进行发布，也是一次销售渠道的成功开发。宽带网络不仅提供了新的信息平台，而且使网络的娱乐性功能得到极大提高，大大地扩展了网络所能承载内容的范围。电影、音乐、教育等内容在宽带平台上可以得到充分发展，在线游戏、影视作品在线观看及下载、音乐在线收听与下载等已经成为新的消费热点。

※辛迪加渠道。辛迪加渠道是电视节目发行模式在网络新媒体的应用。这种方式在国外已经很普遍，网络新媒体通过辛迪加能够实现资源共享，新闻稿件、深度报道、专栏作家稿件等由各网站联合刊登或购买。信息内容可以面向大众市场，也可以面向小众市场。

在国外，通过辛迪加渠道，网站不仅可以丰富内容、降低成本、增加收入，还可以通过点击辛迪加稿件，增加点击量。在国内，许多媒体网站采取类似的方式，即以各种有偿的方式将新闻提供给不具备新闻采访权的商业网站。

2. 网络新媒体广告经营

广告是当前网络新媒体最主要的收入方式之一，网络新媒体是注意力经济，遵循"双重出售"的媒介特征。受众是媒体的稀缺资源，网络新媒体通过提供信息吸引尽可能多的目标受众，从而达到吸引广告商、出售广告版面获取广告收入的目的。

从1997年中国出现第一则商业性网络广告，至今已走过10年的时间。10年来，中国的网络广告以年均50%的速度增长，成为中国互联网产业的支柱性商业模式。图4-8为2005—2007年中国网络新媒体广告收入市场份额变化的情况。随着网络技术的进步和媒体形态的发展，在以品牌图形广告和付费搜索等为主要广告形式的基础上，视频广告、页面关键字广告、社区营销广告、游戏内置广告等网络广告新形式相继出现。

3. 注重受众偏好

受众对媒体的态度形成受众的偏好结构。网络新媒体不可能完全按照受众偏好的内容经营媒体，但是需要对受众、内容、广告作交叉分析，根据分析结果来了解媒体

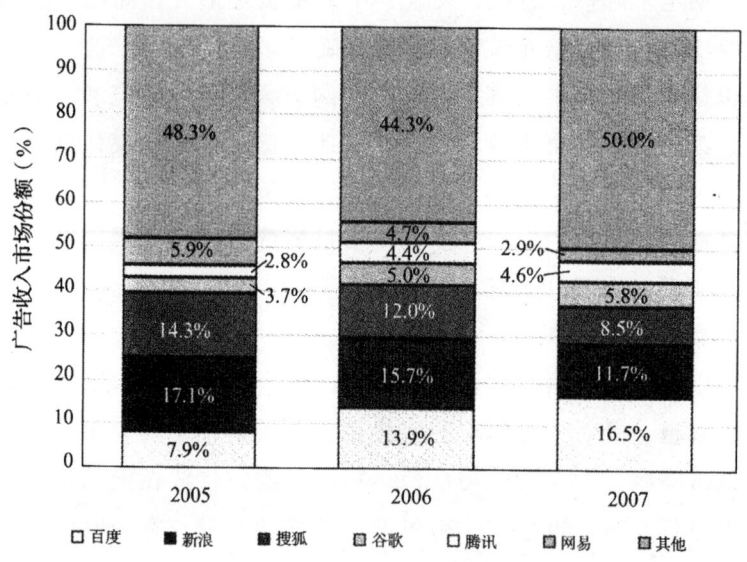

图 4-8 2005—2007 年国内网络新媒体广告收入市场份额

经营，使受众的结构，特别是受众的职业和爱好分类与内容分类和广告分类大体相近。如娱乐、科技、体育频道是网络新媒体运作的最佳区域，经营效益最高，网站应扩大这一区域的面积；受众有内容需要，但广告贡献小的内容适合于专业频道；受众喜欢、广告投放意愿高的深度报道、背景报道、重大事件报道等内容，发展空间比较大，网络新媒体应不断集中发展。

网络新媒体服务的内容所聚集的用户应该是能够给广告主带来广告效益的有效用户，这部分用户才是有价值的用户。寻找到有效用户后，要对有效用户进行具有针对性的广告投放。例如电子邮件这项服务一直受制于缺乏对用户针对性的把握而不被广告主所重视，而作为 Google 的免费网络邮件服务，Gmail 中没有弹出式窗口或无针对性的横幅广告，只在右侧有小幅文字广告。Gmail 发展出了根据邮件内容在页面旁边展示相关广告的广告投放方式，广告和相关信息与用户的邮件有关，因此用户不但不会觉得突兀，还会觉得这些广告有用，极大地增强了邮件用户的针对性，拓展了盈利的空间。

4. 媒体品牌经营

美国市场营销协会把品牌定义为"意在识别一个或一群卖主的商品或服务，并将其与竞争对手的商品或服务区别开来的名称、术语、标志、象征、设计或总和。"完整的品牌包括品牌概念、品牌属性、品牌个性、品牌质量和服务、品牌的价值和文化。

在现代企业管理中，品牌资产经营已经成为企业整体战略运作的核心，一个强势品牌具有很高的品牌资产价值。品牌的作用可以从消费者和企业层面加以理解。对于消费者来说，一个成功的品牌是一个可辨认的产品、服务、个人或场所，以某种方式增加自身的意义，使得买方或用户察觉到相关的、独特的、可持续的附加价值，这些附加价值最可能满足他们的需要。对于企业来说,品牌可以增加顾客的忠实度,增强企业与竞争对手的对抗能力,提高营销活动效率,获得更多的利益。

互联网的信息化特征决定了网络新媒体的发展速度和发展空间都非常可观,面对海量的网站和网页数量,要想赢得经营的成功必须依靠品牌效应。"让天下没有难做的生意"、"一切由你开始"不仅是阿里巴巴和新浪的广告口号,更是电子商务和门户网站的品牌号召力。

网络新媒体的品牌塑造重点包括以下几个方面:

(1) 以受众为中心,为品牌定位

品牌的建构必须和用户的生活相联系,即给消费者提供利益或者新的体验。在网络新媒体的品牌塑造过程中,定位非常重要,切中目标受众、明确网站的类型和提供的服务是定位的关键。

※切中目标受众。对于网络新媒体而言,对受众需求的细分至关重要。一个网络新媒体不可能满足所有受众的信息需求,而是有选择的确定目标受众群进行相应定位,了解目标受众的态度、行为、生活方式,有针对性地创造品牌联想,建立起受目标顾客欢迎的独特品牌。同时研究顾客的媒体消费习惯,找到与之进行有效沟通的媒体渠道,帮助网络新媒体树立品牌形象。如CNN网站定位于快速提供新闻信息,ESPN网站定位于提供与体育有关的新闻服务。

※明确网络新媒体的品牌类型。品牌分为3种类型:功能性品牌、形象性品牌、体验性品牌。例如汰渍属于功能性品牌;奔驰属于形象性品牌;迪斯尼属于体验性品牌。网络新媒体品牌也不例外,有的网站提供信息服务,顾客追求的是一种功能性的利益;有的网站提供娱乐、网友之间的互动,这样的网站有很大的体验的成分。网站应当明确到底是塑造何种类型的品牌,不同类型的品牌要求不同的定位、不同的组织结构、不同的关注重点。功能性品牌的重点在于满足顾客功能方面的需求,要求在功能方面创造差异,比如同样提供信息的网站,有的侧重于教育和娱乐,有的侧重于体育,各个网站彼此区分开来;而体验性品牌更多地侧重于顾客的参与和参与过程中的情感体验。

※创造品牌的差别化优势。产品差别化是指在众多产品中,消费者觉察到的某一产品和其他产品真实或潜在的细微差别。品牌定位必须充分考虑产品与竞争者的相对关系,没有竞争的存在,定位就失去了价值。创造差别化优势是品牌定位最重要的一条原则。品牌通过向受众传达差异性信息引起受众的注意和认知,在受众心智上占据与众不同的有价值的位置。同为综合门户网站,新浪突出新闻报道的优势,搜狐强化搜索优势,本质上是突出品牌的差别。

※正确认识和理解品牌资产。创造品牌资产,首先需要对品牌资产有一个全面的认识和理解,品牌资产的核心内容包括两部分:第一,品牌的知晓程度;第二,品牌的相关联想因素,包括品牌名称、品牌偏好和品牌个性3个方面。

创造品牌意味着企业要把更多的资源投向市场，更好地与顾客接近，企业必须对品牌和品牌资产有一种深刻的认识，真正认识品牌资产的观念。同时，要对品牌资产进行跟踪和管理，把品牌资产的变化纳入到企业的经营决策过程当中。

（2）突出品牌个性

网络新媒体的价值在于它与众不同的独特性，避免趋同性。突出品牌个性是品牌经营的重要策略。品牌个性主要体现在3个方面：品牌印象、产品特色和服务的多样化。

※品牌印象。品牌印象来自于对品牌个性的接受和认同。受众每一次确定接触哪一种网站内容，都是在自觉不自觉之中对品牌进行整体的审视。

※产品特色。产品质量、功能和形式上的特色，能够给受众带来产品在功能利益之外的差别利益；广告、公关活动、形象宣传所营造的特色给受众带来的是精神的满足。栏目是网络新媒体的产品或者业务内容，形成人无我有、人有我新、人新我优的品牌栏目是网络新媒体品牌经营的重要策略。

※服务的多样化。网络新媒体除了提供内容产品，还提供多样化的服务。当内容产品之间的差别不明显时，服务更显得重要。网络新媒体不断开拓新的服务，既能够增加服务带来的市场价值，也体现出品牌个性的附加值。

（3）开展品牌延伸，塑造品牌形象

※品牌延伸。网络新媒体的品牌延伸是媒体品牌管理和品牌战略的重要内容，品牌延伸不仅有助于提升品牌知名度，更是品牌自身发展的需要。在激烈竞争的市场环境中，媒体一方面推出新产品，另一方面把原有的品牌资产发扬光大，形成媒体品牌延伸的策略规划。我国主要的网络新媒体很多是依托传统媒体而推出的网站，如人民网、新华网、央视网等是传统媒体的一种延伸，这些传统媒体在读者群和观众中有深厚的基础，享有品牌资产优势，应充分发挥其原有品牌的优势。

值得注意的是，品牌延伸不是传统媒体打造网络品牌的最佳途径。网络品牌的价值在于它的独特性和唯一性，避免趋同性。以CCTV.com为例，它是传统品牌在网络环境下的一种延伸，并不是一个最佳的品牌，而是依托传统品牌的优势而打造的一个次佳的品牌，因为它跟CCTV具有趋同性，所以当人们在CCTV.com浏览新闻内容时，人们自觉不自觉地会联想到中央电视台的栏目或相关信息内容，这显然不利于打造一个国际化的强势的品牌。同样的道理，在美国，网站的信息内容提供商并不是传统品牌CNN，而是美国在线AOL；网络的主搜索引擎不是搜索引擎网，而是雅虎(Yahoo!)；网上的一家主要的书籍零售商不是书籍网站，而是亚马逊在线(Amazon.com)。因此，网络新媒体的品牌延伸，尤其是大型传统媒体，一方面应充分利用原有媒体的知名度、信誉度和美誉度，另一方面，应借助网络技术的巨大推动力，将传统的品牌资源与现代网络新媒体技术完美结合，确立新目标、构建新平台，积极探索网络新媒体的品牌经营之路。

※塑造品牌形象。品牌的构建是一个长期的、持续的过程。管理品牌资产不仅要提高品牌的知名度，更重要的是塑造品牌的形象，培养消费者的品牌忠诚度。品牌形象的塑造取决于3个方面：第一，产品特征。包括与产品直接相关的和不直接相关的。不直接相关的包括价格、使用该产品消费者的形象、品牌的人格、使用该产品的感受等。第二，从消费产品所得的益处。包括功能性的、体验性的以及象征性的好处。第三，顾客对这些产品的态度。品牌在这3个方面的表现最终决定了其品牌形象。一个好的品牌，应该是根植于顾客心目中的、受到喜爱的并且是独特的品牌。

(4) 品牌再造

在全球品牌国际化的竞争时代，品牌早已成为一种新的国际语言进入千家万户，如何让品牌长久地充满活力、保持年轻是许多国际化企业长期面临的战略管理课题，品牌再造是国际化品牌竞争的必然。中国互联网所面临的市场越来越大，越来越多元化，面对全球网络业的发展及挑战，中国的网站若想参与国际竞争、塑造国际品牌形象，也必须走品牌再造之路。

2004年，出于品牌国际化的战略发展需要，新浪开展了品牌再造工程。伴随着"一切由你开始"（You are the one!）的新浪新口号，新浪宣布了新的品牌宣言，阐释了新的品牌目标内涵以及新的商业模式和管理沟通模式。品牌再造工程改变的不仅是一句企业口号，更多的是体现企业文化、管理模式、沟通模式、品牌形象以及产品设计、开发等各方面理念的转变。

新浪的品牌再造工程主要从3个环节入手：

※内部改造。内部的改造分为两部分，一个是管理制度，另一个是企业文化。在管理制度方面尊重员工的价值，激发员工的潜能，尊重团队精神，实行人性化管理，倡导各部门之间及员工之间坦诚、透明沟通，平等合作，打造一个透明、沟通的现代化的管理制度。在企业文化方面，尊重员工对公司的贡献，尊重员工在公司的发展，规划他们的培训计划和指导计划。让每一个员工在这个环境里面感觉到新浪在建设这个品牌，有强烈的使命感。

※产品创新。从产品创新的角度来说，新浪所设计的产品，不是以往单向的没有沟通的，而是采取更"客制化"的做法，全面展开与品牌精神个性和策略目标相辅相成的新产品的研发。如专为针对年轻族群设计的专业网站——Y-Zone（y.sina.com.cn），采用了年轻化有个性的页面风格以及沟通语言，集合年轻人感兴趣的时尚、流行资讯，满足了时下年轻人对网络交流、互动、娱乐的主要需求，更为年轻人提供了一个自我展示平台。推出搜索工具"查博士"和即时通讯工具"了了吧"，设计更加人性化，符合用户的使用习惯和需求，将产品功能与应用很好地结合在一起。

※以用户、客户、投资方、代理商为导向。新浪的目标是做以市场为导向，以顾客为导向的服务型的行销公司，用这样的精神面对新浪所有的用户、客户、合作伙伴和新浪的投资者。新浪面对的是华人的市场，新浪的大部分投资者和散户的拥有者也

是中国人。将世界的华人整合在一起,在资讯、生活和文化方面做中国最好的门户网站。

(二) 服务盈利模式

服务盈利模式是指网络新媒体运用自身的媒体优势开发出各种有偿服务吸引用户,从而获得收益的一种方式。目前,互联网媒体的盈利模式探讨主要是以服务盈利模式为主,这是网络新媒体产生盈利的主要途径,也是最有开发潜力的盈利途径。目前,网络新媒体的服务盈利模式包括:搜索引擎、电子商务、数字娱乐、无限增值服务等几个方面。

截至2007年年底,全球互联网用户数已经超过12.5亿,互联网市场收入规模达到5000亿美元。中国互联网市场发展速度迅猛,2008年第一季度,中国互联网用户数已超越美国,成为全球规模最大的互联网市场。

在网络不断普及的同时,互联网应用服务市场也空前活跃,以门户网站、网络游戏等服务为代表的第一代互联网应用模式已经成熟;以搜索引擎、网络视频等为代表的新兴应用模式正进入快速增长期;基于Web 2.0技术的新一代互联网应用出现,用户对互联网应用的参与程度正在不断加强。

影响网络新媒体服务盈利模式的主要有3个因素:服务差异化、用户的黏性和用户收费渠道。

(1) 差异化服务

差异化决定了服务的不可替代性,也成为建立成功盈利模式的关键点。差异化表现在内容、气氛、风格、体验、服务方式等多个方面。足够的差异化能够使某种服务产生垄断,最终实现媒体向用户收费。例如淘宝出现之前,易趣的差异化服务形成了服务的垄断,因此易趣在C2C市场可以实现收费的盈利模式,而淘宝的诞生让易趣有了替代性服务,C2C市场整体服务的差异化下降,向用户收费的模式随之消失。

(2) 用户的黏性,即用户对待某项服务产生持久兴趣的能力

可以说,网络新媒体服务的差异化让用户选择了该项服务,黏性则是用户对该项服务产生的忠诚度,用户的黏性在很大程度上决定了网络新媒体服务盈利模式是否成功。

(3) 用户支付服务费渠道

目前,影响国内电子商务发展的原因,除了产品质量、销售渠道等信任问题,还与我国网上支付的普及程度不够存在很大关系。目前的网上支付途径还存在较大的开发潜力,存在用户网上支付过程复杂、不安全等多重障碍。即使用户愿意进行网上交易,但是往往由于支付途径的限制而不能完成交易,从而影响网上交易服务的快速发展。反过来,网上购物的兴起可以推动众多如网上支付和网上银行等相关网络应用的更快发展。

1. 搜索引擎服务

搜索引擎是对互联网的信息资源进行搜集整理，向用户提供查询结果的系统，包括信息搜集、信息整理和用户查询3部分。目前国内搜索引擎市场的商业模式主要包括提供搜索引擎技术支持服务、地址栏搜索服务、竞价排名服务、登录/固定排名服务。其中竞价排名服务是主导，占有较高的收入比例。

2007年，全球搜索引擎市场规模持续快速增长，以17.3%高速增长实现了28.5亿美元的规模。

2007年中国搜索引擎市场规模达29.0亿人民币（约合3.86亿美元），预计2010年市场规模将突破百亿人民币。中国搜索引擎在互联网用户中的覆盖率已达95.8%，2007年中国搜索引擎单月搜索请求量超过美国和日本。

2008年中国搜索引擎市场的发展主要表现在3个方面：

※ 基于搜索的各种类型的商业应用将陆续展开，搜索引擎与电子商务的结合，特别是与B2B和C2C业务的有效结合将会极大地提升用户搜索请求的商业价值；

※ 基于排名类广告的多元盈利模式将全面铺设，为大企业广告主提供的品牌广告达成高效的品牌曝光，为中小企业提供的社区口碑营销达成有效的销售促进；

※ 中国搜索引擎将覆盖到海外市场，为本土出口导向企业提供海外广告和商务平台，成为新经济中为数不多的跨国媒体。

2. 电子商务

中国电子商务经历了10年的发展阶段，逐步走出了最初的冰冻时期。与国外电子商务发展程度相比，中国的电子商务还处于成长阶段，但是，我国电子商务的快速增长和新模式的出现带动了整个电子商务应用的前进。

电子商务服务将"长尾理论"运用得淋漓尽致。不同于传统的商业营销，电子商务营销通过鼓励用户尝试，将零散用户汇集成巨大的商业价值。目前，我国几大电子商务企业将互联网和庞大的中国中小企业联系在一起，为中国数千万中小企业和中小网站提供了切合实际的商业模式和收入模式。长尾精准营销将电子商务推向2004年后的第二个拐点，从复苏转向务实发展，从而进入转型升级阶段。

目前，我国电子商务发展还处于初级阶段，作为交易信息平台更类似黄页性质，主要依靠的是网络效应带来网站的竞争力，在把握企业真实需求方面还存在一定差距，加上早期品牌知名度受限等原因发展状况并不乐观。

3. 数字娱乐

数字娱乐由于其自身不可替代的优势，迅速成为网络新媒体服务中不可缺少的娱乐性产业，包括网络游戏、手机游戏、网络音乐、网络电影等形式。据CNNIC统计，网络音乐、网络影视和网络游戏使用率普遍较高，2/3（68.5%）的网民收听或下载过网络音乐；接近一半（47.0%）网民玩过网络游戏，其中付费游戏用户平均每月花费金额达到84元。网上调查结果显示，一半（51.1%）的网民认为如果没有互联网媒体，娱乐生活将会非常单调。

（1）网络游戏

网络游戏市场在国内的发展已经比较成熟，众多运营商都在网络游戏产业中获得利润。据统计，全球网络游戏的年产值已经超过100亿美元，美国网络游戏产业已经连续4年超过电影产业成为最大的娱乐业。2006年中国网络游戏市场规模为65.4亿元人民币，网游概念股在近几年成为全球各大股市青睐的股票品种。

目前中国网络游戏用户已经达到1.2亿人，网络游戏使用率达59.3%，高于56.5%的电子邮件使用率。网络游戏用户平均玩网络游戏的时间是7.3小时/周，其中21.3%的网络游戏用户玩网络游戏时长超过10小时/周。

手机游戏是中国刚刚发展起来的市场。随着科技的发展，手机的功能越来越强大。手机游戏不再是规则简单的游戏，而是发展成为具有很强的娱乐性和交互性的复杂形态。未来10年内，手机游戏将有较大的发展空间。

（2）网络音乐

目前，网络音乐居中国各项网络服务应用之首，半年内已有86.6%的网民收听过网络音乐，网络新媒体已经成为音乐非常重要的传播途径。据调查，目前2.1亿网民中，71.2%的人半年内下载过音乐。

（3）网络影视

2007年，中国社会发展的多种因素和宽带点播的普及、视频网站的兴起等技术上的进步使得网络影视获得迅速发展。目前网络影视观看比例达到76.9%，1.6亿人通过网络新媒体欣赏过影视节目。有40.5%的网民表示半年内下载过网络影视。网民学历越高，网民下载网络影视的比例越高。

4. 无线增值业务

无线增值业务包括移动增值业务、WAP服务、手机游戏等。随着WAP、3G等技术的成熟，增值业务已经成为网络新媒体的主要盈利模式。

2000年6月19日，人民日报网络版（同年8月改称"人民网"）日文版、英文版imode手机网站在日本正式开通，成为国内第一家实现手机上网向订户发送短信息的网站。目前，伴随着通信技术的发展和终端性能的提高，用户不仅可以使用手机界面去浏览网页上的新闻和消息，而且能够接受图铃下载、手机游戏、天气预报、财经行情、交友聊天等等多项服务。图片和铃声对于新手机的购买者和新用户来说实现比较方便，能够很快地体现个性化的特色，随着新用户成为成熟用户，信息浏览类、游戏娱乐类、沟通社区类无线业务将很快增长，这些新业务将成为WAP市场进一步发展的动力。

2007年国内移动通信市场呈现持续快速增长的态势，移动增值业务向着多元化的方向快速发展。娱乐业务日益走向普及，以彩铃、炫铃和整曲音乐下载为代表的无线音乐业务成为无线娱乐领域的领军业务，也是未来10年内一个高速崛起的行业。

5. 即时通讯

即时通讯在我国的发展十分迅速，由于我国的文化和电信资费等原因，我国 7 成（69.8%）的网民都使用这项网络服务，而在美国和韩国的使用率则不到 50%。

据统计，2007 年中国即时通讯市场规模达到 47.5 亿元人民币，较 2006 年环比增长 34.9%。用户的快速增长以及用户在即时通讯、互联网增值业务消费支出的增加成为即时通讯市场的强有力驱动因素，预计 2008 年该市场营收规模增长率为 37%，达 65.1 亿元人民币，2009 年将达 87.6 亿元人民币（见图 4-9）。

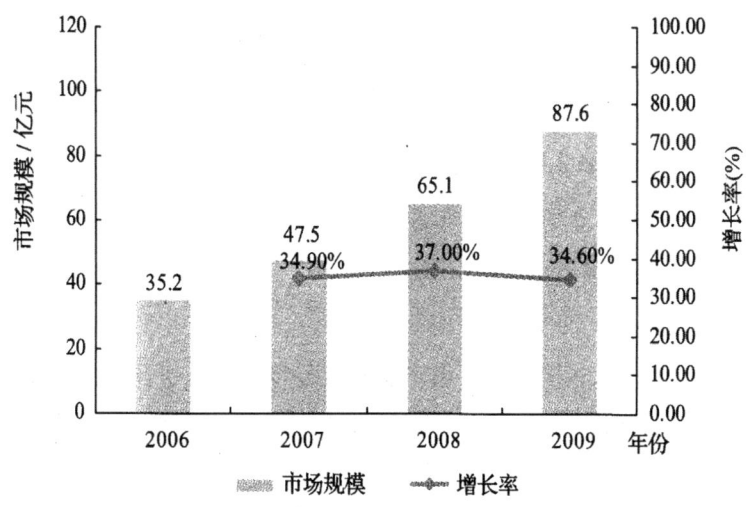

图 4-9　2006—2009 年中国即时通讯市场规模发展情况

目前，腾讯 QQ 在我国即时通讯的竞争中已经稳居领导者的市场地位，市场份额遥遥领先，创新能力极强。MSN 已经稳定在办公型即时通讯领域的领导者地位，清晰的定位逐步建立了 MSN 在这个领域的品牌影响力。雅虎通和 Skype，凭借先进的技术在国内市场不断努力，但因为起步较晚，错失良好发展时机，用户规模偏小。网易泡泡、搜狐搜 Q 等门户派即时通讯工具市场表现欠佳，在即时通讯市场处于较为被动的处境。在新兴的即时通讯企业中，Lavalava、阿里巴巴贸易通等专用 IM 工具成功拓展细分用户群，盛大圈圈主要应用于盛大网络游戏，专用 IM 是未来市场发展的一个关键突破点。

即时通讯服务使人与人之间的互动更为频繁和紧密，使服务对用户的吸引不只存在于内容更在于关系，用户一个人的转移成本变成了一群人的转移成本。可以预见，具有较高黏性的即时通讯服务未来的市场发展前景十分广阔（见图 4-10）。

6. 基于 Web 2.0 应用

中国的 Web 2.0 市场经过几年的发展，已经初步具备了一定规模。2008 年，Web 2.0 成为互联网媒体盈利的主要集中区域，Web 2.0 的盈利模式逐渐清晰。

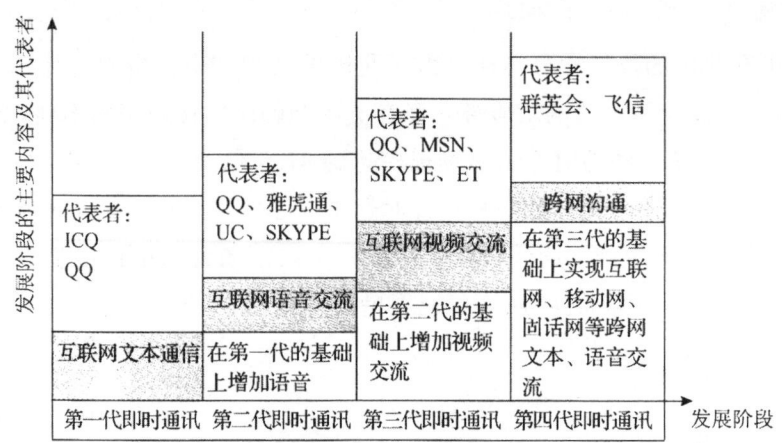

图 4-10 我国即时通讯发展趋势图（功能纬度）

（1）视频分享

2006 年，网络视频运营商获得了大批风险投资，在全球拥有 5000 万用户的 YouTube 被 Google 以 165 亿美元收购。短短一年，YouTube 创造了网民自娱自乐的新型视频模式，其成功不仅在于提供了"草根"狂欢的平台，更在于成功地发掘了网络社区的商业价值。

2007 年，DCCI 互联网数据中心的数据表明，中国 77.95% 的互联网受众主要通过电脑访问网站获取视频，该比例超过通过普通家庭电视获取视频的比例（60.59%），网络视频超越家庭电视 17 个百分点，首次成为互联网用户最大的视频来源。2007 年上半年的中国互联网调查显示，在视频分享/播客领域，优酷成为用户最喜欢的服务品牌；在直播/点播、视频播放平台，互联星空、PPlive、百度影视搜索分别处于领先位置。

2007 年，网络视频广告增长加速。网络视频能够更好地吸引用户注意力，达到较好的广告传播效果，更多的广告主将投放网络视频广告，给网络视频分享业务带来新的盈利增长点。

网络视频的创新是目前视频网站的一大难题，网络资源的紧缺和费用开支的昂贵使网络视频很难发展和形成规模。国内网络视频网站只有极少数赢亏持平，大多数都在亏损。

（2）网络社区

网络社区是指包括 BBS/论坛、贴吧、公告栏、群组讨论、在线聊天、交友、个人空间等形式在内的网上交流空间，同一主题的网络社区集中了具有共同兴趣的访问者。网络社区就是社区网络化、信息化，是一个以成熟社区为内容的大型规模性局域网，涉及综合信息服务功能需求，同时与所在地的信息平台在电子商务领域进行全面合作。自 1997 年开始发展以来，1999—2000 年和 2006—2007 年是互联网社区数量增幅最大和发展最快的两个时期。

根据 iResearch 的统计，截至 2007 年，中国共有 130 多万个网络社区，其中 38.2％的社区网站没有收入，24.4％的社区网站年收入低于 1000 元。国内的社区网站普遍面临收费模式难题，通过页面浏览量吸引网络广告收费的收费模式普遍无法实现盈利。

CNNIC 第 21 次统计报告显示：网民中有 38.8％的人访问论坛或者 BBS，近半数的网民拥有个人博客、个人空间，其数量也已过亿，网络社区不仅能够获取信息而且成为用户情感寄托的方式。2008 年网络社区的发展势不可当，已跻身中国互联网十大应用之一，而网络社区中悄然兴起的"校内网"、"开心网"等新型的 SNS 社区发展更为迅速。但是盈利模式仍是影响这些新型社区模式快速发展的关键因素。

三、网络新媒体管理

20 世纪 90 年代后期以来，网络新媒体得到飞速发展，摆脱了从属于传统媒体的"第四媒体"角色，成为现代媒体产业中不可或缺的支柱之一。然而，互联网在发展中存在许多问题，如税收、国际民事诉讼法、知识产权、言论自由与隐私的冲突以及电子合同的有效性等，同时围绕着信息网络引发了一系列管理问题：国家信息安全、网上著作权、防止网络不健康内容等。为此，重视互联网的安全问题，建立互联网的管理机制，加强管理和依法管理已成为国际社会的共识。

相对于传统媒体相对完善的管理机构和管理办法，由于互联网管理还处在逐步规范、逐步成型的过程中，并没有形成一种成熟的稳定模式，因此，政府对互联网的管理还有待于进一步加强和完善。目前我国网络新媒体的管理要点包括两个方面：一是建立健全各类网络新媒体管理的法律法规，二是加强对互联网络的安全管理。

（一）网络新媒体管理规定

1. 网络新媒体宏观管理

网络仅仅是提供给人们一个更先进、更迅捷的现代化交流手段，使人们拥有一个相对自由与方便的言论信息交流空间，它同样需要遵守一切现实生活中的法律法规，通过法律的威慑力，使有犯罪意识者产生畏惧心理。法律可以使公民了解在网络的管理和应用中什么是违法行为，进而自觉地遵守法律法规，从而创造一个良好的社会环境，起到保护网络安全的重要作用。对网络新媒体的宏观管理，主要是通过制定严格的法律法规来实现。

中国网络传播管理的第一个行政法规是 1994 年 2 月 18 日国务院发布《中华人民共和国计算机信息系统安全保护条例》，这一年正是中国网络时代的开端。

1996 年 2 月 1 日中华人民共和国国务院令第 195 号发布的《中华人民共和国计算机信息网络国际联网管理暂行规定》，1997 年 5 月 20 日国务院作出修改《中华人民共和国计算机信息网络国际联网管理暂行规定》（简称《暂行规定》）的决定。修正后的

《暂行规定》确定了国家对国际联网实行统筹规划、统一标准、分级管理、促进发展的原则。国务院经济信息化领导小组负责协调、解决有关国际联网工作中的重大问题。领导小组办公室按照规定制定具体管理办法，明确国际出入口信道提供单位、互联单位、接入单位和用户的权利、义务和责任，并负责对国际联网工作的检查监督。领导小组统一制定国际联网经营许可证的格式。《暂行规定》还规定：

※计算机信息网络直接进行国际联网必须使用邮电部国家公用电信网提供的国际出入口信道；

※已经建立的互联网络，根据国务院有关规定调整后，分别由邮电部、信息产业部、教育部和中国科学院管理，新建互联网络，必须报经国务院批准；

※接入单位从事国际联网经营活动的，应当申请领取国际联网经营许可证；

※接入单位拟从事非经营活动的，应当报经审批；

※申请领取国际联网经营许可证或者办理审批手续时，应当提供其计算机信息网络的性质、应用范围和主机地址等资料。

1996年，邮电部为加强对公用计算机互联网国际联网的管理，制定了《中国公用计算机互联网国际联网管理办法》。同年，为加强对计算机信息网络国际联网出入口的管理，邮电部还制定了《计算机信息网络国际联网出口信道管理办法》，该法规要求中国邮电电信总局成立计算机信息网络国际联网出入口局及其网络管理中心，并负责国际联网信道的提供和管理。

1998年2月，《中华人民共和国计算机信息网络国际联网管理暂行规定实施办法》（简称《实施办法》）开始实施。《实施办法》规定，国家对国际联网的建设布局、资源利用进行统筹规划，采用国家统一制定的技术标准、安全标准、资费政策，国际联网实行分级管理。

1999年，信息产业部制定了《电信网间互联网管理暂行规定》，规定了信息产业部和地方通信管理机构是电信网间互联的主管部门。

2000年9月，国务院发布《中华人民共和国电信条例》，内容涉及电信市场、电信服务、电信建设、电信安全四大领域。

2. 网络新媒体信息服务管理

对于网络新媒体的信息服务管理主要通过建立和完善信息管理的法律法规和实行行业自律的管理方式。

（1）信息管理的法律法规

随着互联网信息传播影响力的不断加强，国家已经制定了一系列的法律法规，对于通过互联网进行信息传播的行为进行规范。

1996年3月，新闻出版总署制定《电子出版物管理暂行规定》，阐述了电子出版物的概念、内容和要求；确定由新闻出版总署主管全国电子出版物管理工作；电子出版物管理实行许可证制度，新闻出版总署决定全国电子出版物总量、布局和结构，统一印制许可证；并分别对电子出版物的制作、出版、复制、进口、发行做了详细的规定。

2002年8月1日，由新闻出版总署和信息产业部联合出台的《互联网出版管理暂行规定》（简称《规定》）正式开始实施，《规定》指出：

※从事互联网出版活动，必须经过批准，未经批准，任何单位或个人不得开展互联网出版活动。

※从事互联网出版业务，除符合《互联网信息服务管理办法》规定的条件以外，还应有确定的出版范围，有符合法律、法规规定的章程，有必要的编辑出版机构和专业人员以及有适应出版业务需要的资金、设备和场所。

※互联网出版机构出版涉及国家安全、社会安定等方面的重大选题，应当依照重大选题备案的规定，履行备案手续。以未成年人为对象的互联网出版内容不得含有诱发未成年人模仿违反社会公德的行为和违法犯罪的行为的内容以及恐怖、残酷等妨害未成年人身心健康的内容。

※互联网出版机构实行编辑责任制度，要求必须有专门的编辑人员对出版内容进行审查，以保障互联网出版内容的合法性。从事互联网出版活动，应当遵守国家有关著作权的法律、法规，应当标明与所登载或者发送作品相关的著作权记录。

※对违反该规定的单位和个人，将根据情节轻重，处以警告，停业整顿，关闭网站，没收从事非法出版活动的主要设备、专用工具及违法所得以及处相应罚款等。

2000年9月25日，国务院发布了《互联网信息服务管理办法》，规定：

※国家对经营性互联网信息服务实行许可制度，对非经营性互联网信息服务实行备案制度；

※在申请经营许可或者履行备案手续前，应当依法经有关主管部门审核同意；

※拟开办电子公告服务的，应当提出专项申请或者专项备案；

※经营性互联网信息服务提供者申请上市或同外商合资、合作时，应当事先经国务院信息产业主管部门审查同意，外商投资的比例应当符合有关法律、行政法规的规定。

2000年11月国务院新闻办公室、信息产业部发布了《互联网站从事登载新闻业务管理暂行规定》，明确了国务院新闻办公室负责全国互联网站从事登载新闻业务的管理工作，并将网站分为新闻单位与非新闻单位建立的网站，非新闻单位建立的网站又分为综合性非新闻单位网站与非新闻单位建立的其他网站。综合性非新闻网站不得登载自行采写的新闻和其他来源的新闻，非新闻单位建立的其他网站不得从事登载新闻业务。其对网站所刊载的新闻内容做了详细的规定，当转发境外媒体的新闻时，必须另报国务院新闻办批准。2005年9月国务院新闻办公室和信息产业部在原有的《互联网站从事登载新闻业务管理暂行规定》的基础上制定了《互联网新闻信息服务管理规定》，进一步规范互联网新闻信息服务，满足公众对互联网新闻信息的需求，维护国家安全和公共利益，保护互联网新闻信息服务单位的合法权益，促进互联网新闻信息服务健康、有序发展。

2000年11月，信息产业部发布了《互联网电子公告服务管理规定》，涵盖电子布告牌、电子白板、电子论坛、网络聊天室、留言板等交互形式为上网用户提供信息发布条件的所有行为。规定了上网用户发布信息要承担法律责任，电子公告服务提供者应当对上网用户的个人信息保密，未经上网用户同意不得向他人泄露。

2000年文化部颁发了《文化部关于音像制品网上经营活动有关问题的通知》，要求音像制品网上经营活动实行许可证制度，经批准才可以从事音像制品网上经营活动；禁止外商投资、中外合资合作的信息网络经营单位从事音像制品的网上经营活动；禁止在网上经营从海外进口的音像制品成品；禁止经营从网上下载的MP3音乐制品；不得在网上从事音像制品批发业务。2003年5月10日，文化部发布《互联网文化管理暂行规定》，其管理对象为通过互联网生产、传播和流通的音像制品、游戏产品、演出剧（节）目、艺术品、动画等互联网文化产品。这一暂行规定填补了我国互联网业界管理的很多空白，是我国第一个比较系统、针对性比较强的互联网文化管理规定。

垃圾邮件是网络带给人类最有争议的"副产品"，它的泛滥已经使整个互联网不堪重负。为保护我国电子邮件用户的正当权益，2003年2月26日，中国互联网协会全体成员共同制定了《中国互联网协会反垃圾邮件规范》。规定具有下列属性的电子邮件都属于垃圾邮件：第一，收件人没有提出要求或者同意接收的广告、电子刊物、各种形式的宣传品等宣传性的电子邮件；第二，收件人无法拒收的电子邮件；第三，隐藏发件人身份、地址、标题等信息的电子邮件；第四，含有虚假信息源、发件人、路由等信息的电子邮件。凡加入中国互联网协会及接受该规范的电子邮件服务提供者，必须建立垃圾邮件的信息收集、反馈和处理机制，并在反垃圾邮件时，遵守共同原则、采取统一措施，从而全面开展反垃圾邮件行动。

2003年1月，国家广播电影电视总局发布《互联网等信息网络传播视听节目管理办法》规定：

※信息网络是指通过无线或有线链路相连接，采用卫星、微波、光纤、同轴电缆、双绞线等具体物理形态，架构在互联网或其他软件平台基础上，用于信息传输的传播系统；

※视听节目是指在表现形式上类同于广播电视节目或电影片，由可连续运动的图像或可连续收听的声音组成的节目；

※信息网络传播视听节目，是指通过包括互联网在内的各种信息网络，将视听节目登载在网络上或者通过网络发送到用户端，供公众在线收看或下载收看的活动，包括流媒体播放、互联网组播、数据广播、IP广播和点播等。

（2）行业自律

随着互联网在社会生活的全面渗透和影响的日益广泛、深刻，互联网承载的社会责任越来越重大。为进一步提高网络新媒体的整体素质和社会公信力，加强行业自律，2002年3月26日，中国互联网协会在北京发布《中国互联网行业自律公约》，该公约的推出为建立中国互联网行业自律机制提供了保证。

2003年12月8日，在国务院新闻办公室网络新闻宣传局的主导下，中国互联网协会互联网新闻信息服务工作委员会在北京正式成立。作为中国互联网协会的工作机构，委员会组织制定和实施互联网新闻信息服务自律规范，开展自律教育活动。人民网、新华网、中国网、新浪网、搜狐网、网易网等参加会议的30多家互联网新闻信息服务单位共同签署了《互联网新闻信息服务自律公约》，承诺自觉接受政府管理和公众监督，坚决抵制淫秽、色情、迷信等有害信息的网上传播，抵制与中华民族优秀文化传统和道德规范相违背的信息内容。行业自律不仅促使互联网新闻信息服务单位切实履行社会责任、严格遵守有关法律法规和社会主义道德规范，而且对于建立和完善自律机制、营造健康向上的网络环境、增强社会责任感起到了极大的推动作用。

2006年4月，《文明上网自律公约》颁布，文明办网被列入网络信息管理日程。

3. 网络域名与著作权管理

（1）网络域名管理

互联网的域名具有商标的性质，商标是区别不同商品生产者所生产的商品的标志，商标经注册后即取得商标权。

1997年5月30日，国务院信息化工作领导小组办公室发布《中国互联网络域名注册暂行管理办法》。1997年6月，根据《中国互联网络域名注册暂行管理办法》，中国互联网络信息中心制定了《中国互联网络域名注册实施细则》，更为具体详尽地规定了域名注册的申请审核以及注册域名的变更、注销、争议裁定，注册域名的管理和规范，明确了域名运行管理费的收取标准。

针对一些公司多次预注册域名而不按照规定提交申请文件和缴纳费用的行为，2001年8月，信息产业部发布《关于处理恶意占用域名资源行为的批复》，对《中国互联网络域名注册暂行管理办法》第十八条作出如下补充解释："某一域名注册申请人对某一域名提出注册申请30日内不提交正式申请文件的，不得连续申请注册该域名。"

2001年7月24日起施行的《最高人民法院关于审理涉及计算机网络域名民事纠纷案件适用法律若干问题的解释》规定：法院认定域名注册、使用等行为构成侵权或者不正当竞争的，可以判令被告停止侵权并注销域名，或者依原告请求判令由原告注册使用该域名；给权利人造成实际损害的，可以判令赔偿损失。

2004年12月20日，信息产业部颁布的《中国互联网络域名管理办法》正式实施，对正在实施的《中国互联网络域名注册暂行管理办法》作出重大调整，简化注册手续，放宽了对域名的管理限制，降低了收费标准，确立了域名争议解决机制，这些措施势必进一步规范域名管理、促进域名经济，进而加快中国的信息化进程。

（2）网络传播中的著作权管理

2000年12月21日起施行的《最高人民法院关于审理涉及计算机网络著作权纠纷案件适用法律若干问题的解释》规定：受著作权法保护的作品，包括著作权法第三条规定的各类作品的数字化形式；著作权法第十条对著作权各项权利的规定均适用于数字化作品的著作权；网站转载、摘编报刊或网络上的作品应支付报酬、注明出处，否则构成侵权。

2005年4月30日，我国正式发布了《互联网著作权行政保护办法》。

互联网著作权行政保护办法共19条，主要涉及5大部分内容：规范的对象、互联网信息服务提供者（ISP）的法律责任、通知与反通知措施、对严重违法行为的处理和互联网接入服务提供者的义务。

(3) 网络内容管理

2001年12月12日，国家药品监督管理局颁布了《互联网药品信息服务管理暂行规定》，对从事互联网药品信息服务所具备的条件、办理审核的程序等作出了明确的规定。这项规定将互联网药品信息服务分为经营性和非经营性两类，明确了从事互联网药品信息服务、拟提供网上药品交易服务的，应按照有关规定向国家药品监督管理局提出专项申请。

2003年8月8日，中国互联网协会"反垃圾邮件协调小组"向社会公布了"垃圾邮件服务器名单（第一期）"，得到了社会各界的高度关注。

2006年7月1日起，《信息网络传播权保护条例》颁布实施，规定：除法律、行政法规另有规定之外，任何组织或者个人将他人的作品、表演、录音录像制品通过信息网络向公众提供，应当取得权利人许可，并支付报酬。

2007年12月29日，国家广电总局联合信息产业部发布了《互联网视听节目服务管理规定》明确指出，自2008年1月31日起，申请互联网视听节目服务的企业，必须具备法人资格，为国有独资或国有控股单位，且在申请之日前3年内无违法违规记录。

(二) 网络系统安全管理

网络的安全管理是指根据网络的工作性质、业务需求和国家的有关规定，以一定的行政制度为基础，由相应机构的人员组织、协调保障网络安全的活动。网络安全管理可以分为安全机构、人员管理和安全业务3个方面。安全机构是负责网络安全活动的特定组织，我国进行网络安全管理是公安部、国家安全部、保密局等部门。

早在1994年2月，我国就出台了《中华人民共和国计算机信息系统安全保护条例》，主要侧重于维护国家事务、国防经济建设、尖端技术等重要领域的计算机信息系统的安全，由公安部主管，国家安全部、保密局和国务院其他有关部门协同相关工作。1997年，公安部制定了《计算机信息网络国际联网安全保护管理办法》。

1998年国家保密局颁发了《计算机信息系统保密管理暂行规定》，规定由国家保密局主管全国计算机信息系统的保密工作，对涉密系统、涉密信息、涉密媒体的系统管理提出相应的管理要求。2000年1月1日，国家保密局颁布了《计算机信息系统国际联网保密管理规定》，指出：国家保密工作部门主管全国计算机信息系统国际联网的保密工作；计算机信息系统国际联网的保密管理实行控制源头、分级负责、突出重点、有利发展的原则。

2000年12月28日，九届全国人大代表常委会通过了《全国人大常委会关于维护互联网安全的决定》，对于危害网络运行安全、危害市场经济秩序和社会管理秩序以及危害个人或组织的合法权利等并构成犯罪的行为，将追究刑事责任。

传统企业在互联网＋时代做好新媒体营销的"六大黄金法则"。

1. 人人都是传播者：传播很难自发，需要利益推动

互联网时代是共享经济，俗话说"酒香不怕巷子深"，特别是互联网时代，好的产品，用户愿意分享传播。但是"酒香也怕巷子深"互联网时代，信息同质化太严重，用户很难分辨好坏，到底是哪个巷子的酒更香。

传播很难自发，而引发自用户愿意分享传播的最大原动力是利益推动。

案例：之前有个朋友新开一家餐厅，菜品不错，但因为新开业，每天客人有限，开业2个月，就到了要关店的地步。后来给他出了个策划方案，顾客吃完饭买单时，每个人拿出微信，点开通讯录，微信好友越多，折扣越低。例如超过1000人，打9.5折；超过2000人；8.5折 3000人以上8折。谁粉丝最多，所有人一起享受折扣。当然，还需要发一个指定的朋友圈内容（不能指望由顾客来创造内容，因为创造的水平参差不齐）。

现在很火的一直播，映客等，都是要打开视频直播先分享指定内容到微博或者微信，内容都是平台写好，也是企业最好的传播点。

2. 传播从以"品牌为中心"到"以人为中心"

传统品牌做渠道传播，更强调"我的产品怎么样"，所以大家看到的广告，都是围绕产品卖点如何如何。企业会花大量的费用，宣传产品相关的广告。

而我认为，互联网时代，做传播更看重人，帮我销售的是一个什么样的人，买我产品的是一群什么样的人，传播更应该"以人为中心"。

举例：我自己操盘的品牌，有一次可以在美国时代广场传播的机会。策划团队都在围绕如何把产品卖点宣传出去。最终我决定从代理商渠道里面选择最优秀的代理商以她个人形象进行投放。最终呈现出来的是一个39岁的女人登上了美国《时代广场》，一张个人照片，再加上一段文字。而这样做后，轰动了整个销售渠道，把她个人包装成了行业"明星"，极大地推动了品牌传播，更拉动了整个渠道销售。这就是传播"以人为中心"的效果，并且"以人为中心"，更可以巩固渠道，增强渠道与品牌的粘性与忠诚度。

3. 不以销售为目的的传播都是耍流氓！

传统的传播行为，公司更关注，一次品牌传播带来多少曝光率，覆盖多少媒体，以曝光量，阅读量作为传播行为的考核标准。

而互联网时代应更应该看重这次传播带来多少用户下载，带来多少销售额，以结果为导向，以实际销售效果作为考核标准。

例如：我操盘的品牌推出一款防晒新产品，我们给产品寻找了一个很好的记忆点，防晒"小蛮腰"，今年3月份准备上线。我最终选择了广州最知名的地标建筑广州塔"小蛮腰"，包下整个广州塔塔身，并在3月8号女人节当天进行首发。上线短短3个月时间，就卖出了至少200多万支。这次防晒"小蛮腰"登入广州塔"小蛮腰"的传播，获得了腾讯，搜狐，新浪等数十家媒体海量曝光，更是刷爆朋友圈，获得了巨大传播流量，对销售起到了非常好的推动作用。

4. 做好话题传播，四两拨千斤

互联网时代，话题传播显得尤其重要。策划一个好的话题，可以让媒体、大众"自发"传播、转载，获取巨大的品牌曝光量。

举例：有个朋友大型商场开业，最头痛的就是缺乏传播，人流量太少。他花了近百万投报纸，公交，楼宇等广告。而传统媒体也缺乏流量，效果可想而知，依然没能带动商场流量。我给他策划一个方案，在商场靠近门路的大门口，摆放了巨大的油缸，每天都可以免费排队打酱油。很多区域的人喜欢"围观"，免费是最好的营销。刚开始前几天人依然很少，但是经过圈子传播，越来越多人来排队打酱油，排队过程中，送商场优惠券，连续一个月，商场流量问题就解决，"免费打酱油"这个话题，也促成了一个很好的传播。

5. 明星直播卖货，是个大"坑"

最近互联网最火爆的就是直播，网红。近期很多明星都在直播平台卖货，例如angelababy2个小时卖出了1万支口红，很多行业人纷纷说"明星直播电商时代来临"。深度思考，angelababy有数以千万计的粉丝，加上直播平台大力推荐，1万支显然少的可怜。如果其连续卖几天，卖几个月呢，销售结果显而易见，明星直播卖货，更多还是透支多年积累的知名度，靠粉丝推动。明星可能是一个好的演员，好的歌手，未必是一个好的销售。直播电商，专家型网红显然比明星销售更靠谱。

6. 社交电商提升商品附加值，塑造销售场景

一瓶怡宝矿泉水2元钱，一瓶依云矿泉水20块钱。如果你在马路走，有陌生人给你瓶怡宝矿泉水，你喝不喝，肯定不喝。那如果给你一瓶依云矿泉水呢，肯定也不喝。因为你不信任。但是今天会议现场，我在讲课，几乎所有人都不认识。如果有人递给我一瓶矿泉水，我肯定会喝，怡宝还是依云，肯定不一样。在关系面前，价值才可以凸显，也是社会化电商很重要的一部，如何塑造销售场景，先社交，再销售。

总结：互联网＋时代，产品是基础，营销是推动力。传统品牌转型互联网，新媒

体营销可以真正实现"酒香不怕巷子深"。

第二节　企业的手机新媒体营销

一、手机新媒体营销

随着安卓智能手机的畅销,新媒体又发展到了一个新的阶段。安卓的开放性,使得一批批应用大量开发,并与新媒体有效的结合。新媒体正在向微型化、科技化、开放化发展。在此状态下的新媒体营销与传统媒体营销相比展现出了新的方式、方法。新媒体的广泛影响力使得其具有传统媒体难以企及的传播度。在这样的背景下,新媒体的市场营销拥有了巨大的空间和活力。手机终端已经成为人们日常生活必不可少的工具,它已经远非通信工具那么简单。基于手机平台的广告有着更多的数据浏览量和更好的传播效果。基于手机的新媒体市场营销以其独特的模式和新媒体的进一步发展,必然有着更为广阔的市场潜力和份额。

在新媒体技术迅速发展的今天,各种营销手段层出不穷。传统媒体的营销已经远不能满足市场的发展需要。而新媒体技术在手机上的应用则使得手机成为信息的承载体。手机的特质使得海量信息的浏览变得随时随地,随心所意。那么基于手机的新媒体营销发展起来有什么必然性,又有哪些优劣呢?

新媒体是新的技术支撑体系下出现的媒体形态,如数字杂志、数字报纸、数字广播、手机短信、移动电视、网络、桌面视窗、数字电视、数字电影、触摸媒体等,相对于报刊、户外、广播、电视四大传统意义上的媒体,新媒体被形象地称为"第五媒体"。新媒体的核心是网络。智能手机正是基于网络环境下的独特应用。手机正以前所未有的商机与活力展现在世人面前。

在 web2.0 带来巨大革新的年代,营销思维也带来巨大改变,体验性、沟通性、差异性、创造性、关联性,互联网已经进入新媒体传播 2.0 时代。并且出现了网络杂志、博客、TAG、SNS、RSS、WIKI 等这些新兴的媒体。

手机终端使得人们的生活有了更为广阔的空间。不再是聊聊天、发发短信那么简单。手机的普遍性和便携性,让基于手机的市场营销有机可寻,为市场营销有了在此基础上的良好发展。同时,手机的功能也是越来越强大。人们每天花在手机上的浏览量和信息量并不比电脑的时长短。据国外媒体报道,中国工业和信息化部估计,我国手机用户数量现已超过了 10 亿。这一庞大的数字显现出手机市场的巨大空间。而同时中国通过手机上网的用户已经超过 3 亿。我国手机上网用户达到了 3.03 亿,手机上网用户在全国互联网用户中比重不断提升，占到66.2%。其中，只使用手机上网的用户为4300万，占到全部互联网用户比重接近10%。据有关机构预测，到2013年，手机网民或将超过电脑网民。

我国移动互联网发展潜力巨大，未来几年有望成为全国规模最大的市场。目前，国内移动互联网终端的发展，尤其是智能终端的出现，使得3G通信迎来发展机遇。在3G迅速发展的今天，海量信息将通过手机终端进行传输。同时，来自JuniperResearch最新报告指出，2014年，使用智能手机观看手机电视的用户数量将会增加到2.4亿。智能手机电视用户数量的增加，追其原因是受到智能手机不断增加以及互联网电视和IPTV服务增长的影响，具体表现为用户对电视或电脑直播、点播业务的需求不断增加。这样，新媒体的营销就随着用户的选择性数据需求开始了生命。

传统的电视、广播、报刊、杂志媒体比较单纯的靠的是自己的的覆盖面和传播力，很难探测受众看到广告后有何反应。一方面，广告代理公司递交了厚厚的媒体覆盖量报告的数字以证明这个广告被很多人看到，一方面商业公司用短期内的销量是否提升来决定这个广告是否达到了目的。但平心而论，一场营销行为和短期销量之间究竟有何关系，至今并没有答案。而基于手机的新媒体营销有比传统媒体更为广泛的传播力。在手机上，我们随时可以登录微博，我们可以通过微博来做营销。通过微博的迅速影响力，来直接传递我们的信息，这样每一个收到信息的人同时又是信息的传递者，用户直接参与到策划和营销中去。现多手机上可以安装许多客户端，人们随时随地可以通过客户端访问社交或者聊天软件，许多博客空间或者贴吧。在这些地方我们可以跟着话题，参与到话题讨论中去。这些都是传统的媒体所不能做到的。和讯网则已经开先河在著名IT人士洪波的个人博客上投放了广告。博客的这种发展状况显示，大众化、平民化和极高的人气给博客带来的营销商机已经显露，博客走出了商业化的第一步。除此之外，基于手机的营销，可以让用户有自己做主的意识，对于消费者有很大的感染力。手机天生特有的便携性和简便性，使得推广要相对容易。而每一个手机的分散独立，则使得基于手机的新媒体营销本身就是分众化，用户可以根据自己的需求定制属于自己的物品。不再单一的以全面化赢得市场。同时，基于手机的新媒体营销可以精确到人。通过软件获取客户信息，了解这些人的使用情况，并方便可以提供服务。同时，一些软件通过绑定一些信息，使得信息的浏览成为必然。Fareena Sultan和Andrew Rohm在的《麻省理工斯隆管理评论》（MIT Sloan Management Review）上发表文章指出，手机是一个非常个人化的营销媒介。手机营销已经逐渐被一些国际知名的大公司采用，如麦当劳、可口可乐、沃尔沃、MTV和阿迪达斯。根据他们的研究，手机营销的独特之处在于它拥有较高的互动性，同时不受地域的限制。同时，手机支付也跟着上来，现在利用手机你已经几乎能做所有事。

现在许多运营商和互联网产业的巨头，已经在手机终端上开始了一场未来的争夺战。苹果全面整合市场从手机的研发到应用的开发，苹果几乎垄断了高端手机的份额，并成为高端的象征。安卓则从操作系统的平台上，建立起智能机的市场。手机不仅可以下载软件，同时在玩游戏的同时，可以成为运营者和客户的重要载体。在营销界，无论是电影、音乐录影带还是电子游戏，植入式广告越来越盛行。植入式广告也是有越来越多的收入。

尽管基于手机的新媒体营销与传统营销相比，有很多的优势。但它也有一些劣势。首先是公信力。传统的媒体。由于其封闭性，传统媒体在大众心中还有许多的公信力。但是，新媒体的开放性使得言论的自由，反而丧失而了公信力。在手机上的营销如果没有公信的平台或者第三方，大众不会相信。如果在这种情况下，还是一味的加大宣传，只能适得其反，反而让用户反感。公众对手机的可信度越来越低。我们会很相信报纸的信息，但我们绝不会拿出这种信任来对手机的营销。再者就是宣传的适合适当性，因为越来越多的绑定软件以及植入性的广告，使得用户有时迫不得已的做出抉择。而这一抉择未必向着有利于营销的方向发展。反而许多用户会选择另一个替代品。所以可以植入广告，但一定不要在许多用户的关键地方设置障碍。关键点既是商机又是致命点。如果不能对市场有着绝对的把握或者对市场的控制力并不那么强，那么基于手机的新媒体营销并不比传统媒体有优势。所以新媒体要注意市场的需求或者适时性。

二、精准营销与手机广告

（一）精准营销

"精准营销"是与"广播"模式相对的一种营销方式，其主要特点是投入小、产出多、更精准、可衡量和高投资回报。精准营销更注重结果和行动，注重对直接销售沟通的投资。随着网络技术的发展，以精准定位技术为核心的互联网精准营销工具开始被越来越多的行业接受，诸如在搜索引擎领域的"竞价排名"、在网络广告领域的"窄告"等已经成为"精准营销"的标志。

作为无线互联网应用的贴身媒体，手机媒体以其分众、定向、及时、互动的特征在精准营销中扮演着重要的角色，以手机为载体的互动营销越来越受到企业的青睐。所谓"手机互动营销"是指以受众数据库资料为核心，以分众为前提，以互动为本质的一对一的营销方式，它是建立在数据库基础上的精准化营销。因此，实施精准营销的重要前提是对用户资料进行搜集和分析，再通过数据分析进行受众细分，从而进行有针对性的广告投放和互动营销。中国6.01亿的手机用户群和携带方便、互动性强、个性化身份识别特征使手机互动营销成为精准营销良好的实现模式。手机互动营销的过程就是数据搜集、分析、应用的过程，分为以下几个阶段：

（1）第一阶段

通过运营商的移动平台对用户个人数据资料和消费习惯的原始数据进行搜集。资料搜集分为被动搜集和主动搜集两种方式，被动搜集资料是指移动运营平台按照用户的手机使用情况进行的资料搜集;主动搜集资料是指运营商或广告商主动向用户发出一些问题调查或互动参与。

(2) 第二阶段

对搜集的消费者数据运用技术平台进行统计和分析,掌握消费者的消费倾向和对手机媒体的使用习惯。通过对消费者年龄、收入、爱好、手机媒体使用情况、品牌忠诚度等方面的数据资料进行深入分析,了解不同受众的消费行为和消费心理,对用户群进行市场细分。

(3) 第三阶段

根据企业的目标受众定位、技术平台的受众消费倾向和媒体习惯,分析选取互动营销的目标受众。在细分的受众群体中寻找与企业目标受众一致的用户,按照企业的营销目标进行商品信息或品牌理念的营销传播。从而针对不同的产品,选择不同的消费者,针对不同的消费者,提供不同的产品。

(4) 第四阶段

通过短信、彩信、IVR声汛等不同的手机媒体传播方式,对所确定的目标受众进行一对一的精准化互动营销传播。由于较强的用户针对性和高度的定制化营销,每个细分化的用户都只能得到与他相关的信息,这时的广告已经成为一种生活资讯,而不仅仅是商品推广信息。如果消费者有一定的需求意向,就可以通过手机完成电子交易,同时广告主通过手机媒体更细化地为消费者提供便利,如打折时间、商场乘车路线等。

(5) 第五阶段

对不同传播方式的受众反应和市场效果进行数据搜集和分析,不断完善受众数据库资料,掌握受众不断变化的消费倾向,从而更好地维护与受众之间的关系,进行更加优化的客户关系管理。

从以上 5 个阶段可以看出,手机互动营销的核心是数据库营销。伴随着 3G 时代的到来,更多手机媒体业务有利于完善用户数据库资料,为实施精准营销提供了更有利的条件。

除此之外,在实施精准营销的过程中,运营商应根据用户对增值业务需求的多样性作针对性的市场细分和营销模式创新,如在营业厅、品牌店等实体渠道设立新业务体验专区;在公司网站、品牌网站以及 WAP 门户、彩铃门户、IVR 门户等业务门户设立免费体验专区。运营商应在把握用户行为偏好的情况下,整合各项产品资源,充分发挥各项技术产品的表现力,实现精准营销。而手机广告作为精准营销最重要的实现方式之一,其形式和制作水平的不断提升将有利于运营商、广告主和消费者实现利益最大化。

(二) 手机广告营销

手机广告又称为无线广告,是指以手机媒体作为平台发布的广告,可以针对分众目标提供特定地理区域的、直接的、个性化的广告定向发布，具有分众、定向、互动、及时、可测量、可跟踪的特点。手机通信网络信号覆盖极为广泛，因而，信息传播更方便、通畅，使个人移动终端保持高速发展。早在 2002 年，日本就开始由广告公司、电信运营商和内容服务提供商三方推动手机广告的发展。

手机媒体的个性化、及时互动与精确定向的优势使其越来越受到营销专家和广告主的青睐。在 3G 时代，新业务的兴起将把传统媒体广告的优势集结在小小的手机屏幕上，形成最具融合性与整合性的手机广告。软件制造商 Sybase 旗下的 AvantGo 声称，广告主预期消费者对手机广告方式的平均回应率较传统直接销售高 5~10 倍。我国移动通信产业还处在快速发展阶段，移动用户数量和普及率不断提高，3G 时代的到来将会更好地推动移动广告的发展。

1. 手机广告市场规模

（1）国外手机广告市场规模及预测

据美国 eMarketer 发布的全球手机广告数据显示：2007 年全球手机广告市场规模为 27.0 亿美元。2008 年全球手机广告市场规模估计为 45.9 亿美元，同比增长 70%。2012 年，全球手机广告市场规模将达到 191.5 亿美元，同比增长 25.6%，如图 7-16 所示。

图 7-16 2007—2012 年全球手机广告市场规模及增长

（2）我国手机广告市场规模及预测

2006 年，我国的手机广告市场真正启动。在互联网络商、SP、移动运营商等多方力量的推动下，开启了我国手机广告"元年"。国内首先涉足手机广告的是 3G 门户网。2006 年 3 月 24 日，3G 门户网开始正式运营手机广告。通过一个"玩竞猜游戏，送 BENQ MP3"的链接，BENQ 率先在 3G 门户上开了一个专区，提供最新鲜的产品及品牌资讯。第一天点击就超过了 60 万，这也是免费独立 WAP 领域里的第一个移动营销案例。2006 年 3 月，分众传媒以 1500 万美元以及价值 1500 万美元的普通股收购凯威点告 100% 资产。同年 3 月底，中国移动联合飞拓无限科技有限公司推出手机互动营销平台，进行广告试点。同年 5 月，上海聚君技术公司同上海联通和上海移动分别签署协议，联手在上海推广基于 MMS、WAP 等平台的手机广告。2006 年 7 月 12 日，中国联通公司宣布全面推出手机广告业务，高调进入手机广告领域。手机广告市场上形成了中国移动、联通、分众传媒"三国争霸"的局面。

随着手机广告市场的发展，投资商也纷纷开始关注和青睐手机广告领域，各类型企业开始进入手机广告市场，构成市场整体的一股驱动力量。作为我国最大的移动通信运营商，2007 年 7 月，中国移动从工商部门获得广告资质，进军手机广告市场，并将在北京奥运期间提供无线搜索、彩铃等一系列业务。传统 4A 广告代理公司也对手机媒体产生了浓厚兴趣，奥美专门成立了负责数字营销的奥美世纪公司，重点关注互联网和手机广告。

2007年，中国无线增值业务全方位促进广告收入的增加。手机广告收入中，短信广告占据非常高的比重，达到78.1%；WAP网站广告和WAP Push广告排在第二和第三位，但两者与短信广告的差距依然非常明显。另外，以手机为载体的无线搜索、手机杂志、手机回铃音、手机MSN、手机报、二维码等产品也极大丰富了手机广告形式，同时也促进了无线营销市场的迅速增长。

2. 手机广告特点与形式

（1）手机广告的传播优势

与传统广告相比，手机广告具备6个优势：个性化、互动性、移动性、低成本、情境性和高效性。手机广告互动营销的典型特点是分众、及时、定向、互动和易统计。

※大众传播下的分众广告媒体。手机已经成为大众传播媒体，在从人际传播工具到大众传播媒体的转化过程中，手机既扮演着大众传媒的信息管家，又扮演着分众传媒个性娱乐的角色。庞大的用户资源规模决定了移动运营商能够较为容易地实现手机广告的送达。典型的方式为移动运营商通过对所掌握的用户资料进行消费者心理分析和用户群消费习惯细分，从而有针对性地寻找到有效的目标受众。

手机是个人专属用品，短信实现了用户之间进行"一对一"的信息、广告传播，使传播形式由传统的"大众传播"转为"分众传播"、"针对传播"，直至最终升级为"个性传播"。

※及时性。手机是个人贴身通信工具，通过手机全球定位系统（GPS）技术可以获取用户所在位置并推断其当前状况。以此为依据对精确的手机用户及时发送信息或广告。例如，当一位顾客从超市旁边经过时，超市可以用通过短信或彩信的方式及时向顾客发送超市物品打折的信息，以吸引顾客前来消费。对于广告主来说，手机广告的诱人之处正在于能够在正确的地点和时间锁定目标用户，从而及时向用户发送有效信息。可见，手机广告的发送不仅能够针对不同的受众，而且可以针对不同的时间和地点，使广告更具有实效性，也令广告效果更加优化。

※广告的定向投放。手机广告的定向投放分为两个方面：一方面，广告主通过市场细分寻找到广告投放的精确目标受众，根据不同群体用户特性和偏好实施一对一的广告投放，确保了广告信息投放的精确性和传播的有效性；另一方面，广告主根据手机用户定制的信息需求，投放其需要的广告信息。根据不同手机用户的特点进行定向的广告投放，将广告信息投放给最适合的手机用户群，使广告主的广告传播更有效率，并且摆脱了传统广告给用户送达过量广告信息导致客户产生抵触情绪的弊端。手机广告的可计算、可管理以及较高的送达率是传统四大媒体难以达到的。运营商后台的数据处理系统能精确计算出手机广告的接受效果，更为手机广告的快速发展提供了重要的硬件支撑。

※互动性。互动性是手机广告的独特优势，通过与手机用户的有效互动精确投放广告，掌握用户的需求意向，从而制订更有效的广告表现策略和广告投放策略。但是，

手机广告的互动特征是建立在广告主和运营商掌握用户数据资料,做好客户关系管理和数据库建设基础之上的。

※易统计性。手机广告可以凭借运营商后台的数据处理系统掌握终端用户的基本信息,包括在梦网上的点击记录、阅读网页停留的时间、用户浏览的相关内容以及用户每月话费额度。通过对用户资料的精确统计和数据分析,寻找到与广告主产品相符的潜在消费群体,从而实现真正意义上的精确投放,这是传统广告媒体所不能匹敌的优势。

(2)手机广告类型

手机广告主要包括短信广告、语音广告、内置广告和 WAP 广告 4 大类型。另外,搜索类广告、小区广播类广告和游戏类广告等新的手机广告形式不断涌现。3G 时代,手机上网速度得到大幅提升,邮件广告、视频广告、流动图标、弹出式广告等广告形式也应运而生。

※短信广告。手机短信分为短信服务(SMS)、增强型短信息服务 EMS 和第三代多媒体短信息服务即彩信(MMS)。其中,彩信不但可以传递文字信息、彩色照片图片,而且可以传播音效、活动视频等内容。短信广告以普通短信息服务为主要承载形式,将纯文本的广告信息(≤70 个字符)传递至目标用户的手机,实现手机广告的精准高覆盖投放。短信广告简洁、顺畅,占用受众时间少,广告成本低廉,是最常见的手机广告形式。随着手机功能的多样化和网络带宽的提升,未来的短信广告形式也将涵盖游戏广告、声音广告、动画广告、互动广告等。手机广告主可以与移动运营商共同搭建手机互动营销平台,以网页浏览、用户主动点播、许可用户信息主动推送 3 种形式发送广告。

※IVR 广告。IVR(Interactive Voice Response)广告即互动式语音应答广告,手机用户可以用电话进入服务中心,根据操作提示收听手机娱乐产品或服务促销信息,也可以接收广告主传递的音乐、铃声、录音等语音形式的产品或服务信息。当朋友拨打你的手机时,首先听到的是一段几秒钟某个商家的广告,之后响起的才是彩铃。现在许多单位已经将自己单位的信息录制成铃声作为员工手机的彩铃音,从而达到宣传推广的目的。

※内置广告。手机内置广告主要包括 3 类:移动网络运营商通过其定制的手机业务置入广告;广告商与手机终端商直接合作,将广告以图片、屏保、铃声和游戏等形式置入彩屏手机里,同手机厂商分配广告收入;手机广告提供商与非运营商手机定制商合作置入产品广告。

内置广告普遍存在广告内容难以及时更新的弊端,但是网络技术的快速发展推出了可供用户下载的广告内容升级版。目前,受众对被动接受手机广告传播模式有一定的排斥,相对来说,对内置的广告则较容易接受。但是,从长远来看,内置广告不具有很强的竞争力。手机广告应当成为人们的一种另类休闲。对于广告而言,具有传播性和实效性的广告才更有价值。

※WAP广告。WAP广告是以WAP网站作为载体,广告主根据传播需求选择特定频道的广告位,向目标手机用户精准展示广告的一种无线手机广告,包括文字链接广告和Banner广告。

WAP文字链接广告是以文字链接形式出现,形成手机用户点击链接跳转到广告主提供的广告页面上。Banner广告是以图片形式出现,目标手机用户可以点击图片来跳转到广告主提供的广告页面。通过手机浏览网站在网站上投放的广告,主要投放在中国移动的WAP站点"移动梦网"、中国联通的"互动视界"以及其他独立WAP站点。WAP网站通过手机门户网站的形式,用免费的内容吸引用户访问,然后利用流量做类似互联网广告的手机广告。

※Push类广告。Push类广告建立在用户许可和定制的前提下,通过对用户的细分把广告定向投递到用户手机上。它包括短信、WAP、彩e共3种形式。与WAP门户广告和内置广告相比,Push类广告(推送式广告)是手机广告的主流形式。通常来讲,WAP无线网站包含图文、Flash、视频、音乐等丰富的表现形式,却很难培养手机用户主动输入手机无线网址的习惯,而通过WAPPush,将企业的广告信息主动推送至移动用户的手机之中,用户在收到提示信息后,无需在手机上进行反复的网址输入,点击即可直达提供信息的企业手机无线网站。

※搜索类广告。与互联网搜索广告类似,搜索类广告包括关键词购买或者竞价排名模式等形式,Google还利用手机平台的特点进行了创新,推出了利用手机搜索直接拨打电话。

※小区广播类广告。小区广播类广告是指通过获得手机用户的位置变动状态信息,利用小区广播信道(CBCH)将广告信息传递到特定区域的用户手机,实现在特定的时间,为特定地点(如机场、车站、商场、酒店、旅游景点、会议地点等)的特定客户群(旅客、购物者、住宿及就餐人员、参加会议人员等)提供特定频次的新型手机广告产品。

"小区短信"的手机广告模式能够针对特定区域、特定间的特定用户群发送特定短信,通过一系列的定位及数据分析,将信息针对性地发送给与广告相关的用户,如在机场候机的乘客会经常收到打折的机票信息。目前,商旅服务、展会、酒店、商场、汽车、快速消费品、银行、房地产等行业都开始通过小区短信平台投放手机广告。

※手机游戏类广告。手机游戏广告是在手机游戏中出现、内嵌在游戏程序之中的商业广告。它以手机游戏的用户群为基础,通过固定的条件,在游戏中的适当的时间,适当的位置出现的手机广告。该模式的关键在于通过广告嵌入技术和先行一步占领市场的优势形成终端客户对广告的主动选择。目前,在游戏中插播广告有两种模式:一是在下载每款游戏前需要欣赏相应的广告;二是在游戏人物设计上凸显广告产品。例如,游戏人物穿的鞋是阿迪达斯、喝的饮料是可口可乐等。现有游戏中嵌入的主要是

图片广告，下一步还将形成广告互动。

（3）手机广告的表现形式

手机广告包括短信、语音、内置、WAP、无线搜索、小区广播等多种广告类型，但是其表现形式不外乎文字、图片、声音、视频几种。在广告信息过剩的时代，声像结合的广告表现形式成为手机广告吸引消费者的重要手段。

※文字。文字是最普通的广告表现形式。从报纸广告、杂志广告到电视、网络广告以至手机广告，文字在广告中起到深化广告主题的作用。可以说，文字是广告中最原始、最重要的元素。最初的手机广告类型——短信广告的主要表现形式是文字。另外，文字在短信、语音、内置、WAP、无线搜索、小区广播等手机广告类型中，都起到重要的基础作用。

※图片。图片是比文字更加形象的表现方式。从黑白到彩色，图片丰富了用户的视觉世界，对商品的描述更加形象，带给消费者更直观的消费体验，如手机内置多媒体菜单中的图片、壁纸、屏保等。

※声音。手机广告中声音的表现形式主要包括手机内置多媒体菜单中录音文件和手机内置多媒体菜单中手机铃声、MIY3文件。

※视频。流媒体视频、动画的广告表现形式克服了文字、图片、声音形式单独表现的不足，综合了几种表现形式各自的特点，创造了理想的广告表现形式。例如，手机多媒体菜单中手机视频、电影文件、M-Flash动画等。广告产品有汽车、网游、旅游城市风景区、电影预告片、新人音乐专辑推荐等。

3. 手机广告运营模式

国内手机广告市场主要存在以下5种类型的商业模式：

（1）代理模式

手机广告主与中国移动共同搭建手机互动营销平台，以移动梦网浏览、用户主动点播、许可用户信息主动推送3种形式发送广告，借助移动梦网的平台优势实现传播效果。

（2）会员制模式

这是各企业占领高端市场的首选策略。在这种模式下，广告主需与移动运营商密切合作。这种模式的问题在于手机广告的受众只局限于会员，而不是面向广大的消费者。会员可以根据需要自主选择广告类型，但是，普通的消费者却没有机会接收广告。因此，扩大受众群体，增加会员基数，是会员制模式前期市场推广的关键环节。运营商和广告主可采取看广告送话费等营销策略。

（3）SP模式

广告主以SP身份把广告内容以短信或WAP Push的形式发送给用户，覆盖国内WAP Push广告市场近80%的份额。但是，这种模式因为涉及手机用户的个人资料而遭到质疑。

(4) 终端嵌入模式

广告主先期可不受移动运营商控制,而与手机厂商紧密合作,将广告以图片、屏保、铃声和游戏等形式植入手机,同手机厂商分配广告收入。这种模式的缺点是广告内容更新困难。

(5) WAP 网站模式

WAP 网站通过手机门户网站,用免费的内容吸引用户访问,再利用流量做类似互联网广告的手机广告。

在实际操作过程中,主要有以下两种运营模式:一种是由运营商发布的广告,企业向运营商购买广告发布渠道,如中国移动的"企信通"业务,就属于这种类型;另一种是由 SP 的互动平台发布的,一般的运作模式是由投入广告的企业与 SP 一起向运营商申请审批,获批后,广告由 SP 在其互动平台发布,运营商会随时监控。无论是手机广告的特有优势,还是商业模式的多元化选择,SP 与运营商都是这一市场的主导力量。而对于手机广告这一新兴市场,市场两大主体的竞合关系在很大程度上影响着成长环境。

4. 手机广告产业链

(1) 移动广告价值链

移动广告价值链包括广告主、移动营销公司、媒体所有者、网络运营商、技术提供商和消费者。其中,广告主是价值链中最重要一环。因为该业务的收入取决于广告主支付给移动广告公司开展广告活动的资金数目;媒体所有者在价值链中也相当重要,他们拥有经过授权的移动号码数据库;网络营运商控制了传输渠道;技术提供商进行技术创新是整个价值链的黏合剂,该环节要解决传输协议、终端设备、传输能力等问题;消费者的态度决定了移动广告的未来,拥有一定数量的消费者是移动广告生存的必要基础。

手机广告的核心是广告运营商。目前,广告运营商在移动领域还没有形成品牌,互联网领域的品牌如好耶网、领克特等,在手机广告领域也具有较好的发展基础。移动运营商在手机广告中的作用,更多地体现在通过终端对用户特点进行把握,提供给广告运营商更多有效信息,从而与广告运营商分成利益。手机广告业务与其他 SP 业务不同,它是一种通过在合适的时间,将广告信息发送给合适的人,最终在使得不损害用户利益的基础上使广告主得到利益。

广告主的需求是手机广告市场发展的核心动力源。2007 年,以手机平台为基础的手机广告已经逐渐受到各行业品牌企业主的认可和青睐,WAP 站点具有强大的互动性,带有注册、下载等需要用户参与互动形式的内容积淀了 WAP 媒体的营销特性,广告主通过 WAP 能够拿到受众手机号码、UA 等信息,进而可以有效地进行受众细分和定位。WAP 媒体中,以移动梦网、3G 门户、空中网为代表的站点成为最受广告主青睐的网站,移动梦网依于运营商支持在市场中影响力最大,目标市场主要以高端人群为主。而独立 WAP 网站更多样和具有特色,覆盖有白领人士及学生等用户人群为主。

当前的移动广告价值链还不完善,在广告主和营运商之间存在多种中介,营销层次也比较复杂。没有一致认可的有效价值链,不利于移动广告业的快速发展。

(2) SP 与移动运营商

作为手机产业链上重要的环节,SP 与移动运营商之间的关系就犹如车和路的关系。SP 与移动运营商除了相互支撑和配合的关系外,存在的最大问题就是如何进行利润拆分。高速发展的手机环节给产业链上的行业带来广阔的市场前景与机遇,也带来了新的利益分配问题。从中国移动的策略调整就可窥见我国移动市场变化缩影。

※新分成模式确定。从 2005 年下半年开始,中国移动开始对 SP 试行新的数据业务分成模式,包括 3 种分成模式:第一种维持此前分成方法,中国移动提供计费和支付,SP 负责业务的推广与售后服务,中国移动与 SP 之间 1.5:8.5 分成;第二种,中国移动负责售后,与 SP 之间 3:7 分成;第三种,5:5 分成,SP 只提供内容,中国移动则将推广、计费、售后全面接管。

※打压免费 WAP。由于免费 WAP 网站发展迅速,中国移动的移动梦网流量被严重分流,担心自己面临沦为通道。2005 年 10 月开始,中国移动先后推出 3 项重大措施,打击免费 WAP 网站发展,包括限制 SP 在免费 WAP 网站上进行业务推广,停止向免费 WAP 发送手机号、手机型号,部分省份公司放弃包月制等。

※二次确认。中国移动手机用户如果在每月 1~20 日之间订购包月信息服务,订购当月可以免费体验;如果在 20 日以后订购业务,则订购当月和下月都可以免费体验。到月底,中国移动会通过 10086 代码发送短信,对所有订购业务进行提醒确认。目前,许多 SP 依赖默认用户赢得收入。但是,根据中国移动内部试点数据显示,进行"二次提醒"后,SP 新增用户和新增信息费收入平均下降 70%~80% 左右,总收入下降约 20%。

通过以上举措可以看出,中国移动意图占有市场主动权,而不仅仅满足于向 SP 提供网络渠道。中国移动收购凤凰卫视 19.9% 的股份,表明双方在移动增值服务领域进行内容资源的生产和合作,从而掌控整个产业链。

5. 手机广告投放策略

随着百事、可口可乐、阿迪达斯、HP 等知名企业纷纷进入手机广告营销领域,手机广告前景发展良好。在手机互动营销领域,如何确定市场目标,广告媒体的投放策略相当重要。手机媒体作为随身携带的广告媒介,在广告投放策略中主要考虑投放人群、广告形式、广告价格、广告时间 4 个方面。

※准确定位目标受众。手机媒体移动互动的特性使其在受众注意力资源稀缺的时代具有明显的优势。作为贴身媒体,手机已经转变成个人资讯中心。手机媒体特性和移动通信平台的数据库管理技术成就了精确营销,准确定位目标受众。相比其他媒体,

手机媒体的用户群集中在 15～35 岁的年龄层。这个群体追逐时尚、喜欢炫耀性消费、对潮流非常敏感,因此,数码影音产品、手机产品、快速消费品、体育运动用品、时尚消费品等领域的广告将非常适合。

※多样广告形式组合。手机媒体搭建的是一个随身携带的广告平台,如果仅仅采用直接以短信、彩信形式发送广告,和传统广告没有本质区别。手机媒体的广告形式需要针对用户情况和所处的环境,采取适合的广告形式进行互动营销,让用户不仅是单向的接收,还可互动。2005 年,商业大片《无极》的宣传推广,不仅与空中网推出了中国首个电影 WAP 官方网站,还落实在电影宣传的配合上。除了向手机用户发送电影海报、片花等直接的广告宣传外,还有答题赠电影票、抽奖等方式的互动性行为,吸引手机用户进入电影院观看电影。

※广告价格。目前,手机广告类型多样,涉及的企业众多,造成手机电视广告的价格相差较大。企业可以根据产品的实际情况,选择投放。目前,市场上通行的短信广告价格为 0.05 元/条,而彩信广告价格维持在 0.15 元/条左右,如此推算二者的 CPM 千人成本分别为 50 元和 150 元,价格相对比较低廉。通过 WAP 门户投放的广告类似于在互联网上投放的广告,如移动梦网上的首页广告、文字链接广告等,一般按 100 元/1000PV(点击)进行收费,与短信、彩信广告的费用相当。在内置广告方面,价格体系也尚待完善,更多的定价方式是由客户与手机终端商协商定价。由于是属于一次性置入的广告,所以价格相对较高。

※广告发布时间。手机媒体是贴身媒体,但是广告不能在任何时间都可以投放,应充分尊重消费者的个人时间,比如在周末主要投放促销消息;在上班时间尽量减少对用户的打扰;在吃饭时间应尽量避免投放一些卫生用品、药品的广告;在休闲的时间可以投放音乐、电影娱乐信息等。只有掌握好手机广告投放时间,才能使手机真正变成用户的个人资讯中心。

6. 手机广告存在的问题

(1) 网络制约

在 2G 和 2.5G 时代,由于网络传输速率和带宽的限制,手机上推出的广告主要以短信和彩信的形式为主。但是,这两种形式的容量相对较少,只能发送文字和少量的图片或声音,广告表现形式单一,对用户的吸引力不大,用户的黏度较低。2008 年 3G 牌照的发放,网速的提高为手机广告的快速发展提供了硬件保障。

(2) 资费制约

目前,我国的手机广告收费模式,可以分为两种:一种是 SP 不收取用户收看广告的信息费,但移动运营商收取看广告过程中产生的流量费;另一种是移动运营商向收看广告的用户进行话费补偿,采取看广告送话费的措施。前一种方式无法适应消费者一直免费看广告的习惯,难以培养受众忠诚度;后一种方式有利于手机广告的前期推广,但在新的商业体系下,真正的盈利点来自于广告主,而不是转移到消费者身上的费用。

(3) 终端制约

手机广告和传统媒体的可视化程度不同，因而要达到较高的广告投放效果，对手机终端的要求较高。在手机广告推广初期，广告形式以 SMS、MMS 和 WAP 为主。随着 3G 时代的到来，音频、视频、Flash 等流媒体形式的手机广告需要更为智能化的终端。但是，智能化终端费用相对较高，能否快速普及成为制约手机广告发展的一个关键因素。

(4) 用户制约

用户群规模是决定手机广告能否快速发展的根本，对用户消费习惯的培养以及用户个人隐私的尊重成为手机广告发展进程中必须面对的现实。手机用户由于受到屏幕、电池、手机网页的界面、心理、SP 陷阱等多种因素的影响，对于手机广告的接受度还处于认知阶段，需要运营商和 SP 加强对于用户体验的引导。移动电话用户不习惯商业广告的打扰，广告公司开发具有吸引力的内容，以吸引移动电话用户主动收看手机广告，这是最需要解决的问题。

运营商在对用户消费行为进行深度挖掘时，将会涉及用户个人隐私和数据保护的法律问题。如何平衡商业利益和个人隐私成为摆在运营商面前一个严峻的问题。虽然手机广告具备区别于传统媒体广告的定向、及时、分众和互动性的优势，但短信群发对用户隐私权造成的负面影响在短期内仍难以消除。此外，手机广告监测体系的缺失也成为手机广告高速发展的壁垒。同时，各种垃圾广告大量充斥在周围，使用户对手机广告产生不信赖，甚至厌恶。如何解决垃圾广告问题，也对手机广告行业的行业自律提出了要求。

(5) 市场规范制约

目前，我国的手机广告市场还处于起步阶段，规章制度还不健全，保障该行业健康的发展，使产业链上各部分的利益实现最大化，建立行业内合适的市场规范非常必要，比如广告定价、广告图片大小、页面大小、文字链接字数等标准的建制以及能否运用广告代理制来规范手机广告市场等。我国手机广告行业内的制度规范问题还需要进一步探讨。

三、手机新媒体展望

随着 3G 的发展，手机的网速越来越快，客观为新媒体的运营提供了契机。手机对我们的影响越来越多的改变现代人的生活。随着国家强势推行三网融合，物联网工程的进一步实施，手机支付的进一步的扩大还有云计算的国家战略，有很多的事情都为我们新媒体的营销的提供了良好的时机。手机平台的促销广告，具有销售的强制性，客户几乎不能从中进行中断。在人们的普通生活中，我们会利用许多的零碎时间进行手机的使用。而这一零碎的时间正为了基于手机的新媒体营销提供了良好的平台。

移动新媒体的发展已经到了一个新的阶段,在 3G 和 4G 迅速发展并在逐渐成熟的时候,手机新媒体的发展越来越受到多个产业的重视。手机新型媒介,使得我们随时随地享受移动互联时代带来的便利。手机的便捷性和快捷性使得我们在零碎的时间可以有可用的机会。注重质量和服务,基于手机的新媒体营销一定大有可为。

第三节 企业的数字电视新媒体营销

随着基于网络宽屏、手机电视等新媒体的出现给传统电视媒体的营销带来的新的挑战,新媒体依靠媒体信息的交互性、多样性、移动性和社区性受到了大众的青睐,新媒体的出现使传统媒体营销带入到碎片化、分众化状态,这一状态迫使传统媒体从单一的营销策略转变到媒介间的大融合,结合新媒体在资源链接、互动等方面优势进行整合营销。本文结合上海文广集团整合营销策略分析新媒体环境下的数字电视客户营销策略分析,给传统电视媒体提供可借鉴的营销策略。

自 2005 年开始我国各大传媒巨头开始策划进入新媒体领域,如上海文广新闻传媒集团 2005 年就开始组建宽带门户网站业务、IPTV 业务、数字电视业务、移动多媒体业务运营公司,建立了新的媒体产业格局,并通过移动多媒体业务运营公司与移动公司合作为用户提供传统数字电视中的节目内容。而以此同时中央电视台也对现有资源进行了重新整合,成立了央视国际网络有限公司,由该公司对央视现有线路资源、节目制作资源、手机电视资源等进行统一管理与运营,也由此传统媒体从单一的营销策略转变到媒介间的大融合,但由此带来了在融合环境下如何制动营销策略与实现营销成为了传统媒体当下需要思考的问题。

1. 新媒体环境分析

新媒体是基于网络、移动宽带为基础而发展的新媒体,新媒体具有传统电视媒体无法比拟的内容价值、传播方式、传统效果、传播特点和具有更好的互动性,改变了传统一点多多点的模式,实现了多点对多点的媒体传统。在此环境下新媒体扮演的角色越来越重要,根据 2012 年的《美国互联网产业现状及其趋势报告》中显示,在媒体广告份额中电视媒体占 42%,报纸广告为 11%,而新媒体(如网络广告)从 2006 年的 23% 上升到了 38%,虽然电视媒体仍然占据主要地位,但新媒体上升速度给传统电视媒体、报纸媒体带来了很大的冲击,报纸媒体直接进入了崩溃的边缘。

2. 电视媒体分析

三亿文库 3y.uu456.com 包含各类专业文献、专业论文、外语学习资料、应用写作文书、幼儿教育、小学教育、中学教育、文学作品欣赏、高等教育、53 新媒体环境下的数字电视客户营销策略研究等内容。

第四节　企业的户外新媒体营销

数字技术的发展，使户外媒体固有的传播效力方面存在的缺陷得以解决。本文通过对户外媒体传播过程与困境的分析，来探析在新媒体环境下户外媒体取得最大传播效果与销售力的路径与方式，既具有业界的前沿性，又具有研究的独特性。无论是广告主，还是户外媒体运营商都要积极探索其发展的新思路。

传统意义上，凡是能在露天或公共场合通过广告表现形式向消费者群体进行诉求，达到产品与品牌销售或推广目的的载体都可称为户外媒体。主要包括：灯箱、路牌、交通终端场所、单立柱、楼宇、阅报栏等。新媒体环境下受众注意力日益碎片化，媒体与受众生活轨迹和接触点的重合性要求也不断提高，户外媒体也依据与受众轨迹的接触点开始分化出不同的形态。

据 DCCI 互联网数据调查中心统计，户外媒体受众对媒体信息的忽略率高达 78%。结合目前户外媒体的劣势，由此我们可以总结新媒体技术下，户外媒体面临的困境主要表现在以下几个方面：

（1）受众的忽略性接触，即受众眼球注意力的获得较难；
（2）传播力有限，眼球和传播力转变为品牌力或销售力路径不顺畅；
（3）评估效果的科学性和系统性较差。

基于上面总结的户外媒体面临的困境，我们从传播过程的角度来进行解读和思考相应的解决路径和战略。

一、户外媒体传播的两个阶段中关键问题的解决路径

1. 创新路径：忽略性接触——眼球注意力

受众对户外媒体的忽略性接触的原因很多，归纳起来主要包括：内容与形式不够有吸引力，无法把受众的眼球从繁重的注意力资源中吸引过来；内容与形式契合度不够，好的形式没有搭载好的内容，好的内容没有附着好的形式。即要使传播过程第一阶段取得良好效果，广告媒体在广告创作中要注重内容创新和形式创新。

从受众的角度来看，纯粹静止不动的媒体从视觉上更容易映入消费者眼帘，但是却不够有冲击力，具有声音和图像的视频广告冲击力强，但是由于消费者处在移动的过程中并且停留时间短，导致信息很容易被错过。因此，作为户外新媒体要想让传播更有效果，就需要结合消费者特点，并保证一个广告中应该有多种方式可以传递品牌

信息，或者是当视频广告出现的时候，有一些其他的信息可以帮助传播品牌信息，这样可以实现户外新媒体广告的价值的最大化，使得传播更加精准。同时要将动态视频广告与平面视频广告进行互补，不仅能充分利用 LED 屏的空间，更能达到传播的最佳效果。户外新媒体的广告创新，对广告公司也提出了更多的专业化制作要求。

2. 交互融合路径：眼球注意力——销售力

户外媒体要想从眼球转变销售力，首先是要提高与受众的黏性和互动的体验，让受众乐于和媒体互动，并从互动中得到感官和情感上的愉悦和满足。法国剃须刀品牌 Wilkinson 在情人节举行了一场户外广告，一个男人脸部的大展板上将一根根玫瑰花变成男人的胡须。路人可以拿出胡子，胡子就变成一朵朵玫瑰花，并送给心爱的女士。户外广告的主题是"过一个平滑的情人节"。这次户外营销和广告将受众的情感需求和互动完美融合，使参与的受众情感上得到极大满足，同时也极大提升了品牌的美誉度。Wilkinson 品牌并没有将这次精彩的户外广告就此结束，而是将整个过程录制下来制作成视频广告，情人节期间在各大网站进行播放，更是引起了很大的反响。这也在一定程度解决了户外广告传播力有限的问题，在下面的部分笔者将对此进行详细探讨。

技术融合，是在新媒体环境下户外媒体持续发展的必然选择。可以说，以后的户外媒体是数字技术和高科技的天下。户外媒体广告应用的技术主要包括：人工智能，AR（增强现实技术），音频聚光灯，3D，LBS 技术，基于精准投放的人机交互。数字技术和新媒体在户外媒体中的应用已经得到国外许多商业品牌和机构的重视，并进行了细致的研究和开发，并取得了极好的效果。目前，国外户外媒体的新媒体和数字技术的应用已经达到很高的水平，并创造出许多经典案例。国内关于技术在户外媒体方面的应用和国外还有很大的差距。可口可乐在全球范围树立了这一领域的典范，2013 年陆续推出新媒体、数字技术和户外媒体融合的"秘鲁国旗"和"印巴友谊"案例，都获得了很好的品牌传播效果。

二、户外媒体传播的核心问题的解决路径

1. O. B. E 跨介整合：户外媒体为瓢，向户外营销转变

Nokia 的营销企划 Daniel Goodall 将数字媒体分成 paid、owned、earned，国内将 P. O. E 称为付费广告（Paid Media）、自有媒体（Owned Media）以及赚得媒体（Earned Media）。简单有效的说明大概是：付费的媒体（如大众媒体广告）驱动对产品初期的认知；自有的媒体（如官网）让人可以找到更多的相关讯息；而在当大众开始告诉别人跟产品有关的事情，把讯息传开，这是赚到的媒体，赚得媒体偏重于受众与媒体的自发报导。后来这三种媒体划分的概念以 OBE（owned、bought、earned）模式修改，扩大"自由媒体"到从产品本身，销售团队，员工，或是由品牌的历史中累积的品牌财产，并将"自由媒体"作为沟通的根据，而"赚得媒体"不但包括媒体

的自发报导，也包括通过社会化平台二次传播产生的分享效果和感染效果。不过，赚得媒体是买不到，可控性也是低的。只有当创意创造出话题性，让大众，特别是媒体，主动成为品牌的宣传者，品牌才会开始"赚得"媒体。但品牌可以创造"赚得媒体"，自有媒体与付费媒体越有趣，越能赚到媒体。

前文我们已经讨论过户外媒体的劣势之一就是传播力较弱，大多是周围若干米的范围，这也是其与网络广告和电视广告相比最大的劣势。这种 O.B.E 跨介整合是未来社会化网络发展的趋势，给户外媒体的传播提供一种新的思路和方式，通过富有创意的户外广告内容与形式的创新来吸引除自身传播平台之外的其他媒体和受众的宣传报道和主动分享，使户外广告的传播距离由周围数米扩大到全国，甚至全球，传播效果也事半功倍。

此外，户外媒体除了自身独特传播力和优势之外，还可以和新媒体进行融合。内容与形式创新、与受众具有交互的户外媒体广告的时空表现为瓤，裹以网络广告和电视广告的皮，在网络和电视等播放平台上进行传播。那么，我们可以看到，随着网络技术的发展和广告观念的创新，户外媒体未来将不再是一块块孤立在街道的广告板，而是从户外广告向户外营销转变，成为品牌整合传播方案中的重要部分。

2. 数据和识别时代带来的精准推送

数字技术最重要的成果之一就是传播媒介功能的社会化，户外媒体也不例外。在新的媒介技术的结合下，户外媒体也将会实现一对一的精准投放。广告牌将不再是单纯播放广告的电子屏幕，而是基于人工智能、人机交互及社交网络等技术手段，来吸引顾客、收集数据信息，甚至可以分析市场，制定出富有针对性的营销策略。这种智能式的、看人下菜的精准式户外广告必将是今后户外媒体的一个趋势。

来自于纽约的创业公司 Immersive Labs 在其生产的数字广告牌上安装了一款软件和网络摄像装置。该广告牌通过人脸识别技术，可以识别观看者的体貌特征、看广告的时长等信息。广告商们利用这些数据来衡量广告投放的效果，更加合理地选择广告投放区域。如果你站在这个广告牌前，你的性别、年龄以及与同伴的关系都会被广告牌分析和定位；广告牌据此分析你的消费需求，按照匹配的百分比，播放出匹配度最高的广告。比如，观看广告的如果是一位年轻男性，那么广告牌会显示修脸润肤露的广告，而非显示卫生棉等女性用品广告。软件还可以根据数据库信息判断出什么季节适合播放新马泰七日游的广告，一天中哪个时段适合播放可口可乐的广告。考虑到在户外环境嘈杂的情况下，该广告牌还会自动关闭音效，只播放广告画面。并且该广告牌还调用社交网站的共享资源，实时调整广告内容，比如 Twitter 或 Foursqure 提示今天附近会有一场马拉松比赛，当天的广告屏幕播放的会是耐克运动鞋的广告，而不是联邦快递的广告。

3. 三媒融合带来创新与评估量化的变革

移动互联网络的发展，给户外媒体提供了一个广阔的创造空间。随着移动设备支付系统的成熟，移动网络与户外传播网络之间结合也将日益紧密化和无缝化。户外媒体的眼球注意力与销售力之间的转化路径将被缩短，户外媒体直接销售能力将会得到深度开发与挖掘。互联技术的介入，也必然将户外媒体的传播效果评估的依据更加清晰，量化更加精确。而对这些消费数据进行系统而科学的测评与分析，将为品牌与广告主制定传播决策与营销战略提供重要的依据。

在未来，户外媒体和其他媒体一样面临着社会技术和受众的不断发展，三媒融合将会给户外媒体带来一种全新的视野和思考，也许未来户外媒体的含义也将产生历史性的变革。三媒融合即户外媒体、网络媒体和移动终端媒体的融合。三媒融合将会给户外媒体在内容、技术与方式方面带来以下变化：

（1）内容和形式创意不断得到发展；
（2）与受众的互动将更加普遍，体验感更强；
（3）将承担更多营销功能；
（4）传播力将借助其他平台得到极大扩散；
（5）效果评估的量化更加精准可靠；
（6）分众化户外媒体的个性化更加精细；
（7）开创更多盈利模式。

第五节　企业的出版物数字化营销

数字出版是近年来出版行业的新兴领域，是信息化飞速发展背景下所衍生出来的新型出版方式。随着互联网络的广泛应用，数字化出版物更加体现出了其便利性和普适性的特点，被越来越多的群体所接受，甚至逐渐形成一种新式的阅读习惯，大有将传统出版物取而代之的趋势。在这一形势下，数字出版物的发展不可小觑，甚至引发了出版行业具有划时代意义的数字革命。面对 21 世纪，出版企业要想获得新发展，必须重视发展数字出版领域。数字出版离不开网络，其出版物的营销也离不开网络。本文着重在于研究数字出版物的网络营销策略，探讨针对此类出版物的网络营销，国内外出版企业都有哪些方式值得参考和借鉴，以及这些网络营销策略的适用范围和类型。同时，结合河北冠林数字出版公司的出版营销成果和经验，对其市场条件进行 SWOT 分析，在此基础上进行市场细分和定位，并提出产品策略、价格策略、渠道策略、品牌策略、版权保护策略等多方面的营销策略创新设计，借此总结出最适合企业的网络营销发展方向。本文结论建议采用数字教育产品和电子书、动漫游戏等多种产品相结合的产品策略，配以精品化、规模化品牌经营，定位适度的产品价格，对营销渠道科学化管理，进一步增强数字版权保护意识，为企业量身打造数字出版物网络营销方案,同时也为大量传统出版企业转型发展数字出版产业提供很好的设计方案和实施建议。

目前,传统出版业的市场竞争越来越激烈,面临巨大的生存危机和挑战。笔者参加了中国版协与美国哥伦比亚大学联合举办的出版专业培训,分赴美国著名出版机构、高等院校和文化产业基地,进行出版交流和学习。对美国传统出版业有了一些认识和想法。

一、实体书店倒闭潮全球蔓延

美国实体书店面临巨大生存压力,版图正逐渐被网络销售和数字出版物吞噬,两大连锁书店相继身陷困境。位于纽约曼哈顿联合广场的巴诺书店由于来自电子书及网上书店的冲击,利润和客流量双双下滑,书架空空荡荡,玩具和游戏则越来越多。而在 2011 年 2 月,美国第二大传统图书零售商鲍德斯申请破产保护。

在我国,"风入松"停业,"光合作用"倒闭。据媒体报道,过去 4 年里,我国已有上万家民营书店倒闭。对此,新闻出版总署副署长阎晓宏曾表示,将会同相关部门联合出台专门文件扶持书店,各省也正致力于出台本省扶持实体书店的措施。

国内外传统实体书店的消亡,以及我国各方正在酝酿的扶持政策,无不向出版人发出强烈的信号:传统出版业的经营模式必须调整与转型。如何应对数字化冲击,在危机中寻找机遇,开拓传统出版业新赢利模式,成为国内外传统出版业当前必须迫切解决的课题。

二、建立新赢利模式

对于出版产业而言,数字时代的开启并不意味着传统出版和印刷时代的终结,只是预示着我们将步入一个纸质与电子、印刷与数字共生的过渡时期。我国出版业在刚开始走上产业化道路之际就碰上了艰难的过渡期,数字出版还没有形成成熟的赢利模式。美国的数字出版则已经借助其良好的市场环境和规范的竞争机制开始起步。

目前,美国传统出版商基本主导了数字出版的发展方向,依靠雄厚资金,兼并或者自主研发数字技术平台,完成内容对技术的主导。例如,美国珀修斯图书集团(Perseus Books Group)对数字出版的投入非常坚定和果断。他们将传统产品数字化,将传播渠道网络化,延伸出版产业链,开发了具有特色和成长性的数字产品,其数字出版的收入基本均已占到总收入的 20% 左右。

就数字出版的方式而言,中美之间已经没有太大的区别,出版商开展数字出版业务最大的难点并不在于技术和资金,而在于能否把握数字出版的本质和特点,进而建立起相应的商业模式及赢利模式。美国数字出版的整体链条比较清晰,由内容出版商、数字图书销售平台商、终端阅读器生产商、图书数字化服务商、技术提供商和电信移动运营商等几个主要的链条构成。传统出版商大多以内容提供为主,并向下游延伸;一些技术和销售服务商目前也开始向内容进军,整个出版链条呈现出整合的趋势。以企鹅集团为例,他们针对不同类别的图书设计了有特色的数字化产品,并与亚马逊、苹果、谷歌等不同的数字出版平台和服务商建立合作关系。其在2011年上半年的电子书销售额增长已经超过130%,并占到其全球销售收入的14%。

三、在多元化经营的同时坚持专业化战略

专业化是多元化经营的基础,美国不少出版集团在业务结构多元化过程中,注重更精细的专业化运作。比如,美国管理协会图书出版部(AMACOM)侧重出版涵盖商业、管理、领导、人力资源、职业发展等领域图书,其选题和营销推广与美国管理协会(AMA)的培训课程相匹配。与中国大多数出版社一样,AMACOM也做过儿童、家庭教育方面的非专业化选题,但是由于缺少有力的营销渠道,其出版选题又回归到核心业务。这种经历使其认识到,在一个领域深耕细作,才可以拥有更多出众的作者和其他资源。目前其销售较好的图书,如 Project Management、Customer Service 等,几乎全部是与其培训课程相结合的图书。

四、编辑需要高度的创新精神

在经营方面,美国出版商八仙过海、各显神通。曾经编辑出版畅销书《高效能人士的七个习惯》的西蒙&舒斯特出版集团旗下"Free Press"的副总裁、总编辑 Dominick V. Anfuso 先生,最强调自己对编辑职业的推崇,坚持以内容为王,认为一切好的产品都需要编辑去发现、策划和塑造。只要有好的内容,辅以相应的营销手段,就能取得好的市场效果。而企鹅出版集团 Portfolio 分社社长助理 Emily Angell 则强调营销手段的重要性。他以企鹅出版集团曾出版的《谁动了我的奶酪》为例,认为营销应该贯穿出版的全过程并在整个出版过程中占据无可替代的作用。只要营销做到位,就可获得市场成功。这是典型的营销为王的思想。出版中的不同环节有不同功能,但不管侧重哪个方面,只要能找到符合市场需求的赢利模式,就不会被发展的潮流所淘汰。

五、灵活的出版体制和规范的市场环境提供保证

数字时代的到来是一次文化革命,美国出版业之所以能够较早较好地应对冲击,在很大程度上得益于其灵活的出版体制和良好的市场环境。与中国的出版社大部分为事业单位或是国有企业的性质不同,此次参观的几家出版集团中,除美国管理协会图

书出版部为协会下属的出版公司外,其余几家均为私人出版公司,其图书出版发行销售体制更为灵活。

此外,美国拥有良好、规范的出版市场环境,体现在四个方面。首先,知识产权保护到位,没有假书、伪书和盗版书。而国内的出版业在假书、伪书、盗版书猖獗的情况下,作者的原创积极性受到很大打击,很多作者也跟风变相抄袭,出版商则越来越短视,尽可能出版"短平快"的产品以获取少量利润,造成国内出版物越来越没有深度、没有内涵。

其次,图书定价机制成熟,读者群稳定。在美国,图书的定价会考虑到图书内容、作者知名度、读者群承受能力以及成本等很多因素。而国内的图书定价则主要考虑到生产成本,造成了国内图书的定价普遍偏低,恶性竞争层出不穷。美国的读者群相对比较成熟,特定类别的出版物有稳定的读者群。

再次,图书单品种销量多,重复书少。美国即使规模非常大的出版集团一年的出书品种也就在几十个到几百个,这与我国一般规模的出版社动辄上千个品种形成了很大的反差。美国图书的单品种销量很好,比较不错的书都会有十几万到几十万的销量;在好书多的情况下,美国图书市场上的重复书和跟风书却很少。

最后,则是重视出版人才的培养。美国大多数出版社对员工的培训学习都提供优惠条件,许多高校都设有专门培养出版人才的专业和培训出版业务的机构,并且经常举行不定期的出版培训班。

六、对转型期我国传统出版业的启示

我国出版业由于各种原因,在数字化转型方面尚落后于一些发达国家。虽然我国多数出版社建立了自己的网站(网页),并逐步推出了"eBook"等电子产品,更有少数出版社建立了各种类型的数据库。但总体来说,这些工作还是初步的。面对数字化的浪潮和冲击,借鉴美国出版业经验,我国传统出版社必须反思传统图书市场前景以及出版业发展方向,改变传统手段,对业务流程和管理体系进行深入的信息化改造,加快信息化、数字化建设,加快转型,提高核心竞争力。首先,坚持"内容为王"的核心理念,拓展数字出版业务,与网络公司、软件技术公司等合作,推出数字产品,实现传统出版和数字出版多种出版形式相结合。其次,坚持专业化出版战略,做精做强纸质图书,同时借鉴美国等国际出版公司的经验,在信息服务、咨询研究、在线教育、个性出版等领域进行深入拓展和多元化经营。最后,重新整合图书营销渠道,重视和拓展网络营销渠道。

第五章 不同行业企业综合案例分析（上）

现如今，微博、微信、人人网成为新媒体营销的主力战场。特别是后来居上的微信，在腾讯逐步增强微信商业化程度的信号下，已成为兵家必争之地，也因此涌现出许多出色典范。

传统营销理念是以企业的产品为中心。企业生产产品，然后通过营销的渠道和手段把产品推销给客户，从而完成企业使命。由于以前企业数量少，生产的产品数量有限，整个市场是卖方市场，所以企业都比较强势："我就这些东西，质量也是如此，爱要不要。"

更为甚者，在很长一段时期，我国的某些商业形式被称为"酒桌文化"，商业价值的体现并不是依靠产品的质量或者创意，而是通过"疏通关系"的手段来实现。说得更直接一点，就是利用商业主体之间的信息不对称，赚取的是时间与空间的差价红利。甚至很多行业或企业利用这一点，在商业谈判或者商业竞标的过程中给友商设置壁垒。虽然很多企业也试图通过一些方式和手段来避免这种现象，但是由于各种客观原因，最终效果并不理想。

随着社会经济的发展，消费者的消费层次发生了翻天覆地的变化。随着互联网和智能终端的普及，社会群体接触各种媒介时间的增长、渠道的增多，消费者的精准属性（自然属性、性格标签、人群分类）、精准消费时段、精准位置等已经全部数据化。自然意义上的"消费者"在数字系统中成为了可跟踪分析、可预判行为的"消费者画像"。于是，新的营销理念要求企业以用户的需求为中心，在充分理解用户需求的前提下，通过技术的革新和建立一个用户认可的诚信体系来获取企业利润的最大化。

很多成功的企业都是按照这种理念做的，例如支付宝。其实，淘宝、天猫、京东商城都是这样的，虽然在某些细节部分还是存在各种问题，但是以用户利益为先决条件的产品架构设计形式，还是受到了消费者的认可。

所以，我们常说的转型移动互联网，其实更多的是思维方式的转变，而不仅仅是工具形式的变化。思维方式没有真正移动互联网化，企业一定无法转型成功。当然，我们并不是全面否定以前的思维方式，而是要有一个结合的权重。

接下来，将列举几个成功案例，介绍其因思维方式的转变给企业带来巨大成功的案例，希望能给想要营销转型的企业提供一些新思路。

第一节　优衣库的新媒体营销思维

优衣库是一个日本品牌，其在我国的消费群体基本是白领阶层，这和其客户群体定位相符，即优衣库在我国市场的用户群定位在中产阶级。对优衣库有一定了解的新媒体从业者都知道，优衣库的新媒体营销做得非常棒。2010年的虚拟线上排队游戏"UNIQLO LUCKY LINE"，曾在全球引发热议。虚拟的城市，搭配可爱的线上人物，通过签到、线上分享等机制，让自己的排队靠前。"UNIQLO LUCKY LINE"的产品构思，精致的画面，便捷的互动机制，至今仍让许多人津津乐道。

2010年9月，优衣库在中国台湾推出了排队活动，借助Facebook和Twitter平台，超过60万人次通过网络在优衣库门前排起长队，优衣库在Facebook上的粉丝数从0激增到8万。2010年12月10日，优衣库在我国推出了与人人网独家合作的网上排队活动。截至2010年12月23日活动结束，排队人次已经突破133万，效果大大超出之前预期的100万，并且给优衣库人人网公共主页带来了13万粉丝。

2012年8月，星巴克和优衣库联合在新浪微博发起了一个关于星巴克和优衣库品牌的Co—branding活动。活动形式也很简单，两家企业分别在自己的产品和服务中巧妙地融入了对方的品牌和产品体现，在微博上引起了网友的广泛参与，甚至有些网友开始从战略、执行、品牌气质等众多方面作出分析。这次通过微博平台做的线上营销传播非常棒，给两个品牌都带来了非常好的广告传播效果。

优衣库的线上营销总是和新技术紧密结合，走在时代的前沿。从博客时代的优衣库美女时钟组件到利用Twitter关键词和关系的抓取形成的超酷Flash屏保，从国内外都非常成功的网上排队活动再到最近率先登陆到微信平台，优衣库的每一个动作都给营销人员带来耳目一新的感觉，甚至引发不断的追逐和模仿。

优衣库还利用有趣搞笑的亲身体验，引发与用户的互动，通过社交渠道的UGC活动引发话题，通过粉丝去传播。优衣库在微信平台上开展"呐喊吧，优星人"全球家乡话PK赛活动，吸引用户用方言模仿优衣库店铺广播员，播报30周年信息，生成语音店员证，引发在朋友圈病毒式的传播。植入KOL并挑选优秀作品进行官方推荐，在全国店铺进行播放。各类令人捧腹的TVB、新闻联播、蓝精灵、柯南等呐喊体，激发用户不由自主地参与上传，并通过赠品将线上活动用户引导进店，从而促成线下销售。

与此同时，在优衣库的线下门店陈列着与线上活动相连接的预热版和促销版店头展板海报,并在其中加入二维码,到店的用户扫描后便可以看到线上分享的感谢故事、笔记本赠品、收银条告知、店内"呐喊吧,优星人"优选作品的广播、户外地铁 LED 大屏和部分店铺物业广告,将线上线下连为一体。线上用户因活动体验被引入线下门店,门店顾客因店铺引导进入线上故事,在互动中完成优衣库 30 周年感谢季的体验与购买。这就是优衣库的营销,消费者才是真正的主角!

第二节 新百伦——"青春"和"雅痞"

美国著名运动鞋品牌新百伦(New Balance)在中国投放的新一季的广告,宣传其"574 青春"系列和"996 雅痞"系列复古跑鞋。其中,"雅痞系列"广告的形式是在网络上播放的微电影,主角是知名演员黄轩,时长三分钟左右。主角一人分饰十二个角色,讲述四个故事。在宣传产品的同时,向四位同为"雅痞人士"的艺术大师致敬。广告在故事的安排、情节的发展、叙事的风格上非常吸引人,符合当下人们的审美。广告在传递商品信息、传播商品价值的同时,激起消费者购买的欲望,并且让营销系的学生清楚地看到它的营销效果,同时能够收获一些启示。

一、新百伦简介

作为一个已经具有 100 多年历史的老牌世界知名运动品牌,新百伦的崛起与发展有一定的历史背景。目前,新百伦鞋作为一个主要专注于跑步运动的品牌,深受众多知名企业家以及政坛人物的喜爱。所以,新百伦鞋还有一个绰号——"总统鞋"。

1906 年,威廉·赖利(William J. Riley)在观察院子里的小鸡时发现,其爪子上三个趾头可以保持平衡,所以就将受到的启发运用到脚弓支撑器的设计和研发上,新百伦也就应运而生。威廉·赖利在美国波士顿成立了一家名为新百伦的脚弓支撑器公司,专门订做整形外科的脚弓支撑器和矫正鞋。1927~1931 年,新百伦开始为客户量身定做运动鞋,设计和制造跑鞋、篮球鞋、网球鞋和拳击用鞋。1950~1956 年,随着业务的不断发展,新百伦鞋开始为当地制造专业的跑步运动鞋,其中包括为麻省理工学院田径队设计跑鞋。1956 年,保罗夫妇从威廉·赖利手中买下了新百伦公司。从那时起,鞋类制造发展成为公司稳步成长的主要业务。1960 年,新百伦发行世界上第一双具有多种宽度的跑鞋"Trackster",停止生产脚弓支撑器和矫正鞋并全力专注于发展运动鞋。这是全世界第一款可以提供多宽度鞋头的运动鞋,此举成为制鞋业界的创举。

1970~1971 年,公司改名为 New Balance 运动鞋公司。1972 年,现任总裁兼首席执行官戴维斯·杰姆斯（James S. Davis）在波士顿马拉松日当天买下新百伦公司。当时，新百伦鞋每天生产30双手工制作的五种宽度鞋头，以及两种高度鞋面的运动鞋，成为制鞋界的创举。1976年，"New Balance 320"和"New Balance 305"鞋被美国《跑步者世界》（"Runner's World"）杂志评选为世界第一跑鞋。当时，马拉松冠军弗莱明穿的就是"New Balance 320"跑鞋，后来这款鞋在全世界广为流行。同年，新百伦首先推出配备高避震性耐久材质的"C-CAP"鞋款。1978年，新百伦运动鞋公司在第一届女子路跑赛决赛中，首次推出服装系列和第一双女性尺寸的跑鞋"New Balance W320"。1981年，新百伦旗下的跑鞋"New Balance 990"在运动鞋业中，被评为最持久的技术性跑鞋系列，并持续作为新百伦跑鞋系列的基石。1984年，新百伦开发出减震材质"ABZORB"，是专利的全片式吸震材质，确保吸震的安全舒适性更加完整。同时，还吸收99%以上的地面反作用力，避免运动者的脊椎、膝盖、脚踝等因为受到不当的地面反作用力压挤，而造成运动损伤。

1985年，新百伦推出强调分散重量的"ENCAP 1300"型运动鞋。这些产品的主要设计都是讲究固定整个脚盘，并让脚趾可以自由活动，以减轻跑步时足部的负担。新百伦独特的宽度定径系统（Width Sizing System），使消费者可以自由选择合适自己脚的尺寸的鞋。从中可以看出，新百伦体贴使用者的精心设计。1986年，新百伦首次推出健步鞋系列，是特地为徒步运动而设计的鞋子，"不请代言人"的主张出现。新百伦决定不追求昂贵的明星代言，而把资源集中投注在研发、生产和基层营销上。1998年，新百伦鞋买下邓纳姆（Dunham Bootmakers）品牌。1999年，新百伦被美国《今日跑步者》（"Today's Runner"）杂志评选为越野鞋冠军。2001年，新百伦并购"PF Flyers"休闲鞋品牌。2002年，卡诺其穿着新百伦鞋以2小时05分38秒勇破世界马拉松纪录，继续蝉联世界马拉松纪录保持人。1991～2002年，新百伦已经成为全世界成长最快的运动品牌。目前，世界排名第四，全美排名第二。众多国家元首和企业家都是新百伦的爱用者，证明了其卓越顶尖的品质。

2003年，新百伦正式登陆中国。2004年，新百伦成为全美第二大运动鞋品牌，现已成为众多企业家和政治领袖爱用的品牌，在美国及许多国家被誉为"跑鞋之王"。2005年，新百伦推出团队运动类别及"For Love or Money?"的广告宣传，以颂扬一般运动员和教练的运动精神，对贪婪和不良的职业运动员行为提出反对的态度。2006年，新百伦成立100周年，包括"NB Zip"等新科技成为其"百岁生日"的献礼。珍藏版"New Balance 992"作为新百伦百年庆典商品隆重登场。2008年，新百伦公司在2008年面向全球范围推出"LOVE/HATE"品牌活动，宣传新百伦在跑步上的专业性，理解一个跑步者在跑步时"爱与恨"的心态。2009年，新百伦正式在中国市场推广多宽度跑鞋。鞋在中国大陆市场的销售增长达到40%，而新百伦专业跑步鞋的增长更是达到80%。同年，新百伦全球首家新概念体验店在北京前门大街开张，这种全新体验的零售模式令全球消费者对新百伦品牌留下更深刻的印象。2010年，新百伦鞋新概念体验店登陆上海。

新百伦坚持出品多宽度、多高度的鞋款，这是针对人性出发的设计，也是最基本的关怀，带给每一位消费者最舒适贴心的鞋型。新百伦不与运动明星签约，因为适合明星穿的鞋，不一定合合大部分消费者穿。所以，新百伦公司将费用投入在产品的研发上，以提高产品质量，增加顾客满意。新百伦相信"鞋就是最好的代言人"。新百伦是唯一在美国拥有专属工厂的国际化运动品牌。其中，五个在美国，两个在欧洲。新百伦公司是一家私人公司，而非股票上市公司。因此，可以有更大的开发空间。同时，在公司文化的传承上，比较容易得到贯彻。

二、企业理念

1. 青春

如图 5-1 所示，新百伦青春广告品牌背景是美国一位作家在短文《青春》中的这样一段话："青春不是年华，而是心境；青春不是桃面、丹唇、柔膝，而是深沉的意志、恢宏的想象、炽热的感情；青春是生命的深泉在涌流。无论年届花甲，抑或二八芳龄，心中皆有生命之欢乐，奇迹之诱惑，孩童般天真，久盛不衰。厄尔曼这篇文章被无数名人政要当作人生格言，它告诉人们，青春其实是要你有时刻保持接受美好、欢乐、勇气的天线！"这诠释出了新百伦在圣诞节做的新一轮"New Balance 574"青春系列推广的一句文案："我们都会长大变成别人，青春让我们变回自己。"

图 5-1 新百伦"青春 574"系列广告海报

另外，新百伦在中国市场的推广策略悄然发生了改变。"青春是什么颜色？"H5（第 5 代 HTML 网页）悄然诞生，也就是亚太地区顶级广告导演罗景壬执导的"New

Blance 574"最新广告片:"这是我们的原色,你的青春早被无数广告包装光鲜。青春无极限,青春什么都不怕,青春做什么都是对的。但现实的青春真的是这样吗?青春更多时候,是跌跌撞撞中成长,不时留下伤口;是不愿空谈理想的踏实;是慢慢积淀真正有价值的执念;是在寻找自我的小清新;是有目标、有规划的理想家,'说走就走'只不过是喊喊口号。这是我们更熟悉的青春足迹,这是我们本来的样子!"

对于新百伦来说,这样设计有一定的风险。不打算掩饰那些很多人不愿提及的成长灰暗地带,而是勇敢地站到男生、女生最软弱的一边,把自己置于很难"Balance"(平衡)的角度。这样的作品,好坏另当别论,先为新百伦的勇气鼓掌。王牌导演罗景壬谈及拍摄感受时说:"这是个难得少有的创作角度,所有那些泪涌而出的血液,所有那些昏迷、无助与痛楚,都是强而有力的视觉符号,用以明示、暗喻青春受难的真切面貌。关于青春之苦难、生命之脆弱,如果品牌选择不逃避它,甚至诚实去逼视它,青年人会真正相信,品牌了解他们的茫然和痛苦,品牌和他们站在一起!"

在圆满结束的"TOPYS MINDTALK《一个创作者的自说自画》"公开课上,李三水谈到了新百伦广告的创作视角:"以往的广告偏好讲述一个平凡的人如何去做到一件不平凡的事,所以人们看了会感动,会热血沸腾,但这次我们抛开了这种思路,更想表达的是,平凡的人能认识到自身的平凡,本身就是一件不平凡的事。看多了粉饰青春、鼓吹正能量的鸡汤,你还会被感动吗?青春真的无敌、无极限、万万岁吗?别说青春的天空有多大,一场考试,也是人生抉择,一段恋情,竟能置人死地。容易迷茫,想逃离,也容易脆弱,想放弃。美好之外,处处都是考验,伤痛不可避免,这才是青春的本来面目。在男生篇中,男主角并没有像主流舆论那样'说走就走',而是认真地思考走出去后的种种可能,走,去哪?走了会更好吗?最终他认识到,只有勇敢面对眼前的考验,才能在今后未知的考验中不再逃离。对自己有真实与清醒的认识,看到成长美好与残酷的对立面——只有当正能量建立在这样的正确认知基础上,才可能发挥真正积极的作用!"

2. "雅痞"

"New Balance 996"是新百伦品牌的时尚潮流跑鞋。按照对穿用者性别的限制,"New Balance 996"可分为男款鞋和女款鞋,二者从贷号上就可以十分容易地区别开来。"New Balance 996"系列跑鞋有多种配色,从银灰到亮黄再到亮蓝,中间还有各种潮流的新鲜色彩。从这些鲜艳的色彩中可以发现,"New Balance996"主要属于年轻潮流一族——他们爱时尚,爱潮流,爱扮酷。无论是男生,还是女生,都可以从"New Balance 996"找到属于自己个性的灵感。其微电影广告分为四个板块,主演黄轩一人分饰十二个角色来讲述四个故事。整个微电影宣传的是"雅痞"风格的鞋子。

如图5—2所示,广告一开始,也就是第一部分的开始,是一个纯白的背景,上面写着两行字:"没有人认为时间可以停止行走,直到……"接下来,看起来温文儒雅的一号男主角出现了,愁眉不展地正在设计一个钟表形状的艺术品。同时,屏幕上出现了"雅，雕刻时间"的字样。紧接着，穿着和行为都有些"痞"的二号男主角出现了，并引起了男一号的注意。男二号拿起艺术品看了看，就把它抛开了。这时，屏幕上出现"痞，抛开规则"的字样。然后，背景变白，"雅"和"痞"合成为"雅痞"一词，预示着穿着蓝色"New Balance996"鞋的三号男主角出镜。他慢慢站定，面带笑意地看着挂在树枝上的艺术品，与之呼应的，屏幕上写着"雅痞，让时间停止行走"。镜头拉远，画面左下角出现"致敬雅痞萨尔瓦多·达利（Salvador Dali），以想象力改变世界"。然后，这些字重新组合成"996，雅痞改变世界"，旁边一只蓝色"New Balance 996"鞋。这时，第一部分结束。

图5—2　新百伦"雅痞996"系列广告视频截图

第二部分开始，也是白色的背景，上面写着"没有人认为照片可以传承文化，直到……"场景切换到一个充满异国风情的广场，四号男主角挎着单反相机走过来，认真选取合适的景色进行摄影。五号男主角悄悄走向四号男主角，碰撞了他的肩膀又快步离开，面带调皮的笑意。这次，画面上的配字是"雅，捕捉瞬间"和"痞，碰撞灵感"。然后，六号男主角出现在屏幕上，当然穿着黄色"New Balance 996"鞋低头看。因为碰撞，而不经意拍摄下"记录情侣间温情"的黑白照片，便露出了微笑。同时，画面出现"雅痞，让世界读懂浪漫"。这次是致敬"雅痞"罗伯特·杜瓦诺（Robert Doisneau），一个伟大的摄影师，以光影改变世界。

第三部分的解说词为"没有人认为，艺术可以批量复制"。场景切到一间宽敞的工作室，七号男主角身着全身白衣，戴着眼镜坐在电脑前编辑要打印的黑白照片，看起来温文尔雅。这时，穿着一身黑色运动服的八号男主角跑上楼来，用力敲打了几下打印机，于是打印出来的照片就变成五颜六色的，就像波普艺术的代表作那样。配字是"雅，创造作品"，"痞，破坏格局"。穿白色"New Balance996"鞋的九号男主角走出来，拾起彩色的照片，画面上写"雅痞，让复制成为艺术"。这次致敬的是安迪·沃霍尔（Andy Warhol），波普艺术的倡导者，他以此改变世界。

第四部分的解说词是"没有人认为,音乐可以指引时代"。十号男主角在音乐练习室里练习贝斯,不时停下来思考。此时,十一号男主角吹着口琴走进来,打断了旋律。十号男主角愣了一下,很快反应了过来,开始和十一号男主角和声。这部分画面上的文字是"雅,雕琢旋律","痞,放任节奏"。最后一个十二号男主角代替两人出现,一边弹贝斯一边吹口琴,显然陷入了创作中。最后的广告语是"雅痞,让音乐注入时代",此次致敬鲍勃·迪伦(Bob Dylan),一位音乐家,他以音乐改变世界。微电影广告最后一幕是一行大字"996,雅痞改变世界",字下面是三只"New Balance 996"的鞋子。在两分多钟的微电影里,新百伦标志一直挂在画面的左上角。背景乐有四首,剪辑得非常符合画面的切换。

三、传播效果

1. "青春"

(1)"人群+标签+互联网"。为何新百伦做出如此大的改变。如图5-3所示,可以确定的是,品牌微信活动"青春是什么颜色?"这个广告营销策略的转型是紧紧围绕中国大陆市场所开展的,区别于其他不同国家。看看新百伦的各国官方网站就能知道,这不是一次集团行为。

图5-3 新百伦"青春574"系列广告文案

(2)一次偶然,成就了新百伦的必"燃"。先来看一个网友的微信评论分享:"如果说在中国,我很肯定地说没有余文乐,NB不会像现在红得这么快。"2012年,因为其业绩不佳,新百伦在国内的专柜一家接一家关门。那时在中国,绝大多数人去新百伦专柜都不会买东西,即便是打着"总统慢跑鞋"的字样。为什么之后短短两年时间专柜能开遍全国?真是多亏了余文乐。一部《志明与春娇》,几期杂志封面,几次"instagram"更新,让许多追逐新潮的年轻人看到了新百伦的魅力。所以,开始疯狂购买新百伦。

这些成功的案例让人不得不感叹，重新回到中国市场约七年之后，新百伦似乎终于找到了另一种方式来与消费者取得共鸣，那就是社交媒体营销。在此之前，新百伦一直苦于无法将自己在美国市场横行的"慢跑生活方式"这一理念，同样地在中国贯彻下去。而竞争对手耐克，却以组织夜跑、赞助马拉松等活动，轻易打开了中国跑鞋市场。现在，强大的社交网络则为新百伦打开了另一片天地。"接地气的素材＋明星效应＋足以打动人的文案＋精致的视频桥段＋与消费者形成互动的内容设计"，这样叠加起来就是一部好的作品，传播效果相对传统媒体更是呈几何级增长。不难想象，尝到"甜头"之后的新百伦，将会继续减少对传统媒体的投入，加大在新媒体端的预算和投放。而这也是包括耐克、阿迪达斯、彪马（PUMA）等一些国际运动品牌下一步传播计划的题中之意。

2. "雅痞"

"雅痞"广告以网络为媒介，以微电影的形式表现出来，是非常明智的。初看该广告，会让人有些摸不着头脑。这则广告跟平时那些理性广告不一样，它没有介绍这款鞋的功能、特点，没有关于科技含量的解释图，没有一本正经的介绍词，甚至没有一点人的声音。在中国，很多广告都是理性广告，即使现在很多理性广告包含感性的内容，但内容只占了广告的一小部分。但是，该广告不同，它是感性的。通过画面的切换、配乐的改变、看似无关的画面上的广告词，让人对它印象深刻。即使很多人都不明白"广告是如何在宣传商品的"也无所谓，最重要的是人们已经记住它了。

然而，多看几遍该微电影广告，就会发现它的精妙之处。如图5-4所示，不只是在宣传"雅痞"的"New Balance 996"，更是在向人们介绍"雅痞"这种追求和生活方式。这则广告致敬了四位大师——萨尔瓦多·达利（Salvado, Dali）、罗伯特·杜瓦诺（Robert Doisneau）、安迪·沃霍尔（Andy Warhol）以及鲍勃·迪伦（Bob Dylan）。他们四位是"雅痞"的代表。什么是"雅痞"呢？"雅痞"是外来语，英文"yuppie"的音译，原意是指"从美国新兴都会区兴起的新族群，他们年轻，不是世袭贵族，在工作和生活之余，也有能力居住在都市里（一般人都居于郊区），他们靠新兴的专业技术在竞争激烈的大都市往上爬"。没有世袭贵族文化，但是有高收入，渐渐衍生出特有的新兴文化和生活方式，所以他们的衣食住行都是"雅痞"的。简单来说，"雅痞"者，就是有强烈文化气息的"痞子"。但是，两个因素缺一不可。"雅"，就是有文化，有才华，有气质，善待朋友，在某一领域里有较大的作为；"痞"，就是离经叛道，过自己想过的生活，不喜欢墨守成规。这样，两者结合起来，就是"雅痞"。

其中，萨尔瓦多·达利（Salvador Dali）是著名的西班牙加泰罗尼亚画家。因为其超现实主义作品而闻名于世。达利是一位具有非凡才能和想象力的艺术家，他的作品把怪异、梦境般的形象与卓越的绘图技术和受文艺复兴大师影响的绘画技巧令人惊奇地混合在一起。广告第一部分，就运用了他的画作《记忆的永恒》中的元素："这幅

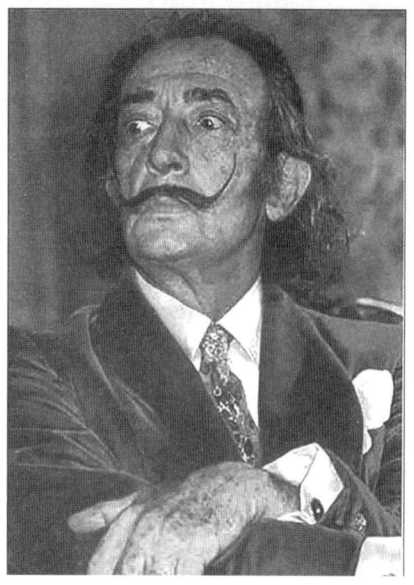

图 5—4 新百伦"New Balance 996"系列广告海报

画中的好几只钟表都变成了柔软的、有延展性的东西，它们显得软塌塌的，或挂在树枝上，或搭在平台上，或披在怪物的背上，好像这些用金属、玻璃等坚硬物质制成的钟表在太久的时间中已经疲惫不堪了，于是都松垮下来。"用大师的东西，向大师致敬，多么巧妙。萨尔瓦多·达利无疑是一位"雅痞"人士，他是绘画界的天才，而他的画具有超现实主义色彩，这也使他与众不同。

罗伯特·杜瓦诺（Robert Doisneau）是法国人文主义摄影的主要代表之一。他一生只以他所居住的巴黎为创作基地，喜欢在平民百姓的日常生活中抓取幽默风趣的瞬间。他也是"雅痞"人士，因为他擅长摄影，并且留心生活中的美好。广告的第二部分就像是展现了他的生活——站在广场中央，观察周围的人们，然后抓拍他们幸福的瞬间。

安迪·沃霍尔（Andy Warhol）是波普艺术的倡导者和领袖，也是对波普艺术影响最大的艺术家，被誉为 20 世纪艺术界最有名的人物之一。除了是波普艺术的领袖人物，他还是电影制片人、作家、摇滚乐作曲者、出版商，是纽约社交界、艺术界大红大紫的明星式艺术家。这样的艺术家当然也是一位"雅痞"人士。广告第三部分出现了波普元素，打印出来的照片十分像他的那幅《玛丽莲，梦露》。

鲍勃·迪伦（Bob Dylan）是美国摇滚、民谣艺术家。外界评价他"赋予了音乐可以改变人类和世界的颠覆性力量"，"让音乐真正变成表达人生观和态度的一个工具"。

也许不是所有人都认识这四位大师，也许一个人只认识其中的几位，但是当广告中出现他们的名字时，一定会引起一部分人的注意。了解他们的人，可能会想："New Balance 这款鞋致敬了四位大师，多么有品位，这些大师我也了解，我还仰慕其中的某一位，那这款鞋会不会给予我相同的气质？"于是他们可能就会尝试购买这款鞋。不了解他们的人，可能会这样想："他们是谁？为什么要向他们致敬？什么是'雅痞'？"如此种种疑问就会出现。引起了人们注意，广告就成功了一半。广告的另一个作用，就是让观众产生感情。人们观看了广告之后，产生了疑问，就可能回去查资料，去了解一切。然后，恍然大悟，原来"雅痞"是一种非常吸引人的生活方式，原来致敬的几位大师是传奇人物。这时，就会有一些人按捺不住内心的激动心情，想要去模仿这些"雅痞"人士。

"New Balance 996"的这几款鞋都很漂亮，绅士稳重中不缺乏脱俗，这也是"雅痞"精神的体现。微电影的主演，也就是这款产品的代言人黄轩，也非常适合。他是一位兢兢业业的演员，为人低调，演技不凡。他很帅气，气质也非常吸引人。他的演绎让产品活了起来。他扮演的男主角看起来稳重大气。同时，脑袋里还有数不清的新点子。而这几个角色穿着"New Balance 996"的鞋，所以自然这几款鞋就给人"雅痞"的感觉。就产品本身来说，从广告里可以看出它的材质是类似于翻毛皮那样的，所以本身就给人高贵、质量很好的感觉。

四、营销启示

1. 重点突出差异化

综观现在的运动鞋广告，最多的形式就是介绍产品的特性，或者是请代言的运动明星讲述自己的经历以获得消费者的共鸣。而新百伦的这则广告，则是通过对人物和事件的描写来致敬艺术家，顺便宣传自己的产品。看似漫不经心，其实最能抓住消费者的心理。而之所以广告能通过这种形式来展现，是因为产品本身的与众不同，也就是差异化。"New Balance 996"系列本身就属于复古跑鞋，所代表的气质多少与现在其他品牌的鞋子不同。现在很多牌子都是专门做跑鞋、训练鞋、板鞋等种类的鞋子。做复古跑鞋的也有，只不过非常少。而且，它们并不能把复古跑鞋做得像新百伦一样精妙绝伦。"New Balance 996"本身的定位，早就将它的差异化体现出来。所以，广告也非常特别。它的主题是"雅痞，改变世界"，致敬的是伟大的艺术家（"雅痞"人士的代表），宣传的是带有浓浓的复古之感的、适合"雅痞"人士的"New Balance 996"系列。如果这个广告放到其他品牌上，比如匡威、耐克（NIKE），就会令人感觉非常奇怪，因为鞋本身的特点与广告不相符。它不像有的广告，把宣传的产品换作其他品牌的产品也毫无违和感。可以说，这个广告是为这款鞋专门打造的，是与众不同的。总的来说，就是商品的差异化，造成了广告的差异化。

2. 从"促销"到"沟通"的转变

1960年，美国密歇根州立大学的杰罗姆·麦卡锡教授在其《基础营销》中将指导企业营销实践的市场营销组合的12个要素概括为4类：产品（Product）、价格（Prie）、渠道（Place）、促销（Promotion），即著名的"4P理论"。"4C理论"是20世纪90年代在美国发展起来的，由罗伯特·劳伦特提出，包括消费者的需求和欲望（Consumer want and need）、消费者满足欲求需付出的成本（Cost）、产品为消费者所能提供的方便（Convenience）以及产品与消费者的沟通（Communication）。两者的区别主要是思考基础不同："4P理论"的思考基础是以企业为中心，"4C理论"的思考基础是以消费者为中心。理论的转变体现在广告上就是促销（Promotion）到沟通（Communication）的转变。过去很多广告，包括现在一部分广告，都是以企业和产品为中心进行。它们宣传自己的产品和服务有多好，找明星代言产品和服务，对其大肆夸赞。但有时会发现，广告所强调的问题和我们关心的问题是完全不相符的，这样的广告给人的感觉就是广告主或广告公司完全没有经过市场调研，就做出了广告。如今市场上的现象是供过于求，竞争非常激烈，所以吸引消费者的注意力，使他们产生购买欲望是很重要的一件事，这就需要与消费者沟通。新百伦这则广告的沟通就做得比较好。因为它知道现在的人，特别是年轻人追求什么。这种投其所好的能力可能是通过市场调研，或者是趋势预测所获得的。现代人，穿运动鞋，除了舒服之外，还会追求什么呢？通过观察，就能够发现他们可能还会追求气质，追求风格，追求与众不同。新百伦这则广告就抓住了"雅痞"这一风格，因为这种风格，这种生活方式对人来说是非常有吸引力的，所以广告很成功。这也得出一些启示：做营销的时候，与其按照自己的想法把营销做得完美，不如多问问消费者真正想从营销中获得什么。

3. 定位是亮点

新百伦这则广告在营销层面上还有很多值得学习的地方：第一，广告的形式定位。这则广告为新媒体互联网广告，而且是以很短的微电影方式展现的。不得不说，非常吸引年轻人的目光。因为年轻人是互联网网民的一大组成部分，也是新百伦在中国的重点细分市场。它在进入中国市场时，目标是销售自己的产品，而销售产品最好的方法，就是传播"慢跑"这一概念。相关的营销活动还有把风靡全球的"Color Run"引入中国，等等。参与这些活动的也是青年人居多。再加上潮流的驱使，越来越多的青年人成为了新百伦的忠实粉丝。所以说，把这条广告放在互联网上，以微电影的方式呈现的做法是很明智的。第二，代言人的选择，黄轩是一位非常优秀的艺人，从他平时的表现、他朋友的评价以及网友对他的支持可以看出他的口碑非常好。所以选择他也是明智的。他可以为这款鞋带来很多潜在顾客。比如他的粉丝，比如想追求他的气质的人,都可能更多地去关注鞋的信息。

第三节 黄太吉,新媒体营销的神话

  对于北京的"吃货"们来说,如果不知道黄太吉,就真的落伍了。之所以说它是新媒体营销的神话,是因为一个"80后"年轻人通过"互联网+新媒体"的方式把一个卖煎饼和豆腐脑的铺子一年的营业额做到了500万元,风投甚至给出了4000万元的估值,不简单!黄太吉创始人赫畅曾调侃说,来他这边买煎饼排队,感觉跟春运买火车票一样。

  煎饼哪里都有卖,黄太吉的味道也不见得就比其他地方的好吃。但是这不重要,重要的是这里好玩,经常会有一些新鲜有趣的玩意儿。例如,黄太吉门前不允许停车,赫畅就做了个停车攻略。你走近店里的收银台,第一眼看到的不是菜单而是如何停车不会被罚款。如果不幸被罚,老板会送上南瓜羹以表安慰。光棍节时这里的油条买一送一,不过你得先拍照证明自己是光棍。"六一"儿童节时会有"超人""蜘蛛侠"给大家送煎饼,戴着红领巾来这里还会送你煎饼果子。

  黄太吉在开业之初,赫畅还亲自开着奔驰去送煎饼。当初并不是为了赚噱头,而是刚开业时店里接了一笔国贸一期的单子,送餐地点离店铺有两站地路程,对方订的东西也比较多,一个人根本拎不过去。为了方便,他就开车送过去。到了对方单位楼下,取煎饼的人大惊:"哇!你送煎饼还用奔驰车啊!"赫畅说:"是啊,这是我的车,要不然煎饼运不过来。"于是,帅哥美女们给他的跑车和煎饼拍照并传到网上,一下就引起了轰动,后来网友对此津津乐道。

  "黄太吉传统美食"的官微中,时不时会晒一些与消费者真诚交流的短信,让消费者感觉很贴心。另外,官微上还发起"最大订单"的竞赛,既增强了消费者的参与性,又促进了销售。这样的订单竞赛,几乎对所有商家都很实用。值得一提的是,黄太吉不仅会用微博,还会用大众点评、微信、QQ、陌陌等。几乎所有的社会化媒体形式,他们都在用。特别是黄太吉使用跟LBS结合的微信、陌陌等即时通信工具进行订餐和推送促销信息,非常实用。

  黄太吉在自身的推广过程中,主推社会化媒体。据赫畅称,从开业至今黄太吉共收到过约7万多条微博评论,他会在第一时间回复每一条评论。他认为,这么做不仅仅是与顾客互动,更重要的是在用心和顾客沟通,迅速、及时的回复更是诚意的一种体现。同时,黄太吉也热情拥抱电视媒体。正是通过北京电视台的美食地图节目,才让这家店被更多的人熟知,从而将其影响力从社会化媒体扩散到了全社会。

第四节 空中食宿——新媒体下的"人性化"

互联网新媒体不仅开创了新的信息传播模式，更是启发广告主在营销上进行历史性变革。除扩展传播内容、提供信息交流和分享外，新媒体营销也发展出了多种多样的广告模式。其中，广告主和用户及用户间的互动式营销，体现了互联网新媒体人性化发展的整体趋势。为此，本章以广告主空中食宿（Airbnb）公司为研究对象，探讨其有效利用新媒体进行企业广告营销的全过程，并同时分析新媒体下企业广告营销的特征及其优势。

一、空中食宿简介

1. 成长背景

空中食宿（Airbnb）公司属于那种一句话就能说清商业模式的公司：鼓励私人将空余的住宿空间分享给临时需要的人们，并收取部分交易佣金。空中食宿公司成立于2008年8月，总部位于加利福尼亚州旧金山市。空中食宿公司是一个值得信赖的社区型市场，在这里人们可以通过网站、手机或平板电脑发布、发掘和预订世界各地的独特房源。无论是想在公寓里住一个晚上、在城堡里待一个星期，或在别墅里住一个月，都能以各种价位享受到空中食宿公司在全球190个国家的34000多个城市带来的独一无二的住宿体验。空中食宿公司拥有世界一流的客户服务和日益增长的用户社区，为人们提供了一个最简单有效的途径，让他们可以利用闲置空间赚钱，并将它们展示给成百上千万受众。

空中食宿（Airbnb）公司的英文全称是"Air Bed and Breakfast"（缩写"Air－b－n－b"），前身是位于旧金山的一间拥有"三张气垫床＋早餐"的公寓。2007年，在国际设计大会举办期间，周边酒店满员，穷到付不起房租的年轻人乔（Joe）和布雷恩（Brain）凭借这个出租的点子从三位客人身上赚到了1000美元，由此，空中食宿公司早期的网站诞生。在用户数陷入停滞的2009年，他们意识到，人们更喜欢漂亮的房屋、整洁的居家环境，简陋的"气垫床＋早餐"不足以为空中食宿吸引到更多的用户。于是他们雇用了摄影师，深入到把居所挂到空中食宿平台上的房东家中，用专业构图和美学视角帮助房东更好地呈现家庭的内部环境。比标准化的酒店更有趣的是，用户能通过空中食宿公司看到更多有趣的细节：房东家里占据一整面墙的书架，阳台上的绿色植物，电炉上的蓝色水壶，丹麦的房东还会上传一张以极光为背景的房屋全景图。

空中食宿公司的全球租客们平均年龄为35岁，女性顾客占54％，超过男性顾客。

空中食宿公司联合创始人兼首席技术官（CTO）内森（Nathan）认为，相比技术，价值主张是空中食宿与众不同之处，当地的居家体验、热情好客的接待、合理的价格是核心因素。对于喜欢体验当地文化和善于沟通交流的旅行者来说，以低廉的价格入住当地人的家中，是最直接和直观的方式。对于那些有空闲房间的屋主来说，把闲置的房屋资产以合理的价格分享给住客，不仅能带来经济上的收入，也能与世界各地的人产生连接和交流。目前，Airbnb已经覆盖了全球190个国家的35000个城市，拥有55万个房间，覆盖了超过5000万的用户。和同样来自旧金山的另一个共享经济的明星公司优步（Uber）一样，空中食宿公司也以高估值而跻身全球的"独角兽公司俱乐部"——估值高于10亿美元的初创企业，这是所有创业者向往的"金字塔顶"。

2. 品牌价值

如图5-5所示，成立仅7年的空中食宿，目前已成为硅谷炙手可热的公司，估值高达250亿美元［远远超过了酒店连锁巨头万豪酒店（Marriott）的210亿美元，仅仅略低于希尔顿酒店］，年增长率达90%。自2013年一跃而成世界第三大互联网公司后，2014年又一举拿下INC的年度公司大奖。空中食宿公司现在在全球分享的住所数量，已经远超洲际酒店和希尔顿酒店房间的总和。

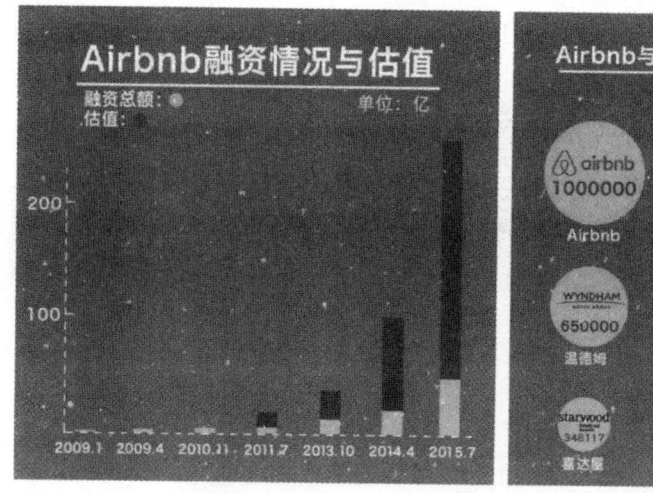

图5-5　空中食宿公司与其他酒店房间数对比

2010年7月，空中食宿公司收到300多封来自"在经济危机中，因为经济困难而丧失抵押品赎回权，进而濒临失去家园的人"的电子邮件。这些人说："他们靠着短租才有栖身之所。"不是房屋所有人的人也会把房子短租，而这种行为是违反"租赁法"的。但是2014年7月，一个裁定否决了房屋所有人因为房客把房子转租他人而要驱逐房客的要求。法官认为，当地禁止短租的法律只限应用于房东，不作用于房客。这一裁决鼓励了更多的房客转租行为。另外，空中食宿也吸引了豪宅所有者。虽然富有的房东从来没想过把房产通过传统的布告板、广告栏或者诸如克雷格列表（Graiglist.com.）网站出租，但是空中食宿公司提供了一个更加可靠的服务，让富裕的客户从第二个家来获取收益。这个现象引起了美国酒店协会的困境,因为短期私人出租行为持续侵蚀酒店行业。飓风"桑迪"发生后,空中食宿公司联合纽约市长迈克尔·布隆伯格(Michael Bloomberg)为因暴风流离失所的人提供免费房屋。空中食宿公司为这一目的特别建立了一个微型网站,让无家可归的人和房屋所有者接洽商议免费住房事宜。另外,空中食宿公司免除了所有服务费。

那么,先看看空中食宿公司是怎么将房屋中介网站这件事变酷的。由于定位C2C,网站做得漂亮、推广做得好、服务到位、注重信誉审查,这些都是基本功。在运营理念上,空中食宿则把社区化运营发挥到极致。它鼓励用户们分享自己的租住体验,并链接"脸书"(Facebook)社交网络,来构造一个独特社群,让人们感受到"不在家中,胜似家中"。空中食宿公司把自己超脱于酒店、旅馆的竞争,因为它已经不只是一个过夜的地方,而是不同体验的N次方。为了落实"从有血有肉的人那里租房"的理念,空中食宿公司拒绝了手握大量房源的房屋中介。这种社群文化让其用户们充分享受到一种真实的猎奇感,同时也增加了安全系数——如果哪位房东是很多"脸书"(Facebook)好友的共同好友,那么他也许能跟自己成为朋友,至少更放心。如图5—6所示,在"地球村"(BelongAnywhere)的理念下,空中食宿公司的希望是实现"地球村"的介质,未来的人们是"Belong Anywhere"的,他们常常会在地点和地点之间迁移。他们不需要拥有过多的房产,任何地方的房主都可以提供栖身之所。空中食宿公司希望不仅仅是服务"旅游"需求,而可成为任何人的家。

图5—6 空中食宿公司户外展板

二、企业理念

1. 视听体验

如图5—7所示,整则广告很短,只有一分钟。但在这一分钟内,广告通过让观众乘坐一辆迷你火车,以第一人称视角穿越了草原、城堡、丛林、海滩以及普通人住宅内部的展现形式,向观众传达了"家在四方"的用户理念,简单明了。同时,又独具创意,令人过目难忘。在画面视觉上,通过全手工的制作方式,整则广告利用黏土与泡沫塑料等简单廉价的材料，制造出了"一个连着一个"的微型世界。每一个不同的世界都可以通过不断开启的大门相连。每一扇大门背后都隐藏着"想过却没有机会实现，或是从未想象过"的住宿环境。这则广告中的每一个镜头都能看出是经过了设计与思考的。通过对细节的无限追求，以及对画面表现力的独特创意，在简单中蕴含了奢华感。相比之下，整则广告所使用的道具和空间可谓十分小型，但带给观众的感受却是"在极短的时间内，在微观的场景下，被引领着，经历了一场环球探索"。仔细想想，广告中的这种表现形式也隐含了"空中食宿旨在让它的用户通过实惠的租金，便可以获得世界上每一个角落超乎想象的住宿体验"的目的，简单之中富有深意。

图5—7　空中食宿（Airbnb）公司广告视频中不同场景截图

在听觉方面，采用了旁白与背景音乐相结合的方式。旁白是温柔、充满活力的女声，背景音乐是简洁轻快的吉他弹奏，不会盖过旁白，产生喧宾夺主的感觉。这两种声音贯穿始终，相互协调，相互衬托。让人觉得并不过于激进，听上去没有任何压迫感，也不会过于平淡，始终抓住观众的注意力。旁白的内容十分简练，不会与画面产生冲突，打扰观众的注意力。然而，在这一分钟的时间内，旁白随着广告内容的进程，带领观众进入一个又一个的场景。以此，说明了通过空中食宿，用户将在世界的每一个角落找到新奇的房源这一特点，更是解答了用户在了解空中食宿后可能产生的一些疑问。旁白以"Look out at the world, isn't it wonderful?"（看看世界，不精彩吗？）作为开头，配合着大门展开，一片新世界出现在眼前的画面，迅速抓住了观众的好奇心。接着，随着镜头的延展，旁白介绍了用户将能体验住在树屋、城堡、海边小屋等一系列感受。然后则开始向用户讲解如何注册并使用空中食宿，以及在这之后将获得什么样的服务。内容非常充实，向观众提供了大量的信息，不仅是对画面的描述和补充，更让观众对租住流程、服务使用方式以及公司理念都有了大致的把握。同时，语言十分简明易懂，不会令人感到沉闷，因此在听觉体验上，这则广告展现得非常成功。

2. 独特之处

（1）百分之百手工的诚意之作。这则新奇广告的幕后，是30位员工历时5个星期用双手打造的一个迷你的空中食宿旅行世界。更重要的是，后续的所有拍摄中，他们利用火车头上的微型摄像机一镜到底地拍完了60秒的视频，所有场景动作都没有经过电脑美化或剪接。由于所有场景之间的衔接与转换都需要人工操作，所以拍摄团队必须达到分毫不差的协调。共有9名人员同时身兼数岗，赶在火车抵达前倾斜、折叠或旋转布景，确保得到的画面完美无缺。

（2）融合经营理念。在后期制作如此发达的年代，以纯手工来打造一支影片不可思议，不过空中食宿公司真就这么做了。这个概念的吸引人之处，在于手作的感觉和细致的手工，整个世界仿佛变小了，这也象征了空中食宿的意义，透过空中食宿旅游就会感到这种魅力，到哪里都有一种家的感觉，而不只是一个游客。这也与它的口号，即"Belong Anywhere"（地球村），紧密相连。空中食宿公司通过整则广告的制作方式，在巧妙地向观众传达了它的经营理念的同时，更表现出了它所能为用户提供的精致用心的用户体验。

3. 设计理念

（1）创造场景与心理感受的需求。互联网新媒体时代需要的不仅仅是单向的介绍与叙述，而是基于互联网所创造出的社交服务体验。当今的消费者早已熟悉传统广告的营销心理，学会了鉴别广告中所宣扬的各种虚虚实实的承诺与口号。他们的关注点已从被无限包装和美化的产品或服务转向了广告背后。通过互联网新媒体分享这个消费或被消费的过程。空中食宿所代表的新趋势表现了这个时代的用户不仅需要服务本身，还需要服务的衍生品，如个体的关注度与美誉度。比如，用户在通过空中食宿租房时，享受到的不仅是租房服务，更重要的是出租者的服务品质与体验。而作为出租者，同样在提供服务获得收益的同时，完成了社交的满足感。在用户入住空中食宿时，会沉醉于个性独特的家居风格与其乐融融的交友体验，房主也在获得房租的同时，交到了志同道合的朋友。他们都愿意通过社交媒体分享这个消费或被消费的过程。由此可见，这种共享模式的延伸，就在于重新定义了用户对于消费场景与心理感受的需求。

（2）传播真实感与归属感。空中食宿希望通过广告给用户以真实和信任感，而手工艺的复兴给了他们新的创作灵感：何不用双手组建一个细微、真实的旅行世界？观众对整个广告最深刻的感受会是其确切地传达了空中食宿用户体验的核心——真实感和归属感。制作这个影片是为了向用户介绍空中食宿以及其运作方式，制作团队选择完全手工制造的方式带出透过空中食宿旅游的特别体验。通过对制作团队及制作过程的了解，可以发现这则广告背后的一些数字十分惊人。他们认为最好的方式是实况拍摄，不用电脑美术或剪接。所以他们制作了整个轨道，剪出泡沫芯的形状，用来作为参考模型。用了300平方米的涂层材料、30立方米的聚苯乙烯、12公升的胶水来创作这个85平方米的微型世界。为了加快影片的节奏，他们利用了火车进出不同环境的手法，迅速连贯不断转换的场景。更让观众体会到整个广告精致细腻所在的是，影片中加入了空中食宿的旅客们，制作团队根据真实用户在使用空中食宿服务过程中的旅行照片，将他们做成了人物模型，放置在了广告里的各个场景中，有力地反映了真实体验。

（3）空中食宿社群是由人所组成。在制作广告的过程中，也展现了这一点。所有需要手工操作的场景转换拍摄时必须要完美地协调，九个人同时身兼不同的工作，赶着在火车前面，折叠、倾斜或转换场景，排练了很多次，当天拍了85次才捕捉到这个完美的镜头。空中食宿广告营销的模式不仅仅是向用户展示其所能提供的服务，它关注的不只限于租房，而是谈到了生命体验。空中食宿广告真正的独特之处和成功之处不是向观众展示了多少种不同的居住方式，而是与观众谈论了生命体验这一更大、更触动人心的话题。它所希望的是让用户用空中食宿去了解别人是些怎样的人，去了解习惯外的世界。"如果我们正在设计一台医疗器械，我们必须要走进社会。我们要去和所有利害关系人、所有产品的使用者、医生、护士、患者交流，然后我们便能灵光一现，知道我们要将它摆在医院病床的什么位置。我们应该亲自试用这个设备，我们要坐在那里亲身体验作为患者的感受，此时你才真正体会到那真的很不舒服。或许还有更好的方式来解决这个问题。"空中食宿的设计理念就是创造情境，让每一名用户都能在使用它的时候感受到关怀与归属。空中食宿正在试图改变人们长久以来的观念和生活方式，不仅是租住习惯和度假方式，更使人们对于互联网新媒体有了新的认识。将"广告"这样一个普遍令人厌倦、避之不及的营销手法转变为一个让人印象深刻、享受其中的新的体验。像任何一种互联网潮流一样，让更多人投入其中的并不是靠迷惑与粉饰，而是归属感和情感。由它推出的一系列广告就可以看出，它深刻遵循着这样的理念。

三、传播效果

1. 社交化视觉创意

（1）互动设计关注用户体验。空中食宿作为一个旅游房屋租赁社区，不仅能够完成房屋租赁的交易活动，空中食宿还具有一大显著特点，即具有社交功能。因为有了这一特点，使其能够区别于其他网站，既能够使用户实现租赁房屋目的，还能够就其服务进行讨论，最终使得空中食宿通过视觉创意比其他租赁房屋网站更加具有特色。在空中食宿看来，在进行网站的设计时，最应当放在首位的因素是用户使用后的感受。因此在进行互动设计之前，应该对网站的使用者进行调查，了解使用者的想法和要求，然后再提出设计的蓝图，进行初步设计，之后完成细节的设计等，从而完成半成品，再通过部分用户的使用，得到反馈并再次修改之后上市。空中食宿（Airbnb）注重视觉创意，让用户在使用时即使没有租房的要求，也能享受到其独特的视觉感受。而最重要的原因在于用户除了搜索当地租房信息之外，还能够看到其他城市的信息推送，了解到这些城市的特点，从而产生想要旅行的强烈愿望。

（2）严格要求摄影质量。如图5-8所示，空中食宿注重用户体验，经过调查用户使用习惯，了解到用户点击量在很大程度上受房屋实景图片品质的影响，如图5-9所示。针对这一现象，空中食宿很快做出了相应的对策，顺利解决该情况。而解决的要点在于高超的摄影技巧。空中食宿聘用专业摄影师，制定统一标准，避免各种各样的房屋照片质量良莠不齐。并且摄影师具有一定的独立性，能准确为用户提供房屋真实情况，在提供保障的同时增加了网站的视觉体验。这一对策把空中食宿又推向更高一层的台阶，用极其具有特色的视觉感受更加吸引用户的眼球，且更加方便用户的使用。

图5-8　城市主题推送

2. 用户至上

（1）重视产品背后的用户群体。很多全球知名的互联网公司，开始成立时服务都并不多，可施展的空间十分有限，例如亚马逊最初所进行的服务只是书本销售，而空中食宿也有同样的经历。空中食宿最初诞生于布莱恩（Brian）家客厅中的沙发，因为旅行人无法找到住处，布莱恩便出租床垫给旅行人，从这一点出发，最终空中食宿公司诞生了。对于现阶段的空中食宿（Airbnb）来说，不仅能够为沙发客提供服务，也能够为酒店的住宿者提供交易平台，同时辅以社交功能，加强旅客间的联系，以此拓宽了使用人群的范围。

（2）满足人性化需求。目前网络营销方式上存在很多问题，例如一些点评网站所提供的信息并不完全准确，并且知名的酒店和点评网站之间有一些"不正当"关系，除此之外，对于一些点评不作出回应，产生了对旅行者不利的局面。而针对这一现象，

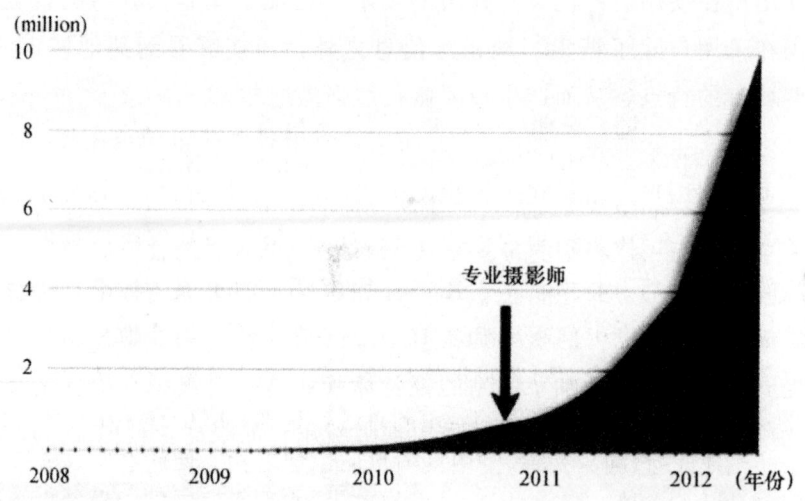

图 5—9　2010 年 10 月起用专业摄影师对用户量增长的巨大影响效果

空中食宿公司有自己的解决办法。空中食宿公司吸引了大量具有新颖想法的创业者们。这些创业者们能够满足用户对于地点、服务以及品质的要求。并且由于空中食宿具有社交功能，使用户在与房屋所有者进行交易时，不管是对于所要租赁房屋的相关信息还是入住的情况，都能和房屋所有者进行充分的交流以及确认。使整个交易进行过程都变得真实有保障。即使是在旅行者退房之后，屋主都能对旅行者提供对其有帮助的一些信息。用户与屋主之间有一定的信任基础，使用户能够更加放心。而就房屋所有者来说，当其对用户的服务达到一定水准时，其本身就可以成为一大品牌。如图 5—10 所示，用户在旅行时能够和屋主进行充分的交流，而最终用户所反馈的相关点评也是完全真实的。因为整个过程之中都有用户和屋主的参与，不管是在住房前还是住房后，二者之间都有联系，从而最终产生的评价也是真实可靠的。这样的联系方式很有特色，也很有意义。总的来说，空中食宿公司的营销建立在满足客户对于地点、服务质量等的要求上，同时，空中食宿对于青年旅行者的关注也并不缺乏，从青年旅行者对于世界的探索欲出发，制定有趣的城市附近区域指南，吸引青年旅行者的眼球。

（3）与用户"感同身受"。空中食宿自从创建之初，便能够始终关心用户的需求，一直将用户放在首位。传统的网站上，屋主对于房屋的拍摄处理都极其随意，不能够完整地将房屋的情况展现给想要了解的用户。而对于用户来说，这些仅仅从图片上来看大同小异的房间并不能够引起他们的兴趣。因此便产生使用专业摄影师进行全方位拍摄图片的想法，并在网站或是 APP 中根据游客偏好添加一些有趣的推送，使用户对于空中食宿的使用成为一个享受的过程。

第五章 不同行业企业综合案例分析（上）

图 5—10 某房主详细的个人资料

四、营销启示

1. 摆脱传统形式

（1）通过新媒体手段颠覆传统旅游酒店的营销方式。随着时代的进步，新媒体的发展也越来越迅速，公众对于新媒体的关注也越来越多。空中食宿则很好地运用到这一点，使其从众多同行之中脱颖而出。区别于大多数酒店所运用的营销手段，空中食宿公司通过使用新媒体吸引了大量的用户。因此，出现了这样一种观点，即空中食宿的成功是建立在时代特点之上的。这种观点认为，在经济的影响下，游客对于旅游的要求不再像从前一样，开始变得具体，而这一点和空中食宿对于城市特色的推送功能符合，因此使其赢得成功。

（2）共享经济的创新模式。空中食宿的运行模式从本质上来说并不复杂，它满足游客对于住处的需求，同时帮助屋主使用了闲置空间并使其获利，而仅仅收取其中的服务费用，由此盈利。这样的运行方式其实改变了互联网经济的结构。时代在进步，在互联网的影响下，人们的生活方式有了很大的改变。最主要一点，不管对于网络上的商家还是用户来说，互联网都帮助他们提高了效率，此即共享经济，而空中食宿则掌握了这一要点，从物质方面来说，它满足了电商和用户的需求，而从精神层面来说，更是为使用者带来情感上的要求。

2. 可持续性

（1）将改革嵌入生活。空中食宿对于使用者的改变是显著的，不管是对使用者消费观念的影响还是具体生活方式的影响都起到了一定的作用。这一点的实现依靠的是其独有的特色，以及区别于同类型网站的新颖之处。也正因如此，它才能长久地生存在竞争激烈的线上服务行业之中。近年来，空中食宿的运营方式一直在不断发生改变，越来越适应使用者的要求。同时，对于使用者以及入驻网站的屋主，空中食宿都有相应的利益保障政策。不管是用户还是入住的屋主．Airbnb都要求其提供能够证明身份的材料，并且在房屋入住后二者均需要对对方进行点评。一旦真正发生意外，二者都会依据相关规定获得赔偿。也正是因为有了这些能够充分保护消费者权益以及房主利益的政策，空中食宿才能够吸引很多的用户，而同时，大量用户为空中食宿所带来的收益也是非常可观的。总的来说，空中食宿公司、房屋所有者以及需要住处的旅行者三者之间形成了良好的合作关系，并在保障机制的作用下，三者均能够从合作中获益。企业的发展必须依托消费人群，但是一家公司或是企业想要长久地发展，必须时刻站在服务对象的角度，需要为服务对象带来福祉。只有这样的公司才能够在竞争激烈的市场中长久地生存下去。Airbnb不可能只停留在一个国家，而应该在经济全球化的影响下扩大业务范围。在走进各个国家的过程中，受到各地法律法规的影响，也陷入过一些困境。例如，在空中食宿刚刚进入英国时，业务的开展并不顺利。当地保险公司对于空中食宿公司并不能完全充分信任，因而使入住空中食宿的房屋无法得到保险服务，但是后来，由于空中食宿受到广大用户的好评，使得保险公司逐渐开始接受空中食宿，开始为其提供相应的保险服务。总的来说，是用户和公司共同的努力使得情况好转。而这一情况不仅没有阻碍空中食宿公司在英国的发展，反而使得空中食宿公司与用户间的联系更加紧密，并为其可持续性创新增加了更多的机会。这种公司与用户以及环境之间非同一般的联系，从另一角度而言也是"共享经济"的共创。这种形式的共创，会给空中食宿公司带来持续的收益，最终获得与用户更加紧密的关系。

（2）把"洗劫"事件变为公关推广。在当今的时代中，人与人之间的信任感是建立在相互熟悉的基础上，而对于公众人物的信任则建立在其相关信息可以通过有效手段查询基础之上。从前人们可能会根据很少的凭据就能够信任不熟悉的事物，而在现在人们则不会轻易去相信某种事物。对于一个网站来说，获得用户的信任也并不容易。空中食宿最终能够获得市场的认可是经过了很长一段时间的。今天能够获得成功的空中食宿公司，最重要的则是依靠用户的信任。在曾经一起用户偷窃屋主财物的案件使空中食宿公司遭到了很多的质疑，立刻产生了一种观点，认为空中食宿公司的经营方式存在很大的漏洞，并且认为空中食宿的防御政策并不十分完善，使得不法分子容易钻其空子，并且不像传统的酒店服务，空中食宿公司的服务由于不随大溜儿、业余而无法匹敌传统的酒店。而就空中食宿自身而言，尽管在这起案件发生以前并没有类似事件发生，但是当这起案件发生时，空中食宿公司所作出的应对却是及时而准确的，并且在该起事件发生之后，空中食宿开始不断地加强安全防御机制，制定了合适的赔偿金额，同时对于房主提供24小时电话支持，使得民众对于空中食宿的信任也开始不断地加强。

（3）重视安全交易。一家企业能否在竞争激烈的市场中长久存活，很大一部分取决于该企业是否拥有健全的安全保障体制。空中食宿之所以能够发展至今，也是因为其安全保障体制在不断地发展完善。目前，使用空中食宿的用户都需要进行身份的证实。与阿里巴巴集团所使用的支付宝相似，空中食宿的用户在租住房屋时，预订成功后账款并不能立即到达屋主的账户，而是先到达空中食宿所提供的中间平台，当用户入住房屋一天后屋主才能够受到款项。这样的方式确保了租房者的资金安全，而同时为了保护屋主权益，每笔交易屋主都享有 100 万美元的保障。而作为后台支持，空中食宿拥有全天候客户服务部门，当用户遇到疑惑进行咨询时，都会有相应的人员做出应答。在中国，空中食宿公司所能够提供的房源已经过千，相比其他某些国家已经足够丰富。除了一线的大城市，游客也能够在一些二三线小城市找到满意的房屋。根据相关数据，空中食宿（Airb-nb）APP 的使用量呈现飞速上涨的情形。这一点在其他国家的体现尤为明显。有一种看法是，空中食宿公司将会在很大程度上受到国际市场的影响，不断进步。

（4）技术支持。空中食宿公司能够很好地发展下去的一个重要原因是空中食宿始终能够获得用户的信赖。市场中大多数和空中食宿相似的网站所采用的房屋图片都是由屋主提供的，这就不可避免地产生一些屋主为了吸引客户而提供虚假照片，但在空中食宿网站中，这一现象却不存在。如图 5-11 所示，尽管空中食宿最初图片也来自屋主，为了使图片真实展现房屋情况，空中食宿公司委托第三方拍摄照片。另外，网站还提供了被大众认可的媒体的报道，用户还能够通过谷歌地图更加全面地了解房屋的情况。空中食宿（Airbnb）公司在使用真实图片的基础上还设计了便于用户使用的各类功能。用户在通过搜索查找之后可以与想要居住的房屋主人进行交流，确认之后才能结束找房流程。用户在找房时不需成为会员，但在最后的确认中需要出具详尽的金融信息。这样的设定给用户提供了足够的安全体验，还能够减少烦琐的步骤，为用户提供便利。而空中食宿还有一大显著特点，即网站通过定位能够为消费者选择合适的语言服务。另外，交易规则也是不可缺少的一大元素。空中食宿作为中间平台，在消费者与屋主的交易结束之前，消费者所付出的费用均由空中食宿公司代为管理，当交易顺利完成之后，再使资金到达屋主的账户，为消费者和屋主提供了一个安全的交易环境。因此使用空中食宿的消费者和屋主都不需要担心资金的安全问题，因为即使在意外情况发生时，空中食宿公司也会提供相应的交易保险金。

3. 空中食宿的互联网新媒体环境

（1）消费者成为广告业的核心。时代在不断进步，网络也随之不断发生变化，2011 年之后，网络成为广告的主要媒介。不可否认，网络的进步使得人们的视野不断开阔，人与人之间的距离也在持续地缩减。现在，即使不出家门，网络媒体也能够告诉你世界上正在发生着什么样的变化。广告业的核心已经变成了消费者。传统媒体具

图 5-11 地图与相似房源推荐

有一定的滞后性,并且所呈现的信息并不完整。正是传统媒体的这一缺陷,使得网络媒体在消费者中受到了很大的欢迎。但是网络媒体也并不是完美无瑕的,它受宽带的限制。相比于网络媒体和传统媒体,新媒体则集中了二者的长处,摆脱了二者的短板,慢慢地成为企业广告宣传的主要选择。新媒体营销的主要对象为消费者,并且迎合大众的需求,使用不同的方式引发消费者的关注。同时,很好地运用各社交平台。例如,通过微博等对品牌进行宣传,通过趣味性强的内容吸引消费者眼球,增大品牌的影响力和影响范围。

(2) 为创意提供更大的平台。在新媒体广告宣传中,最突出的一大特点是不再将重点只是集中在所要传播的内容上,新媒体关注更多的内容。例如为了吸引更多的受众,需要产生新兴的点子,通过平台包装之后变成大众喜欢的类型,最终被大众主动接受;通过人群逐步扩大其影响范围,吸引更多的人参与。但传播范围和影响大小受到很多因素的限制。但最重要的是,要能够有足够的空间来发挥创意。电子杂志广告就是一个很好的例子,它摆脱了时间和地点的束缚,不管是从阅读感受还是视觉享受的角度来说都足够优秀,并且在音频和视频的帮助下,使得内容更加具有趣味性,更加能够吸引受众。

(3) P2P将单向变为双向。工业时代尽管早已结束,但是所遗留的一些传统仍然没有被打破。例如信息的诞生和传播仍旧不能够充分体现当今时代的特点。信息的相关运作始终沿用统一的模式，巨额资本进入"标准化工厂"之后取得更加巨额的盈利，并不能够使传媒体现足够的多样性，却始终受到微软等巨头的垄断。而互联网的发展则冲破了这一束缚，产生新的形式。空中食宿就是一个很好的例子，空中食宿公司利用 P2P 模式，令屋主入住，为用户提供满意的房屋租住服务，其中既能够满足消费者的需求，同时也能满足生产者的需求。这一运作模式即属于"大众生产"的范畴。如图 5－12 所示，网络的产生打破以往的传统，将用户变为主角，在产生信息的时候也能够完成其传播。也就是将信息从单向转变为双向。另外，通过创意的发挥最终能够实现经济的效益。

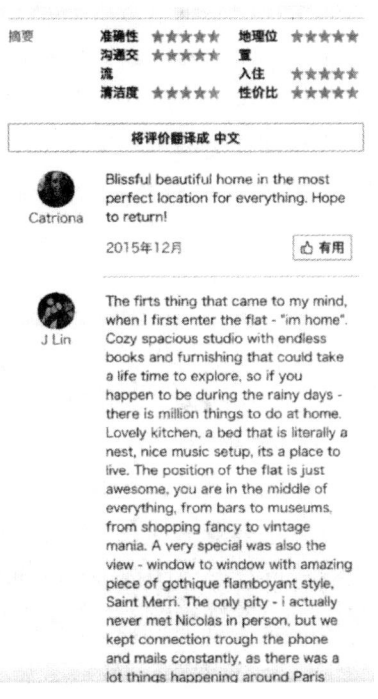

图 5－12 功能完善的住客评价系统

4. 空中食宿在新媒体广告营销中的生存法则

（1）以创业历史、企业标志、消费体验为营销出发点。对于一个企业来说，创业的历程是非常重要的，而它在企业文化宣传之中也起到举足轻重的作用。只有拥有详备创业历史的企业才能够得到消费者的信任。因此在打造企业品牌时，应当十分重视企业的发展历程，在宣传中应当强调这一点，从而让受众体会到企业创建人的责任感。除此之外，企业的标志也是不可忽视的重要部分。企业的标志对于消费者来说，应当具有足够的新鲜感才能够引起消费者的注意，加深印象。另外，消费体验也会影响到企业的发展。因此企业在宣传品牌时应当着重强调其独有特点，给消费者不同的体验。

（2）统筹把握营销趣味、利益、互动、个性。传统营销方式枯燥无味，很难引起消费者的兴趣，而与传统营销方式不同，新媒体的产生不管是从形式上还是内容上来说都很容易进行创新，引起消费者的关注。成功的营销应当处理好趣味、利益、互动、个性之间的关系。

（3）宣传片制作与品牌美学的结合。新媒体整合营销能否取得成功，在于能否找到适合企业文化宣传的途径。一般来说，宣传片是能够传播企业文化的合适媒介。因此需要制作内容与企业文化相适应而形式能够突破传统束缚的宣传片，才能吸引人们的眼球，让人们了解到企业的成长历程、企业所秉承的理念等和企业相关的信息。除此以外，衡量新媒体整合营销的质量的指标还有很多，例如网站的访问量等。当然，进行营销时，应当着力打造新颖的品牌形象，只有品牌形象生动且具有感染力，才能够让品牌形象深入人心，获得更多的客户。并且品牌形象在感情上应当紧密与用户相连，能和用户产生共鸣，才能够获得用户的青睐。互联网在不断地发展，已经根植于人们的生活中，各类手机 APP 让人们的生活更加便捷、舒适。应当充分利用这一特点，做好企业宣传，同时在宣传中注重品牌美学，才能够取得成功。值得强调的是，现如今的市场中品牌美学占据的分量越来越重，美学对于文化传播的正面影响也越来越明显。人们在评价企业时已经从最初的名气和可信度偏向于忠诚度以及声誉。

（4）有效运用新媒体技术。近年来，市场上取得巨大成功的企业多数都用创意和体验来吸引客户，并且伴随时代发展开始大量使用新媒体进行宣传，从中受益很多。进一步讲，新媒体技术能够增加各类型营销的成功概率。而新媒体能够起到这样作用的根本就在于新媒体能够和社会人群建立良好的关系，从而能够增加服务对象的范围，除此以外，新媒体能够满足消费者的要求，提供品质更好的服务。

（5）新媒体与传统媒体相辅相成。另外，新媒体具有其独有的特点，但新媒体并不应该完全抢占传统媒体的位置，二者应当适当结合，利用二者各自的长处，规避各自的短处，才能最终产生独特的效果。新媒体区别于传统媒体明显的一点是传播特点，但一旦二者结合，将能够使传播的途径更加广泛，达到最佳的广告营销效果。因此重新审视二者所起到的作用，将其很好地结合，取长补短，将对营销起到很好的推动作用。

第五节　肯德基——"谁能代表肯德基"

随着新媒体的发展，越来越多的企业意识到转变广告营销方式的重要性。不管是传统行业，还是新兴行业，都加入了进军新媒体广告的大潮。作为一个传统的快餐企业，肯德基在快餐行业拥有举足轻重的地位，其广告营销转型也是比较成功的。下面将以肯德基为例，阐述其典型的新媒体广告营销案例及传播效果，以获得启示，并说明新媒体广告在当今社会中的重要作用。

一、肯德基与百胜餐饮

肯德基（Kentucky Fried Chicken，KFC），是美国跨国连锁餐厅之一，同时也是世界第二大速食及最大炸鸡连锁企业。由哈兰德·大卫·桑德斯于1930年在肯塔基州路易斯维尔创建，主要出售炸鸡、汉堡、薯条、蛋挞、汽水等高热量快餐食品。肯德基隶属百胜餐饮集团，并与百事可乐结成了战略联盟，固定销售百事公司提供的碳酸饮料。截至2009年，肯德基的年营业额已达239亿美元，截至2013年底共有约18000家门店。肯德基以"特许经营"为一种有效方式在全世界拓展业务，即肯德基提供品牌、管理和培训以及集中统一的原料、服务体系，合作方利用统一的品牌、服务来经营，最后双方按照约定来分享商业利益。百胜餐饮集团是全球最大的餐饮集团，前身是泰康全球餐饮公司，是美国百事集团公司的一个业务部，并于1997年与百事可乐公司分离。百胜餐饮集团在全球110多个国家和地区拥有超过35000家连锁餐厅和100多万名员工，旗下拥有肯德基、必胜客、小肥羊等品牌，主营业务涉及西式快餐、中式快餐、墨西哥风味食品等领域，而且百胜集团在这些领域均位列全球第一。

2003年，百胜餐饮集团中国事业部在上海成立，为中国大陆直营、合资和特许经营的肯德基、必胜客、必胜宅急送和东方既白餐厅提供营运、开发、企划、财务、人事、法律及公共事务等方面的服务。但早在1987年，肯德基就在北京前门开了第一家餐厅。1992年，全国餐厅总数为10家。到1995年，发展到71家。1996年6月25日，肯德基中国第100家店在北京成立。这是一个里程碑，标志着肯德基在中国进入了一个更加稳步发展的阶段。与此同时，成长的是肯德基在中国广大消费者心目中的形象。1999年，根据全球著名的AC尼尔森调研公司在中国30个城市16677份问卷调查显示，最早进入中国市场的西式快餐——肯德基，因其独有的美食和品质，被中国消费者公认为"顾客最常惠顾"的品牌，并在中国名列前十个国际著名品牌的榜首。截至2014年12月底，肯德基已在超过1000个城市和乡镇开设了超过4800家连锁餐厅，遍及中国大陆除西藏自治区以外的所有省、自治区和直辖市，是中国目前规模最大、发展最快的快餐连锁企业。肯德基在全球推广"CHAMPS冠军计划"及标准化服务，这是其取得成功业绩的精髓之一。肯德基作为世界第二大速食及最大炸鸡连锁企业，制定了符合公司现状的营销战略：

第一，攻占大城市，准确选址。选址不仅是成功的先决条件，也是实现经营标准化、简单化、专业化的前提条件和基础。肯德基选址决策一般是两级审批制，通过两个委员会的同意，一个是地方公司，另一个是总部。其选址成功率几乎是百分之百，是肯德基的核心竞争力之一。

第二，标准化服务。肯德基全球推广的"CHAMPS冠军计划"即标准化服务，是在中国市场取得成功业绩的精髓。包括保持美观整洁的餐厅、提供真诚友善的接待、确保准确无误的供应、维持优良的设备、坚持高质稳定的产品、注意快速迅捷的服务六点。"冠军计划"有非常详尽、可操作性极强的细节，要求肯德基在世界各地每一处餐厅的每一位员工都严格地执行统一规范的操作。这不仅是行为规范，而且是肯德基企业的战略，是肯德基数十年来在快速餐饮服务经营上的经验结晶。

第三，特许经营，利益共享。"特许经营"是肯德基第一品牌策略成功的代表性策略，具有"中国特色"。肯德基以"特许经营"为一种有效的方式在全世界拓展业务，至今已超过20年，肯德基1993年在西安开始了加盟业务，2013年已拥有近20家加盟餐厅。其实质，即在特许经营的严格规定背后，是肯德基总部和加盟店共同的利益关系。

第四，"神秘顾客"。"神秘顾客"是一套突击检查肯德基餐厅的方法。其目的在于将每一家肯德基餐厅的顾客满意度在任何时候都维持在巅峰状态。这就是肯德基餐厅质量管理系统的一个重要组成部分。"神秘顾客"针对"CHAMPS系统"的每一个环节、细节进行审核、评分，具有提高餐厅员工警觉的作用，迫使员工时时刻刻将工作重点放在顾客服务上，把顾客满意度提升到最高点。

第五，心理定价，组合定价。肯德基大多数食品是几元五角，顾客感觉上会觉得有了更多的实惠。总会推出不同的套餐组合，将汉堡等主食和饮料等搭配在一起，而且针对主要的目标消费者——学生，又推出免费的学生卡，让学生可以以较低的价格购买汉堡和饮料，不仅使消费者感到实惠，而且提高服务员配餐的速度，同时也使套餐达到促销的目的。

第六，产品本土化，即中国口味洋快餐。肯德基引入新产品的步伐从未停止。肯德基结合中国丰富的饮食文化传统以及不同地域的不同口味，推出许多具有浓郁中国特色的"京、川、粤"口味产品，受到各个年龄层不同消费群体的一致好评。

第七，均衡饮食，即洋快餐也营养。肯德基通过推广活动使品牌与健康、运动紧密结合，完成品牌定位由"烹鸡专家"向"均衡营养、健康生活倡导者"的转化。近年来，肯德基不断创新，增加消费者在餐厅的饮食选择，尤其注重蔬菜类、高营养价值食品的开发。现在肯德基开发上市的植物类产品共有22个，如胡萝卜面包、玉米沙拉、营养早餐（香菇鸡肉粥、枸杞南瓜粥、鸡蛋肉松卷）等产品深得消费者的肯定和喜爱，均衡、营养的快餐食品得到了广泛的认同。

随着互联网的发展，肯德基这家传统的快餐企业也抓住机会进军新媒体广告。从互联网网站、手机应用到户外广告，无一缺少肯德基的身影。肯德基标准化服务的关键点如下：

C：Cleanliness—保持美观整洁的餐厅。

H：Hospitality—提供真诚友善的接待。

A：Accuracy—确保准确无误的供应。

M：Maintenance—维持优良的设备。

P：Product Quality－坚持高质稳定的产品。
S：Speed－注意快速迅捷的服务。

二、企业理念

1.《谁能代表肯德基》

如图5-13所示，2013年冬天的《谁能代表肯德基》，即吮指原味鸡和黄金脆皮鸡的"去留大战"广告，产生了一定的社会影响力。在听觉方面，广告片的背景音乐运用了小提琴、大提琴等交响乐器的合奏，并且鼓点非常强。音乐的开头是"叮"的一声碰撞声，而后出现人们的欢呼声和掌声。随着两位"团长"——陈坤和柯震东的拉票词的讲述，音乐节奏渐趋紧凑，并在台下支持者的欢呼声中渐入音乐的高潮。

图5-13 《谁能代表肯德基》广告视频截图

在视觉方面，背景采用黑色暗色系。广告开头是新、老产品，即两块鸡块的碰撞，配合着背景解说："谁能代表肯德基？请你来投票！"点明了广告的主题。代言人选择了柯震东和陈坤，两人均身着黑色与背景相呼应。陈坤身穿黑色西服，对吮指原味鸡进行解说："当然是吮指原味鸡，独创配方才是肯德基的味道。"镜头中吮指原味鸡的形象在黑色背景中显现出来，周围是散发暖红色的光。随后是陈坤颈部以上的特写，他的大拇指不断在嘴唇周围环绕，抹了一下嘴唇。最后，坐在一个皮质的单人沙发上，并且打了一个响指，背景词也在此时结束。柯震东则身着黑色皮衣，站在灯光闪烁的舞台上，对黄金脆皮鸡进行解说："不见得，皮脆里嫩的黄金脆皮鸡，引爆美味新时代！"这时，黄金脆皮鸡周围出现些许火花。伴随着"引爆新时代"的解说词，柯震东张开双臂。随后，爆炸的星点火花出现在了黑色背景之上。接着，又重复了一遍开头的广告词"谁能代表肯德基？"此时，作为衬托背景的是两位代言人面对面的侧脸照。灯光较暗，但在两人之间有灯光打过来，凸显出了两人脸部的轮廓。接着，陈坤站在灯光绚烂的台上，指向镜头。台下观众身穿红色衣服喊出"吮指原味鸡"。随后，陈坤站在了观众中，再一次指向镜头，面带微笑。柯震东在台上时，则是振臂，做出鼓动观众的姿势，台下观众身穿黄色衣服喊出"黄金脆皮鸡"。随后，他站在观众前抬起手臂，食指伸出。后方的观众仍在不断欢呼。接着，黄金脆皮鸡的特写又出现，下方标明"12月30日至2月2日吮指原味鸡将停售"的红色字样，很明显地打出来。陈坤在此后说道"经典无惧挑战"。然后，是他的特写，灯光仍是暗色调。随后，黄金脆皮鸡出现，下方打出"12月30日至2月2日黄金脆皮鸡上市"的红色字样，以同样的方式被凸显出来。柯震东此后说"登场接受考验"。接着是他的特写。最后，广告的男解说员说出"对决进行中！"屏幕上出现二维码，显示关键词搜索等信息，并且投票网址用红色大字伴随着劈裂声凸显出来。

  这则广告投放在了电视上、公共交通移动终端上、户外广告（如大楼看板、地铁站里的看板）以及官方网站页面上。在互联网上的广告，有动态也有静态，但有的地方与普通版本也有不同。特别是将两个代言人的片段分开，并标上陈坤拉票视频、柯震东拉票视频。静态广告即投放在户外，网页上平面广告的正中间就是两种鸡块碰撞的图形。碰撞的鸡块在未碰撞的一侧燃烧着，像是机动车打火时冒出的火焰。在碰撞处，则迸出了火花，中间有一个醒目的"VS"字样。在鸡块上方，有两行字写明主题："谁能代表肯德基，等你来投票！"在两块鸡块的后面，分别是支持它们的代言人的形象：陈坤后面的背景色是淡淡的红色；柯震东后面的背景色则是淡淡的金黄色。同样，这也是动态广告片里的代表色。在广告的其他部分写明了活动参与方式（如投票网站）、截止日期等有用信息。

  2. "第二杯半价"

  如图5-14所示，第二则广告是肯德基宣传"第二杯半价"活动的系列广告，且大多是有剧情的。其中，涉及友情、爱情等多方面，而且主角至少有两人。以2014年冬天的焦糖布丁奶茶和香柚蜂蜜茶的广告为例。在听觉方面，背景音乐由明显的手风琴和口哨声相互交映构成主旋律。在产品出现后，有一个变奏。在视觉方面，背景画面采用了实景拍摄。一个女生走在校园中，她身后有几个打篮球的男生身影。这时，她面前出现一对情侣相互依偎同行，手上还握着肯德基的热饮，看起来十分甜蜜。然而，她显得有些失落，叹了口气。另一位女生走了过来，分给了她一个红豆派。两个人同时咬了一口，相视而笑。镜头又转到了肯德基的餐厅里，两位穿足球服的男生胳膊上都打了石膏，导致手臂无法弯曲，没有办法将红豆派送进嘴里。于是，他们转过身来喂另一方食物吃。接着，柔和的女声出现，开始广告词讲述："没什么比真心实意更让人温暖,肯德基真心实意红豆派全新上市。还有焦糖布丁奶茶、香柚蜂蜜茶,第二份半价!"画面上先后出现了几个新出产品的形象,最后标明了每个产品的售价。

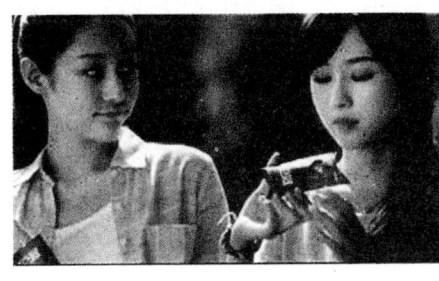

图 5-14 "第二杯半价"广告视频截图

3.《谁是超强星卖家,由你赞出来》

如图 5-15 所示,2014 年 4 月,肯德基推出全新活动"谁是超强星卖家,由你赞出来"系列广告,用于推广多款汉堡、米饭、小食和甜品饮料。而且,该四类产品分别由张亮、吴莫愁、柯震东、陈晓担任"超级星卖家",为广告做代言。此活动与腾讯合作,在为喜欢的"星卖家"点赞的同时,有机会赢取 QQ 红钻。而且,还推出"星卖家"店铺。参与者可以围观店铺,获得 DIY 明星优惠券,或者进入"星卖家"店铺留言板,为喜欢的明星留言加油,分享自己的试吃体验。此活动时间自 2014 年 4 月 2 日起至 6 月 1 日结束,为期两个月。

图 5-15 《谁是超强星卖家,由你赞出来》广告视频截图之一

"星卖家"系列广告投入四位明星进行宣传,且这些明星均为当时的"大热明星"。而且,在各自领域有着极好的发展,是大部分人所熟知的"偶像"。因此,"星卖家"系列在推出之时,便得到热烈的社会反响。在这里,可以简单介绍一下陈晓所代言的肯德基甜品系列。陈晓作为一名内地演员,凭借在新版《神雕侠侣》中饰演"杨过"一角一炮走红。如图 5-16 所示,在此广告中,也涉及了这个角色。在广告开始时,陈晓以身着古装的"杨过"身份亮相。导演要求其表现出大侠凄惨的经历,表情需要

"苦情一点,再苦一点"。陈晓稍稍表现了一下,然后被大喊三声"卡"。之后,其开始进行广告词陈述:"曾经呢,我以为演好一个大侠只需要一个字,那就是'苦'。出身一定要苦,经历还必须要苦,千辛万苦找到一份真爱,竟然还要让我白白等她十六年。简直让我苦爆了!"同时,背景出现"真爱"二字。其后,语气改变,话锋一转:"直到有一天,我遇见了肯德基甜品饮料,天呐,一切都改变了!"并伴随他的大笑。再看之,角色扯下身上的古装,换成一身西装,成为"都市暖男"的形象,背景音乐也随之改变。这时,广告词为:"枯燥地闭关修炼时,每次只要偷喝一口布丁奶茶!"同时,身后一名男子身着一身黑色紧身衣,递给他一杯布丁奶茶。背景声音为"这种感觉呢,就像在阳光下快乐地奔跑。而每当雕兄回家探亲的时候,也是甜甜的雪顶焦糖布丁,让我感觉到没有那么寂寞孤单!"黑衣男子作大鹏展翅状,并递给他一份雪顶焦糖布丁。"你们真的以为等待十六年很辛苦么?"场景切换到广告开头,其一身古装身处拍摄现场,并发问"告诉我咕咕在哪里?"而后,场景切回,他手捧一份咕咕冰淇淋,并接广告词"错,自从有了它,我才能忘记那个她!"黑衣男子飘过。在给粉丝签名的时候,陈晓递上一杯甜茶,并说"很甜哦!"最后,他进行最后的总述:"所以,我也要把我心中满满的甜意拿来和你们一起分享,记得去肯德基品尝全新的甜品和饮料的同时,也要上网来赞我的大侠甜品铺!"广告故事内容也告一段落。最后,广告表示"陈晓已经加入肯德基超强星卖家大比拼!"以一句"大侠就爱尝甜头"结束广告。

图5—16 《谁是超强星卖家,由你赞出来》广告视频截图之二

三、传播效果

1.《谁能代表肯德基》广告

(1)代言人选择巧妙。在选择代言人上面,采用了当时"正当红"的演员——陈

坤，以及青年偶像——柯震东。伴随着明星效应，大多数消费者在看见这则广告时，都会停下观看。名人效应又会无形地将两个产品的竞争转换为两家粉丝的竞争。有些粉丝可能会为了支持自己的偶像进行刷票，或积极去消费、宣传。这样，必定会增加话题的关注度。

（2）广告主题引人入胜。众所周知，"吮指原味鸡"一直都是作为肯德基的招牌产品销售的，但却突然被告知要下架两个月，这无疑成为广大消费者非常在意的点。很多人为了弄清两者的区别，想要知道"黄金脆皮鸡到底为何可以取代吮指原味鸡"，而去肯德基进行尝试。这不仅带动了黄金脆皮鸡这一产品的销售量，其他产品也会随着顾客的到来而销售量加大。而事实证明，2014年肯德基在中国第一季度的销量上升了11%。对此业绩，据某美国股市分析师称，财报显示百胜第一季度中国现有分店销售增长9%。这意味着，该集团已经从2013年的禽流感和鸡肉安全风波中"缓过神来"。同时，也说明了肯德基以及必胜客在中国的受欢迎程度正在上升。

（3）广告设计有吸引力。色调的选择是暗色系，而且背景音乐的气势也比较恢宏，衬托了对决的紧张感。一开头就点明了广告的主题即"谁能代表肯德基"，一下子就吸引了视听者的目光。两位明星亲自对产品进行叙述，配合着每种鸡块不同的特点，两个人的解说风格以及背景风格也有所不同：陈坤给人的形象是成熟稳重的，他的叙述是娓娓道来的形式，背景也采用了温暖的红色系，这与吮指原味鸡经久不衰的厚重感相辅相成，很容易让观者回味起吮指原味鸡的味道或想去肯德基品尝；柯震东是当时的新晋偶像，充满了年轻的活力，背景色是明快的黄色，他的解说风格是充满激情的，这与黄金脆皮鸡酥脆、充满棱角的特征也相互吻合，因此他的解说更有鼓动性，所以更容易让观者产生尝试的念头。其中，还有一点设计的巧妙之处是，两位代言人在舞台上宣传自己所支持的产品的场景。站在聚光灯下十分有领导感，台下还有观众的附和和呐喊，这一点非常具有鼓动性。观者很可能就把自己当作其中的一员，为了支持自己所青睐的产品或是代言人而去肯德基进行消费。至于平面广告设计，其重点十分突出，当中就标明"吮指原味鸡VS黄金脆皮鸡，谁能代表肯德基？"的字样，让消费者马上就能明白这则广告的目的，参与投票的网址和时间也清楚表明，参与感立刻就得到提升。

2."第二杯半价"广告

（1）广告形式选择准确。由于肯德基的"第二杯半价"活动是长期进行的，所以用于演示或推介某个全新概念、新产品或新服务的说明式广告，就显得不必要了。但是，剧情广告却能将产品或服务巧妙地融合进去，既不会让观者感到厌烦，也能达到宣传的效果。

（2）广告设计可引起观众共鸣。背景音乐运用了比较轻松愉快的音乐，可以在寒冬让观众感受到一丝温暖。而且，也与广告想要表现的主题交相辉映。在剧情上，如前文所说，"第二杯半价"的主角至少为两人。因为只有保证了人数，才能符合"第二杯半价"的标准。他们的关系或是朋友，或是恋人，或是一见倾心的男女。这些人仿佛就折射着现实生活中的我们，配合着不同季节的主题，很多人或许会去肯德基尝试新出的产品，感受一下剧中人物的情节。再加上，"第二杯半价"的活动本身就有吸引力。所以，选择两杯的人会占大多数。

（3）广告投放方式有效。虽然这些广告的投放同之前一样涉及电视、户外广告等传统媒体形式，但是更多地运用了新媒体的力量。比如，投放在在线视频、网页、微信公众号上，让广告传播效果得到极大的提升。因为线上广告相对于电视广告，允许播放的时长较长，可以传播的信息更多。尤其对于"谁能代表肯德基"的广告来说，看见广告的顾客，会产生去网上进行投票的冲动。而且，这种参与方式十分简便。投票能让顾客感觉到自己也在参与，而获得满足。其次，"谁能代表肯德基？"成为微博中的一个热门话题。在网络迅速发展的现在，一个话题的传开是十分快速及广泛的，这远比日趋衰落的传统媒体宣传效果要好得多。

3.《谁是超强星卖家，由你赞出来》

作为快餐行业的领军，肯德基在广告宣传及传播策划方面，有着非常专业的研究，如图5—17所示。产品宣传片广告对于快餐企业广告传播来说，从广告创意策划到制作、广告语编辑、脚本制作以及广告拍摄等，都是非常重要的。对于现在任何一家企业来讲，品牌的营销推广在网络时代无异于一场旷日持久的战争，需要面对的不仅仅是对产品日益挑剔的受众，还有对广告本能抗拒、免疫的观众。"如何最大化地实现品牌传播效果？"便成了其中最重要的问题之一。

图5—17 "解放双手，KFC的托盘式键盘"广告

面对过去电视媒体传统的宣传方式，可以说碎片化的网络时代使广告宣传更难

了。虽然现在网民数量越来越多，但大众群体已经慢慢出现了对于广告的"审美疲劳"。越来越多的企业意识到消费者会对"硬广"的本能抵抗，人们需要消费的是内容而不是广告。其实，内容消费品与广告并不排斥．而且可以完美结合，这就需要足够高的技巧和智慧。像肯德基这样的全球知名品牌，除了出现严重的危机事件外，不需要担心销量。但是，肯德基需要做的就是，固定更新产品并在各媒体进行广泛宣传。对于陈晓等明星代言的"星卖家大比拼"系列广告，肯德基除了进行传统的电视影像传播，还在新媒体方面进行了大量宣传。在优酷、土豆、爱奇艺等大型网站观看视频时，经常会看到此系列产品广告。并且，此次活动与腾讯合作，QQ用户也可随时看到此活动的介绍，参与到其中。另外，陈晓凭借多部热门电视剧成为当红演员，拥有庞大的粉丝群体，粉丝会带头尝试其代言的产品。之后，也会间接影响其他群体。广告的传播得到了很好的保障，产品的推广也能有更好的效果。

在进行网络内容营销时，需要打破以往暴力式的向受众灌输品牌信息的植入方式，进行"体验式"植入。在对消费者体验进行内容植入时，不但要契合消费者精神消费需求，而且品牌要成为带动剧情、起承转合的重要工具，在广告中适当出现。其目的是，在潜移默化中，影响消费的态度。这种方式承载了更为丰富且深入的品牌信息，与产品内容珠联璧合。此系列广告不仅向消费者推荐四类产品，也邀请消费者参与进来。为"星卖家"点赞，共同选出"超强星卖家"，将体验食品、DIY优惠券以及赢取礼品结合起来，更加吸引消费者的注意，也较容易在消费者群体中受到好评，进而互相传播。

当网络内容营销引发了受众对产品的兴趣之后，企业就应该借助网络营销工具让受众直接参与到销售的环节中去，或者引导受众更全面、更深入地了解产品。这时就需要多种网络营销手段组合起来运用，比如博客、微博、论坛、自媒体等，形成对目标消费者全方位的娱乐攻势，扩大产品的影响力。肯德基在第一轮的内容营销中获得成功之后，立刻发起第二轮攻势。在进行网络广告投放时，还在微博、论坛中进行"软文"宣传。通过腾讯的海量用户，进行更广且深的宣传。不管肯德基用哪种方式进行宣传，都没有离开互联网。由此可见，新媒体广告的影响力度。

四、营销启示

（1）保证媒体广告占有率，维持客户忠诚。肯德基作为全球知名的快餐企业，已被广大人群所熟知，但仍以很大的力度在各大媒体上做广告。由此可见，肯德基打广告的目的不是停留于提高品牌知名度，而是建立客户的忠诚度。这种方法其实也是各大企业常用的。每当肯德基推出一款新产品，就会设计出新的广告，在电视、户外广告等媒体上播放。一方面是为了宣传新产品，另一方面是用新产品吸引消费者从而促使他们去肯德基餐厅尝试。由此，也能带动其他产品的消费。由于半价活动是常年进行的，所以它的广告显得必不可少。但每次广告宣传的是不同产品，既不会让顾客感到厌烦，又能够通过"优惠"的方式促进产品的销售，还可以时常地增加自己在顾客中的存在感，可谓是一举三得。由此可见，大规模铺设广告在一定程度上是必要的。即使不为了宣传新产品，也可以就一款本公司的经典产品进行反复宣传，利用自己独一无二的特点增强在大众心目中的印象，至少可以保有一块领域上的顾客忠诚度。

（2）充分利用新媒体，线上线下相结合。负责"谁能代表肯德基"活动的奥美团队表示："现代的主流媒体已经有数码网络和社交平台的融入。尤其是对年轻人而言，网络已经成为了他们生活中不可缺少的一部分。所以，肯德基在营销上做出了比较大的改变，希望更多地利用创新的策略。比如说加入更多的数码网络、社交媒体，使它们成为整个营销推广的一个重要部分，让更多消费者关注肯德基的活动。不仅仅是肯德基的产品，更希望让消费者关注肯德基品牌的本身。而网络作为和消费者互动、增进感情的最佳平台，可以充分达到品牌的宣传作用！""吮指原味鸡"进入中国已经有26年，加上其产品的推陈出新，中国消费者尤其是年轻人对肯德基这款经典产品的关注度降低，当初的任务是对新品"黄金脆皮鸡"在全国进行广告宣传，甚至还有将"吮指原味鸡"永久替换掉的打算。但在经过前期的调查发现，虽然黄金脆皮鸡与吮指原味鸡使用的是鸡的相同的部分，只是烹调方式不同，但两款产品却各有其特点与优势，而且在试点市场推出脆皮鸡时，消费者也表示了可惜与怀念。所以，肯德基最终决定以交替上架的方式，让消费者自己去尝试，再凭自己对两种产品味道的了解、喜好来投票，决定是替代还是保留。这种方式将决定权交给了消费者，大大增加了公众的参与感。据悉活动平台的投票量超过两千万，并且获得了无数的评论及转发，成为了2013年冬天的一个火热话题。而且，为了投票大多数人必定会去尝试新产品。在五个星期过后，吮指原味鸡回归时，很多人也必定会带着"欢迎归来"的心情去肯德基大饱口福。这样就实现了线上线下的结合，不仅推广了品牌，也促进了产品的销售。

因此，新媒体的宣传效果比传统媒体要好得多，因为它将口碑传播的效果又进行了加强。在新媒体中，大众可以较轻易地进行宣传，而且自己本身就可以成为一个"自媒体"，甚至可以将原来的广告加上自己的创意进行二次传播，也许可以得到比原有广告更好的宣传效果。比起看到广告牌再去亲口告诉自己身边的人，速度更快、传播更广、印象更深。而且，线上互动可以充分了解消费者的想法，更易于对产品进行改善。

第六节　百事可乐——"把乐带回家"

全媒体时代的到来使得广告运作不再局限于某一特定媒体上，广告媒介选择成为广告传播过程中的关键环节。百事可乐 2016 年"把乐带回家"广告之所以迅速传开并建立良好口碑,其全媒体观的运作方式功不可没。本案例主要是对百事可乐的广告营销进行分析并探讨,从而认真学习并总结在新媒体时代,百事可乐公司广告营销的特点及其有益的广告实践经验。

一、百事可乐简介

百事可乐创建于 1898 年,于 1965 年与世界休闲食品最大的制造和销售商菲多利(Frito—lay)公司合并,组成了百事公司。为了更好地发挥产品结构优势,将市场经营重点放在核心品牌方面,百事公司曾于 1997 年 10 月作出重大战略调整,将拥有的必胜客(Pizza Hut)、肯德基(KFC)和塔可钟(Taco Bell)等餐厅从总公司分离出去,使之成为一家独立的上市公司,即百胜全球公司(TriconGlobal,现公司名为"YUM!"),以便集中精力进行品牌建设和品牌营销。2004 年销售收入达 293 亿美元,为全球第四大食品和饮料公司。一百多年来,百事可乐在喧嚣、纷乱、竞争的氛围中紧跟时代步伐,与世界一起成长、壮大。如同一个呱呱坠地的幼小生命,百事可乐在经历了无数次与命运、病痛、磨难、灾难的抗争,甚至跌倒在死亡线上的挣扎之后,昂首挺胸地步入了人生最绚丽的青春年华,迎来了生机盎然的春天。在广阔的全球饮料市场上,百事可乐后来居上,终于与先于其 12 年问世的可口可乐并驾齐驱、鼎分天下。主要业务包括百事可乐饮料、菲多利休闲食品、佳得乐运动饮料、纯果乐果汁和桂格麦片食品。业务范围遍及世界上近 200 个国家,雇有员工 198000 人。

1983 年,百事可乐公司聘请罗杰·恩里克担任总裁,他一上任就把目光盯在了广告上。对软饮料而言,百事可乐和可口可乐的产品从味觉上很难分清孰优孰劣。因此,焦点便在塑造商品的性格特征的广告(也就是品牌和企业文化)上。百事可乐通过广告语传达"百事可乐,新一代的选择"。在与可口可乐的竞争中,百事可乐终于找到了突破口。首先是准确定位:从年轻人身上发现市场,把自己定位为新生代的可乐;选择合适的品牌代言人,邀请新生代喜欢的超级巨星作为自己的品牌代言人,把品牌人格化,通过新一代年轻人的偶像情结开始了文化的改造。围绕这一主题,百事可乐创作许多极富想象力的电视广告,如"鲨鱼"、"太空船"等。这些广告,针对"二战"后高峰期出生的美国青年,倡导"新鲜刺激、独树一帜"。独特的消费品鲜明地和老一代划清界限的叛逆心理,提出"新一代"的消费品位及生活方式,结果使百事可乐的销售量扶摇直上。1984 年,百事可乐投入 500 万美元聘请了流行乐坛巨星迈克尔·杰克逊拍摄广告片——此举被誉为有史以来最大手笔的广告运动。把最流行的音乐文化贯穿到企业和产品之中,也开始了百事可乐的音乐之旅。从此以后,百事可乐进入了销售的"快车道",音乐、体育双剑合璧,同时这一攻势集中而明确,都围绕着"新的一代"而展开,从而使文化传播具有明确的指向性。"二战"结束时,可口可乐与百事可乐市场销售额之比是 3.4∶1，到了 1985 年，这一比例已变为 1.15∶1。

二、企业理念

近年来，《把乐带回家》是百事可乐推出的系列微电影。如图 5-18 所示，以《把乐带回家之猴王世家》为例，主要讲述"我国国家一级演员、'章派'猴戏继承人——章金莱"的儿时故事。该广告主要由章金莱和当红小生李易峰主演。故事的开始，一幅古色古香的水墨字体映入眼帘："一家猴戏千家乐，四代猴王百年传！"

图 5-18　百事可乐《把乐带回家之猴王世家》广告海报

之后，一个古灵精怪的男童扮着猴妆，在空旷的大厂房里独自练着猴戏，正文开始了。如图 5-19 所示，六小龄童以一个独白的身份，介绍了他祖辈扮演猴戏的情况。首先是他的曾祖父，在清朝末年绍兴的闹市区里，一个简易的戏棚子里，一位戴着猴子面具的戏子正耍着猴戏。画面一转，到了民国时期上海同春舞台，室内戏院里，章金莱的祖父在表演改良版的猴戏。新中国成立以后，章金莱的父亲"六龄童"的表演通过电影传向了千家万户。最后，画面转到 1965 年。在章金莱的家中，排在老幺的他，从小就享受着 11 位哥哥、姐姐的照顾。而他的二哥在大院里熟练地耍着猴戏，而二哥"小六龄童"也被寄予了传承衣钵的厚望。但天有不测风云，画面突然静音。二哥在耍猴戏的时候突然倒地，嫩声嫩气的章金莱急忙跑向哥哥。哥哥的离世，也让儿时的章金莱变得成熟。毅然决定接过二哥的金箍棒。而伟大的戏曲传承，就这样开始了。画面来到 1982 年，中度近视的章金莱被爸爸推荐到《西游记》剧组，饰演齐天大圣孙悟空，这对章金莱来说是个不小的挑战。"苦练七十二变，才能笑对八十一难"，这句话成了章金莱的人生格言。如父亲提出"眼睛无神"的批评后，他盯着台灯苦练眼神。美猴王火眼金睛，也成了西游记的经典。

图 5-19　百事可乐《把乐带回家之猴王世家》广告视频截图

最后，镜头回到现在。电影院里"李易峰对章金莱老师的敬佩，以及章金莱对现代年轻人的寄语"升华了这部广告的主旨。而这时，百事可乐才适时出现，让观众印象深刻。例如，出现六小龄童和大家一起在电影院看《美猴王》的场面。在广告中，李易峰说："六小龄童老师，您是我们永远的美猴王，祝您百事可乐。"带出产品百事可乐，大家纷纷举起可乐向"猴王"致敬。为了唤醒并释放大家内心爱玩、爱闹、爱笑的"猴性"，启发年轻人创造新年的"七十二变"，百事可乐还特别推出"乐猴王纪念罐"，也在视频最后出现。

三、传播效果

从广告的传播效果来说,这则广告是非常成功的。刷屏的朋友圈、热门的微博话题,都让20世纪80~90年代出生的人,在回忆的同时,关注了百事可乐。而百事定位的就是这些人。如图5-20所示,2015年12月21日,六小龄童在微博上晒出"乐猴王纪念罐",宣称将与百事可乐合作。自那以后,56岁的六小龄童十分尽责地做起了百事可乐的宣传广告板。百事可乐一有新年营销动向,六小龄童就发微博支持。例如,推送微电影上线发布、公布拍摄进度,以及"乐猴王纪念罐"销售,他次次参与,无一落空。代言过百事的其他明星,也陆续响应百事官方号召,参与新年营销宣传,相继在微博上晒出"乐猴王纪念罐"的照片。"@跟风王"、"@糗事大百科"、"@电影工厂"等微博营销号也参与进来。话题热度不断升温,粉丝们纷纷评论、转发。根据微指数分析图统计,"猴王"、"百事可乐"等关键词,在28日之后,热议指数迅速上升,12月31日达到峰值后迅速下降。当然,微信公众号自然也不会错过。12月29日晚,8秒猴年百事可乐广告已在朋友圈刷完一轮。公号"百事中国"发文《百事可乐携手六小龄童突袭朋友圈,今天你被刷屏了吗》,文末百事官方正式推出"乐猴王纪念罐"官方销售渠道,原文链接可直接跳转到唯一购买平台——京东商城。目前,这篇官方微信的文章阅读数已过10万,点赞数超1万。而限量5万罐的纪念版百事可乐,已经卖到断货。百事可乐这波新年营销确实给"乐猴王纪念罐"带来了曝光量。"乐猴王纪念罐+猴王微电影",百事可乐打算凭借这两招儿,玩转2016年的新年营销战场。

另外,根据某推送平台数据统计:2015年12月29日,"大账号广告门"投放的阅读量过5000,成本预算3万多元,百事中国投放的阅读量超过100万(朋友圈引流过来的),目测粉丝增加至少10万多,成本为与微信合作预算至少1000万多;2015年1月2日,"微信大号"1个的阅读量3000,"微博大号"至少10,筛选了100多万粉丝的大号(主要涉及六小龄童、李易峰关键人微博发声),电影、娱乐八卦、"个人草根"等有很强影响力的大号同时段发布,平均转发超过3000元,预估覆盖人次至少5000万以上,代言人费用动则百万元,"个人草根"账号平均单价也是在1万元以上(一般情况是先找3~5个大号在微博转发,好的内容会引得其他大号跟发,这里预算最少也是5万元以上了)。朋友圈广告多以"图+文"的形式出现,视频类广告在朋友圈的投放并不多见。之前,鲜少有品牌尝试此类朋友圈广告的形式。也正因为这种朋友圈动态广告的投放,成功抓取受众的注意,配合微电影本身高质量的故事内容,使得此次战役在最初阶段就获得了广泛的认知度。

此次朋友圈视频广告主要针对"90后"。如图5-21所示,同期推出的"乐猴王纪念罐"产品,也主要面向"90后"人群。人群的高度集中,带来了投放的集中。这样,使得精准投放更容易击中目标受众,再依托视频中"猴王精神"、"猴年传递快乐"

第五章 不同行业企业综合案例分析（上）

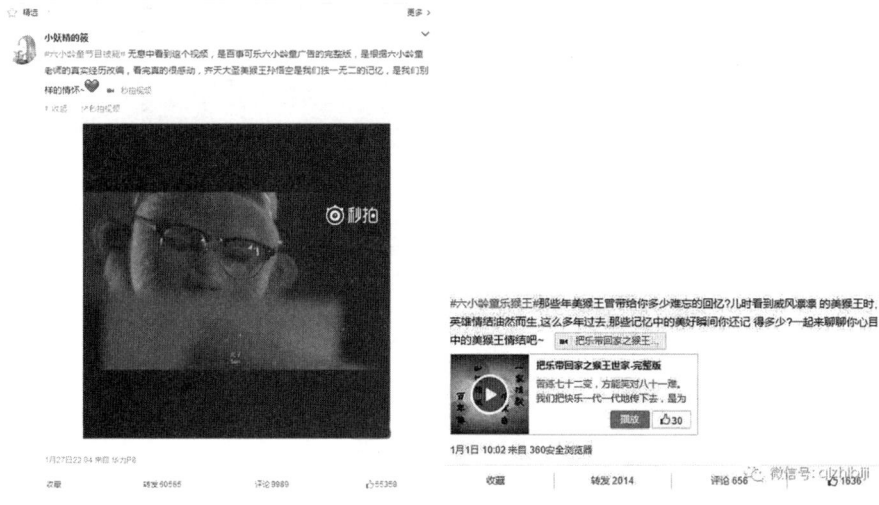

图5-20 百事可乐《把乐带回家之猴王世家》广告的微博转发及评论

等主要内容，激起受众对童年、对传统文化的甜蜜回忆。把快乐带回家，也将快乐在社会化媒介平台中传播。可以说，这次的投放效果确实超出预期。这则广告在预热期能达到如此火热的原因：第一，百事对于战役的把控力非常强，这使得不同代理公司能够围绕一个准确的主题而默契配合；第二，朋友圈动态广告形式吸睛，微电影形成口碑传播，扩大受众认知；第三，目标受众明确，依托内容形成"涟漪效应"。

1. 朋友圈广告的优势

（1）微信朋友圈用户多，受众群体广泛。据统计，截至2015年第一季度，微信已经覆盖中国90%以上的智能手机，月活跃用户达到5.49亿，用户覆盖200多个国家（地区）、超过20种语言。数据还显示25%的微信用户每天打开微信超过30次，55.2%的微信用户每天打开微信超过10次。

（2）以大数据为依据，目标客户确定更精准。微信以大数据为背景，在三年内收集了大量的消费数据，而这些数据中隐含的"黄金"就是其中最重要的，加上之后的集成、分析、管理构建成了基础。最后，通过分析整理得到当前移动互联发展及其多元性变化的规律数据。大数据时代，谁掌握了足够的数据，谁就有可能掌握未来。现在的数据，就是公司将来的不动资产。当前，许多的营销手段都是被动展示，受众群体更是被动接受。但是微信广告不同，它类似于手机短信推送，它的消息受众基本都是定向的，为目标客户提供服务。除此之外，微信还有更灵活的信息推送手段，通过基于位置服务（LBS）来圈定附近的微信用户，之后准确地将消息推送出去。对商家，对于广告商而言，微信朋友圈广告不再像以前那种以"广泛撒网"的方式来宣传自己，而是向其目标客户推送服务信息，这样在避免浪费的同时提高自己广告的有效性，最后达到双赢的目的。

（3）社会热点问题易引起朋友圈的热议，提高投放者知名度。被推上热门话题的事件，大家会乐此不疲地刷朋友圈广告。并且，都在关心"谁刷到了"、"谁刷到了什

图 5—21　百事可乐《把乐带回家之猴王世家》广告之猴王纪念罐海报

么"广告等,以此为话题在朋友圈大肆议论。不仅为朋友圈广告造了势,更为投放者的广告进行了推广。比如,"猴王"六小龄童"把乐带回家"在微信朋友圈发布视频后,大家都会点赞或评论,并和他人讨论是否接收到这个特别感人的广告。这样,可以让受众者感觉自己不是被投放信息,而是主动投身到这个信息中,降低其抵触情绪。

(4) 具备独特个性,不再是单方向的沟通,用户可以和商家互动。越是新颖且有趣的广告营销方式,越能够吸引用户的注意力。只有做到与众不同,用户才能被吸引过来。微信平台能够利用身边的资源,从不同的角度考虑,将个性显现出来。微信朋友圈不再是单向的投放广告,它将互动引入其中,让大家在讨论中记住自己的品牌。不同品牌都花尽心思来体现自身品牌优势,并让用户参与到互动中,百事可乐主要以猴年为话题。通过讲述"章家四代人坚持用猴戏,把快乐带给千家万户"的故事,戳人泪点,引发共鸣。

(5) 成本低,使朋友圈广告更广泛地使用。朋友圈广告是以文字、图片和视频的形式展现的,所以不需要投入较多的人力、物力。这样,只要是合适的商家,都可以借助这样的平台来宣传自己。因此,和传统的广告行业相比,新媒体广告还是处于优势地位。

2. 朋友圈广告的劣势

(1) 传统的广告模式比较完善,微广告平台不够完善。微信最初是以社交工具呈现在大众面前的,其公众平台于 2012 年 8 月正式上线。作为全新的平台,根据自身的特点创造出一种全新的互动模式。而且,现在用户越来越注重体验,需要有足够理由诱导,才会做出选择。因此,完善微信平台就变得非常重要。如何完善客户体验平台成为亟待解决的实际问题,为更多体验式的用户服务,才是维系客户关系的最佳切入点。

(2) 给用户传达的信息量小,缺少说服力。微信朋友圈广告主要是以文字、图片和视频做广告,所以产品信息无法全方位展现给用户。这样,很难让不了解公司产品的顾客,了解并购买该产品。并且,视频广告还面临网络流量限制问题,可能为节省数据流量而不打开视频观看,或在没法上网的情况下不能有效观看等。

四、营销启示

在网络媒体平台飞速发展的今天,百事可乐《把乐带回家》系列微电影广告非常符合现代新媒体传播的时代潮流。另外,"新一代的选择"也是百事可乐的广告语,从中能体会到其市场的准确定位。其定位的方式,不是去创作某种新奇或与众不同的事项,而是去操作已经存在于心中的东西,去重新结合已存在的联结关系。而且,广告定位的基点,不是产品,而是着重于产品与消费者心理位置的统一。同时,广告定位的目的,是为了在消费者心目中确立本产品与众不同的优势。广告定位应该是竞争对手没有准确说明的,或是尚未引起注意的细节,而且确实对消费者有吸引力的那部分特征。因此,广告定位是从消费者的心理需求空间出发,对产品优势的一种创造。既创造功能,更创造形象。

从"4P"理论和消费群体的心理特征角度,百事可乐把广告营销群体定位于年轻人。首先分析这类广告怎样才能引起受众的注意。所以,百事可乐利用了广告信息的新异性(如形成鲜明对比)、增加活动的变化性(选择恰当的时空位置),以及提高广告的重复率(百事可乐的广告铺天盖地,在电视屏幕上重复出现)、增加趣味性和艺术性(以蓝色为主色调)和添置一些有悬念的故事情节。通过以上手法,引起广告受众注意。百事可乐的广告能之所以让受众记住其原因在于:广告信息容量恰当、内容形象有意义、形式新颖独特,以及增强互动性、编排位置恰当、用多种情感丰富受众印象。

综上,百事可乐定位于"新一代可乐"、"年轻人的可乐"。没有走本土化战略,而是另辟蹊径,建立适合自己的市场,最终找到了适合的广告诉求点。百事可乐将目标对象确定为年轻人,花费重金邀请巨星捧场,满足了年轻人"追求明星、追求时尚"的心理。百事可乐作为挑战者,没有模仿可口可乐的广告策略,而是树立了一个"积极向上、时尚进取"的形象,成功地把品牌蕴含的"勇于向前,不懈追求美好生活"的新一代精神融入百事可乐。百事可乐的新媒体广告营销策略是很值得大家学习与借鉴的。在激烈的市场竞争中，百事可乐成功地运用新媒体广告的"侧翼战略"，取得了很好的销售业绩。

第七节　三只松鼠——电商的互联网营销

对于中小电商企业来说，互联网营销仍是一片危机四伏的丛林。同时，对于坚果类食品来说，多从传统的街边小店起家，还未形成网购习惯。平台大鳄、传统品牌大佬、大数据带来的新挑战，对中小电商企业产生前后夹击态势。作为一个身处内陆地区三线城市的电商新秀，三只松鼠是怎样从电商的竞争大战中脱颖而出，成长为互联网坚果行业中第一的呢？这就是下面要剖析的问题。

一、三只松鼠简介

安徽三只松鼠（中外合资）电子商务有限公司（以下简称三只松鼠），是中国第一家定位于纯互联网食品品牌的企业，也是目前中国销售规模最大的食品电商企业。三只松鼠于2012年6月19日上线。品牌上线第65天，便在"天猫商城"坚果类目销售中排名跃居第1位。"三只松鼠"品牌一经推出，立刻受到风险投资机构的青睐，先后获得美国国际数据集团（IDG）的150万美元A轮天使投资和"今日资本"的600万美元B轮投资。2015年，三只松鼠获得峰瑞资本（FREES FUNDD）3亿元投资。

三只松鼠是以互联网技术为依托，利用B2C平台实行线上销售。凭借这种销售模式，三只松鼠迅速缩短了商家与客户的距离，确保让客户享受到新鲜、完美的食品，开了中国食品利用互联网进行线上销售的先河。以其独特的销售模式，在2012年"双十一"当天，三只松鼠销售额在淘宝天猫坚果行业跃居第一，日销售近800万元，名列食品电商销售第一。当年，实现销售收入3000余万元。2013年1月，月销售额突破2200万元，再次位列全网食品销售第一。2013年11月11日，"双十一"日销售额3562万元。2013年销售收入突破3.26亿元，三只松鼠正在创造中国电商食品一个又一个历史奇迹的数字。

最初，三只松鼠是由5名创始团队组建的。到2015年，公司全国雇员超过600人。三只松鼠网络渠道全面覆盖天猫、淘宝、京东、1号店、QQ网购、美团、唯品会、聚美优品等各类渠道，并已建成全国华南区、华北区、华东区三大物流中心，可实现日处理订单量10万单，并实现全国60%区域的消费者次日达的极速物流服务。三只松鼠目前正在朝着以共建互联网新农业生态圈为使命，到2020年形成超过100亿元销售的新型食品产业集团的宏伟战略目标奋力前行。

二、企业理念

1. 2015年"双十一"广告

2015年"双十一"天猫晚会,是当晚收视率最高的一档栏目。除了整场晚会都是明星播报广告之外,在晚会间隙的传统电视广告中,"三只松鼠"的坚果品牌广告播放了四次。而且,这个15秒的广告还在主流视频网站、电影院、央视及一线卫视播出。整个"双十一"期间的营销投入高达2000万元。如图5—22所示,为了这次宣传,三只松鼠花了500多万元人民币,由中国台湾导演昊中孚执导,三维动画制作由曾制作鼠来宝、加菲猫的"Rhythm & Hues Prana"团队完成。其制作周期长达6个月,往返数个国家拍摄。截至2015年11月11日下午5点,三只松鼠的销售额已经超过了2亿元,比2014年的1.02亿元将近翻了一倍。根据亿邦动力网统计的数据,当天上午9点,天猫"双十一"的零食、坚果、特产行业里,三只松鼠位列热销店铺排行榜第一。

图5—22 三只松鼠2015年"双十一"广告视频截图

2. 2016年年货系列广告

"三只松鼠"在经历"双十一"、"双十二"取得营销胜利之后,推出了年货系列广告。在广告中,推出坚果大礼包。同时,运用三维动画松鼠形象,并与家庭团聚场景相融合,如图5—23所示。三只松鼠方面表示,"双十一"、"双十二"还只是三只松鼠的练兵场,"接下去的年货节才是重头戏。"三只松鼠政治行动委员会(PAC)总裁事务中心助理总监此前表示,今年三只松鼠全年销售额目标为25亿元,"其中很大一部分将来源于年货节"。

三、传播策略

1. 形象设计

与同类本土食品电商相比,除了惯用的微博明星广告之外,三只松鼠最大的特色

图 5—23　三只松鼠 2016 年坚果年货节广告宣传片

就是希望用"卖萌"的松鼠树立动漫化的品牌形象。三只松鼠还有各自的名字：鼠小美、鼠小酷、鼠小贱。最开始，公司通过网络召集动漫爱好者。后来，成立专门的动漫创作团队。在 2014 年，三只松鼠成立了安徽松鼠萌工场动漫文化有限公司，制作了多部以品牌形象为主角的动画片，试图加深"三只松鼠"的品牌形象。同时，在客服方面，三只松鼠也在强化品牌特色。例如，客服的代号是"松鼠星人"，称顾客为"主人"，果壳袋称为"鼠小袋"。这些在广告宣传中都得以形象体现。另外，在此基础上，三只松鼠还有一个名为"松鼠口袋"的"子品牌"做衍生品，从毛绒玩具、拖鞋、收纳盒到笔记本，都用上了品牌特有的卡通形象。

2. 品牌宣传

首先，三只松鼠抓住了电商行业的机遇和消费者的需求。坚果行业之前的销售大多以零散的销售为主，通过网上购买坚果的很少。但电销本身就是互联网发展的一个趋势，再加上很多上班族，特别是年轻的女性喜欢购买坚果，但面临渠道单一的问题。通过电销的方式很好地解决了女性购买零食的问题。也就是说，三只松鼠抓住了女性特有的需求，并提供了方便的渠道。其次，在品牌上的宣传很到位。三只松鼠的标识很可爱，三只可爱的小松鼠让人记忆深刻，松鼠也爱吃坚果，并且给人以可爱的感觉。另外，在价格方面也很有优势。电商的最大特点，就是宣传范围很广，价格方面有优势。价格低廉、产品质量有保障，相信很多消费者都愿意购买。电商行业的特点就是价格低廉。因为省了很多门面费用，成本就降低了不少。加上三只松鼠的价格本身就不是很高，这样就吸引了大批购买者。最后，三只松鼠利用很好的网络广告宣传。通过移动广告、微博、论坛等方式宣传，很快就让大批消费者了解了该产品。

3. 体验营销

与线下传统企业实体购物截然不同，在电商网购过程中，消费者坐在电脑前面，通过点击鼠标实现整个购物行为，触摸不到商品实物、看不到客服人员的音容笑貌、不能进行实时尝试或试用评价，更没有面对面沟通的环境氛围，这些真实体验环节的缺失是电商品牌的劣势所在。而能弥补这一问题的电商企业，势必会形成很强的竞争力。传统购物，消费者看到了电视的广告或者听朋友介绍，便对品牌有了一个印象，逛商场时看到了会产生关联，从而产生购买欲望。而在电商渠道购物，消费者是通过推广方式看到某个东西。然后，跟在线客服沟通、付款，等待收货。收货后，确认付款。然后，再写评价。通过上述一系列过程，产品品牌与消费者之间的接触过程和时间明显增多了。如果在这个过程中哪一个环节出了问题，那么消费者就会弃你而去。体验营销以顾客体验为核心，认为顾客购买的不只是产品和服务，更重要的是一种心理体验过程。其实质在于，促进顾客和企业之间建立一种良性的互动关系，要求企业始终把与顾客进行直接的、一对一的交流和服务摆在核心位置。对于电商来讲，顾客看不到产品实物是一大劣势。为了打消顾客的疑虑，周到、细致的服务已成为电商企业必备的生存技能。

四、营销启示

对于电商企业来讲，就是要通过赋予网店页面设计、产品图片及描述、客服沟通、促销活动、包裹、退换货等每一个与消费者有接触的细节，以独特的创意，精准地传递出电商给予顾客的诚意，全方位地给顾客送去超出他们预期的惊喜，以弥补其在真实购物体验环节的缺失，并最终在愉快、和谐的氛围中促成交易的过程。这个过程本质上从顾客点击进入店铺那一刻就开始了，而让顾客惊喜的个性化创意则是最好的表达载体。

1. 大打情感品牌

随着科技进步、产品同质化和竞争白热化，企业产品的物质功能因素已经不存在多大差异。于是，率先用情感把品牌嵌入消费者的头脑，在消费者的心中占据一席之地，成为越来越重要的营销策略。

（1）精准定位，取好名称。新鲜感往往是新品牌尤其是市场新品牌生存的第一要素，三只松鼠品牌设计萌且俏皮，鲜明、鲜活，让人想到经典的动画作品《猫和老鼠》。无论老幼，都会被 TOM 和 JERRY 的可爱形象逗得开怀。"好感"和"喜感"，是快速消除距离感、征服市场与人心的一张好牌。即使货品口味上与传统炒货也许并无二致，作为礼品消费和与亲朋好友分享的零食，同样有其存在的理由和空间。好的品牌名称，不仅可以刺激消费者的听觉器官，而且能引起消费者的愉悦感，产生丰富的联想和感触，对产品销售也会有巨大的促进作用。尤其是互联网品牌，更应注意上述特点。所以，三只松鼠深谙此道，其目标人群定位非常明确，客户群体定位是"80后"、"90后"互联网用户群体。"80后"、"90后"个性张扬，有自己的主见和行为准则，他们追求时尚、享受生活、善待自己，对细节挑剔，习惯网购，注重全方位的消费体验。三只松鼠从命名开始，就很注重契合目标消费者的特点。松鼠爱吃什么？自然就是坚果。所以，取名三只松鼠，卡通形象可爱又好记，传播性也强。再配上贴合"80后"、"90后"群体心智的超萌动漫形象，迅速成为网购群体关注、喜爱的品牌。

（2）品牌形象渗透企业的各个环节。三只松鼠一直不遗余力地塑造、传达属于自己的"松鼠森林"式文化。无论是产品描述海报，还是服务卡上的文字、包裹箱、果壳袋，附赠的手机挂件、插卡套，员工工作环境等各个细节和场合，无一不流露"松鼠文化"——"快乐可爱、绿色天然、关爱环境"，利用松鼠的形象，多渠道与消费者近距离沟通互动。三只松鼠建立独树一帜的形象体系，通过微博、旺旺、自有杂志、动漫短片等各种平台，让品牌和消费者更好地沟通、互动、分享。看过三只松鼠的人，都对三只卡通松鼠过目不忘。这三只小松鼠不只是色彩鲜艳，鲜活可爱。而且，每只都有自己的名字，同时代表着一种典型性格：松鼠"小贱"，又贱又萌，略带"丝"气质，符合当下社会"丝文化"人群的心态；松鼠"小酷"，技术宅一枚，喜欢发明创作，积极向上，对一切新奇的事情都充满兴趣，迎合当下"宅男"心理；松鼠"小美"，美丽柔情，典型的双鱼座性格，是年轻一代女性的典型代表。这三只松鼠基本笼络了当下"80后"、"90后"网民群体。尤其是针对女性，还设有"小美专区"，品茶、赏花、看书、写作，极大地吸引了白领女性的注意力，拉动了产品消费。

（3）客服也卖萌，彰显松鼠个性。三只松鼠开创了中国电商客服场景化的服务模式——不同于淘宝网的"亲文化"，三只松鼠客服化身"鼠小弟"，亲切地称买家为"主人"，并从客服到售后，将"松鼠"品牌立体化，带给买家一次完整的"松鼠与主人"的购物体验。而且，还时不时地跟顾客卖个萌，如"主人，买一个吧"、"主人，鼠胖胖在呢"。三只松鼠动漫化的形象，将消费者和客服的关系演化成主人和宠物的关系。通过拟人化的沟通，让客人觉得更萌、更被尊重，增加了品牌的趣味性、独特性和互动性。三只松鼠还基于"80后"、"90后"互联网用户群体的定位，设计适应顾客的各种口味。特意将位于销售链前端的售前客服进行分组，其标准则是根据客服的性格与个人偏好决定。想听高端大气上档次、奔放洋气有内涵的话题，可以找"小清新文艺骚年组"松鼠接待。而热衷各种段子、重口味、无底线和无下限的，则由"丧心病狂组"负责招待。这些定位于目标消费群体的营销方式，极大地满足了顾客的消费体验。如此一来，增加了很多回头客，二次购买率不断提升。公司创始人章燎原鼓励客服与顾客之间的沟通交流，建立除买卖关系以外更深层次的联系。他认为，和顾客聊得越久越好。

2. 卓越的产品品质

三只松鼠通过多种手段力保产品更新鲜安全。坚果油脂类产品存放太久会不新鲜，无人愿意购买。第一，三只松鼠的原料均选自全球的原产地农场，非本地特产不选，力求产品的原汁原味，营养不丰富不选。第二，产品原产地统一采取订单式合作，坚持三道检验，原料检验、过程监控、出厂检验。在收购原材料后，委托当地企业生产加工成半成品，并将合格的半成品直接送回位于芜湖总部 1 万平方米的封装工厂或低温仓中，完成最后的分装工作，大大缩短了从拿货到送至消费者手中所耗费的时间，最大限度地保证了产品的新鲜安全。第三，三只松鼠成立了专门的食品研究院进行食品研发，研究方向不是通常的如何延长食品保质期，而是集中在如何令食物更新鲜、更美味。第四，三只松鼠将继续完善信息化系统，通过数据建立一个安全可追溯的供应链系统，食品安全一直控制到上游，实现资源透明，消费者可以对食品安全进行追溯。第五，三只松鼠计划在全国范围内建设四个物流发货中心，开发信息化 ERP 系统以提升物流和产品响应速度。现已建成芜湖、北京、广东 3 个物流中心，届时全国 80% 的城市将实现"次日达"，更大程度保证产品的新鲜度，也为消费者提供更出色的购物体验。第六，因为直接面对消费者，利用数据挖掘技术，三只松鼠可以快速捕捉消费者消费趋势变化并快速反应、调整，基本可实现按订单生产供应产品，不会出现库存大量积压等传统常见问题，这其中节省的费用可以支撑它采用更灵活的定价吸引更多消费者，如三只松鼠经常拿出一部分优质产品进行成本销售，以低价进入市场或回馈新老客户，一举多得。这样优质低价的产品，也给它带来了极高的二次购买率和口碑转化率。

3. 极致的细节体验

三只松鼠思考消费者购买、食用的每个环节，尽可能给予方便和优化。把坚果产品加工得更易剥，时尚品质、双层包装，突出松鼠形象，提供各种工具。例如，为用户提供开箱器、吃坚果的工具、扔果壳的纸袋，甚至还有吃完擦手的纸巾；在送给顾客的包裹中会有一些有趣的提示语（如果壳袋子上提示："主人，我是鼠小袋，吃的时候记得把果壳放进袋子里哦！"），轻松有趣；根据主人购买次数更换包装袋，力求达到每一次服务都是视觉、味觉共同享受的过程，给人耳目一新的感觉；另外，还会时不时送一些小惊喜（如抽奖卡片、优惠券、新品试用、小玩意、微杂志等）。公司创始人章燎原还是三只松鼠的第一个客服，他积累了客服经验之后，亲自总结写下了一本上万字的《松鼠服务秘籍》，推出客服十二招。目的就是，要教会客服"做一只讨人喜欢的松鼠"，让所有人都熟悉客户的需求和保证将客户的需求实现到位。

登录三只松鼠的页面，从购物的第一秒沟通开始，就感觉到走进了"松鼠王国"。"主人，很高兴鼠苗苗可以为您服务！相信有您的支持鼠苗苗很快就有机会当上总经理！出任 CEO！"除了产品和包装都有卖萌的卡通松鼠形象，店铺的客服名字都叫"鼠某某"，称呼买家"主人"。这种"卖萌"贯穿整个消费体验过程，甚至包括包裹里那些不能吃的附属品。"三只松鼠"在快递箱封口上写着:"亲爱的快递员哥哥:我是鼠小箱,我要去见我的新主人了,请您一定要轻拿轻放哦!"食品袋上的话语也温馨、亲近:"主人,我是鼠小袋,吃的时候记得把果壳放进袋子里哦!"标语使用手写体,这些细节让包裹更私人化,更有亲近感。这些细节会打动顾客,如果企业不重视,也许就会少了顾客在办公室分享、发微博分享的举动,影响产品口碑传播及二次广告营销。

4. 基于数据挖掘,完善客户体验

三只松鼠运用大数据方法,通过对后台数据的分析精确地识别出关键指数以筛选出目标用户、顾客购买的历史客单价、二次购买频率、购买内容、购买打折商品的比例、几次购买等信息。根据这些信息,松鼠客服在与顾客的在线沟通中会更有针对性,可以迅速地改进产品口味。而且,顾客每次购买三只松鼠产品后,所收到的包裹或体验品都会不同且各有特色。比如,如果了解到这是一个老客户的重复购买,这时发货的坚果就可以不用一直用的封袋夹,因为客户那边已经积累了太多的封袋夹,再送就显得不环保了。这样在认真分析数据的基础上,三只松鼠将实现一对一地为客户服务。尽量做到"千人千面",以保证客户收到的包裹及包裹中的附赠品能时时更新。而且,这样的个性化服务不可能规模化,也不好被模仿。目前,三只松鼠正努力构建一套可追溯信息化。在云数据和物联网成熟后,将打通一条产品与客户间的链条,让客户能轻松了解产品策划、生产、销售、运输的每一个环节。同时,还会通过每天对一万个数据进行分析,把消费者的意见反馈给供应商,从源头去改进品质。

第八节 益达——"甜、酸、辣、苦"

"互联网+"已经成为一种新的发展趋势。互联网及其移动终端应用软件的发展,已将绝大多数年轻人的目光吸引到新媒体上,成为新媒体广告营销的受众。所以,传统行业广告也应适当地与互联网结合。例如,在新媒体上积极投放广告,根据大数据分析,精准地寻找目标受众,以取得最有效的广告效果。下面以益达的微电影视频广告"甜酸辣苦Ⅲ"为例,从其表现形式、精准投放、宣传推广、广告效果监测与评估等方面,了解互联网视频广告的运作全流程。

一、箭牌简介

箭牌糖类有限公司(Wrigley Jr. Company,Wm,以下简称箭牌)是糖果业公认的领导者之一,经营销售口香糖、薄荷糖、硬糖、软糖及棒棒糖等多种产品,行销

180多个国家及地区。由小威廉·瑞格理（William Wrigley Jr.）创立于1891年。箭牌总部设在美国伊利诺伊州芝加哥，是始创于1911年的私营家族企业玛氏公司的一个子公司。箭牌公司1919年即已成为上市公司，其股票从1923年起在纽约证券交易所挂牌交易。1924年竣工后，箭牌大厦一直是美国芝加哥的标志性建筑，气势恢宏。

作为知名香皂制造商的儿子，创始人小威廉·瑞格理在1891年从费城到芝加哥，从经销"瑞格理（Wrigley）牌香皂"开始创业。凭借给商家派送苏打粉之类的赠品作为额外的促销手段，很快地发现苏打粉比起香皂来更加俏销，便当机立断地做起了苏打粉买卖。1892年开始，瑞格理每卖一罐苏打粉给商家附赠两条口香糖，而获得极大成功。再一次因缘际会，使得作为赠品的口香糖比主销产品显得更具市场潜力。瑞格理认定，口香糖产品就是他所苦苦寻觅的商机，便又开始用自己的名字作为品牌，经销口香糖（"箭牌"的英文原名为"瑞格理"牌，中文译名直接传达公司悠久品牌的箭形识别元素）。最初，两种产品是"洛塔"（LOTTA）和"维萨"（VASSAR）。1893年，接踵而至的是黄箭口香糖。当年末，"白箭"也次第推出。同时，瑞格理尝试利用广告来吸引大众购买箭牌口香糖。他发现，通过报纸和杂志广告、户外海报以及其他广告形式宣传产品有很大益处，能使消费者更易于接受箭牌口香糖。随着消费者络绎到各家商店询问和购买箭牌口香糖，店方自然就会源源进货。之后，瑞格理便运用合理的广告支出对箭牌口香糖向民众进行营销，并产生了巨大的成效，从而一步一步将公司壮大。

此后，箭牌公司不断地扩张全球市场。1961年，作为菲利普·瑞格理的儿子，威廉·瑞格理（William Wrigley）出任总裁职务后，使箭牌产品的覆盖版图从十几个国家猛增至一百多个国家。除业已建立的芝加哥、澳大利亚、加拿大、英国和新西兰的工厂外，箭牌公司在亚洲和欧洲广设销售机构。1989年，箭牌公司在中国设立独资企业——箭牌口香糖有限公司。位于广州经济开发区的箭牌工厂，于1991年开始动工，1993年正式投产，总投资额达3000多万美元，先后推出了绿箭、白箭、黄箭、益达无糖口香糖和劲浪超凉口香糖等品牌产品。从此，箭牌产品开始不断融入中国人的日常生活，具有相当美誉度的箭牌品牌形象开始深于植广大中国消费者心中。目前，箭牌口香糖在中国的产品销量和市场份额均高居业界之首。箭牌在中国的商业成功，使中国一跃成为箭牌公司除美国本土之外的最大海外市场。而为了满足新兴的东欧市场的需求，箭牌公司还分别于1996年和1999年在波兰和俄罗斯兴建工厂。接着，印度工厂也于1999年动工。至此，箭牌公司商业触角遍及全球许多角落，在全球拥有15家生产厂，并拥有众多的关系企业，其主营业务（销售口香糖等各类软糖和硬糖）分布全球超过150个国家，箭牌公司由此成为国际糖果业界公认的领导者之一和全球最大的口香糖生产商。

"益达"是1984年箭牌公司在美国推出的第一款无糖口香糖。"益达"在1996年进入中国市场，不断在广告中阐述"益达"无糖口香糖"保护牙齿，防止蛀牙"的功效,其表现手法为理性诉求方式,通过一系列的数据来说明,并将这个新的概念和新的生活方式传播开。特别是,推出的《甜酸辣苦Ⅰ》和《甜酸辣苦Ⅱ》等系列广告,已不再赘述"益达无糖口香糖能够杀灭口腔细菌",而是将其"关爱牙齿,更关心你"的产品理念与微电影完美结合,向目标受众(主要是年轻人)传达其企业价值观,逐步实现品牌导向性的转变。

二、企业理念

益达无糖口香糖拍摄的广告微电影——《甜酸辣苦》,共有三部,每部由甜、酸、辣、苦四个小广告组成,而这四则小广告连在一起就是完整的故事。由于该系列微电影有三部,本节主要选择第一部里的四则作为介绍的对象。

如图5-24所示,该广告主要演员是当红的中国台湾明星男演员彭于晏和女演员桂纶镁。故事的开始是男主角彭于晏驾驶一辆带有副座的机车,经停在一个位于沙漠中的加油站并加油,误以为工作人员是个男的,结果却是一个美丽的女人,他们之间有简短的交谈。最后油加满了,女人又把他的"益达"也加满了。这是"益达"第一次出现在该广告中,并充当了广告男主角旅途中不可缺少的一件物品。男人骑车出去走了一段,停了下来。然后,正在加油站的女人听到车鸣声由远及近,脸上露出了会心一笑,这是整个故事的开始。

图5-24 "益达"微电影广告《甜酸辣苦Ⅰ》

1. 第一个故事"甜"

如图5-25所示,男主角和女主角经过了一个喧嚣的集市,男主角突然丢下女主角自己跑掉,女主角还没回过神来就看到男主角拿了两串冰糖葫芦过来。"我请!"他说。女主角拿着冰糖葫芦偷偷别过脸笑,然后男主角咬着冰糖葫芦,结果摩托车无法发动,女主角又掏出"益达"给男主角并说:"先保护好你的牙齿吧!"并修好摩托车的发动机。最后走的时候,女人直接坐在他的后面,用手环住他的腰,"看路,我们还要去海边呢!"结尾,两人都带着幸福满足的微笑。

2. 第二个故事"酸"

如图5-26所示,当他们走到一家面店停下来吃东西时,面店老板是一个漂亮且

图 5—25 "益达"微电影广告《甜酸辣苦Ⅰ》之《甜》

富有风韵的女性,男主角与老板娘"眉来眼去地互动"让女主角很窝火,还把他们之间的"益达"分给老板娘吃。所以,在吃面的时候,一不小心把整瓶醋都倒进自己碗里。男主角让她换一碗,她倔强地不肯,强迫自己把面吃完,眼泪都吃出来了。吃完了抬头一看,男主角不见了。这时候,老板娘给她一瓶"益达",说"其实他挺关心你的!"终于,两人和好如初。到结尾,他们又听到老板娘那句熟悉的"帅哥,要吃点什么?"他们转头一看,是一个白发苍苍的老人。原来老板娘是见谁都那样称呼,女主角偷偷地笑了。

图 5—26 "益达"微电影广告《甜酸辣苦Ⅰ》之《酸》

3. 第三个故事"辣"

如图 5—27 所示,他们因为迷路而挨饿,女主角对"男主角不听自己意见而导致迷路"这件事情很生气。女主角看着前面有吃的,就不管不顾地一路跑到烧烤摊前,并买了十串烤肉。烤肉端过来,拿着一根就往嘴里送。男主角拦都拦不住,结果她吃了以后被狠狠地辣到了。边喝男主角递过来的水,边抬头看。居然,招牌是"辣得跳"。然后,女主角就更生气,大声地说,"你怎么不告诉我?"旁边的几个人让他们小声点。女主角一嗓子就喊过去:"怎么你们看不起女人?"然后,就是"几名壮汉追赶,男主角拉着女主角逃跑"的经典爱情桥段。跑时,还拉着手,边跑边笑,冰释前嫌。

图 5—27　"益达"微电影广告《甜酸辣苦Ⅰ》之《辣》

4. 第四个故事"苦"

如图 5—28 所示,两人终于来到海边,女主角玩得很开心,然后问:"接下来我们怎么样?"不解风情的男主角,开始滔滔不绝地说他们的旅行计划,没有注意到女人黯淡下去的眼神。她想问的是"他们两人之间接下来怎么走",而非"下一个地方应该去哪儿"。最终,女主角选择离开。她一直期待男主角能追过来,但可惜没有。在离开的公车上,女主角回忆了他们之间之前的经历,然后流下了眼泪。

图 5—28　"益达"微电影广告《甜酸辣苦Ⅰ》之《苦》

以上是"益达"微电影广告《甜酸辣苦》系列的第一部。组成这个广告的四集,均反映了该微电影广告想要表达的四个要素:酸、甜、苦、辣。四个要素涵盖了四个不同的场景,从沙漠到喧闹的小镇、面馆、郊外,再到海边,也符合"男女主角要浪迹天涯"的剧情设定。而这段旅途中"益达无糖口香糖"不断地出现,并成为了旅途中他们两人的必备品,以及维系他们间感情的一个不可缺少的元素。

三、传播效果

广告剧情来看,《甜酸辣苦Ⅰ》以爱情为主,重点描述男女主角间爱情的发展经历。《甜酸辣苦Ⅰ》的第一个故事中,女主角怕男主角吃了冰糖葫芦牙酸,递给他"益达";第二个故事中,女主角吃了醋,老板娘给了她一瓶"益达",并说"其实他挺关心你的";第三个故事中,男主角在女主角被烤串辣到后关心地递给她"益达";第四个故事中,女主角关心着两人的未来。从《甜酸辣苦》四个故事中,无不透露出两人之间的互相关心,"益达无糖口香糖"总是在关键时刻出现。正如广告词所说的"益达,关爱牙齿,更关心你!"而且,四个故事的背景音乐都选取了20世纪80年代的经典歌曲,如张惠的《给我一个吻》、张惠的《我要你的爱》、张国荣的《风继续吹》等。这几首音乐风格相对复古怀旧,比较符合微电影广告的画面风格及男女主角的情感发展。同时,也表达了两人的情感发展,实质就是爱情的经历过程,存在着酸、甜、苦、辣,普遍而又珍贵,是人世间的一种常态。台词"你的益达"不断出现,就将"益达无糖口香糖"塑造成生活必备品。"益达"成为人们互相关心的一种标志。从这四个微电影广告所呈现的内容上看,"益达"对于消费者细致入微的关心,在表现"益达木糖醇口香糖"对牙齿保护功效的同时,也拉近了与消费者间的距离,具有强大的宣传力度。

"益达"制作的这部微电影系列广告传播效果非常成功,让观众的印象深刻,并且牢牢记住"益达无糖口香糖"这款产品。在今天新媒体流行的时代,箭牌中国旗下的"益达",无疑也抓住了这个趋势。利用新媒体传播媒介,将益达无糖口香糖"吃完,喝完,嚼益达!"的呵护牙齿理念深入大众的心里,尤其是"80后"、"90后"、"00后"的消费者观众。在《甜酸辣苦》第一部要推出时,"益达"首先在新浪上搭建"益达——甜酸辣苦"的主题微博。之后并在优酷和土豆上,将分批推出全部的系列广告视频。随后在网络中,通过相关的活动话题和微博有奖互动来刺激网民争相转发,提高微电影广告在视频网站的点击量。如在《甜酸辣苦Ⅱ》的微小说筹划中,也采用了微博征集活动。并且,结合4999元的旅游券和旅途中品味各种甜酸辣苦的标语,吸引微博客户群争相评论和转载,甚至达到17000条的转发量。由于"益达"采取的是互联网新媒体传播,不像在传统电视上播放广告。"益达"微电影广告时长较长,能在优酷和土豆或者新浪微博等平台上传播得更加完整,效果也更加显著。同时,便于网民对此展开热烈的讨论与点评,以此增加"益达无糖口香糖"的知名度。

根据当时的调查显示,在《甜酸辣苦》系列广告推出后的8个月内,消费者对"益达"广告的诉求认知增长40~50个百分点。这一结果也明确地达成了,"益达"广告主创的创意目标——传统快速消费品不仅仅只有功能诉求,才能劝服消费者,用情感故事同样也可以获得很好的市场成绩。《甜酸辣苦》不仅叫座,而且叫好。除了斩获"亚洲实效营销金奖"、"艾菲实效营销金奖"外,还拿下了"微电影金瞳奖"等诸多奖项,这无疑又给商业微电影树立了一个新标杆。从演员选取上,"益达"无疑是抓住了年轻一代的心理偏好。《甜酸辣苦》系列第一部、第二部的男演员,是中国台湾当红小生彭于晏。无论是从长相还是从演技上来说,都非常讨众多女观众的喜欢。而女演员桂纶镁的知名度同样也很高,自从出演歌手周杰伦2007年拍的电影《不能说的秘密》以来,其甜美清纯的形象就被中国大陆民众所认识。借助明星效应,这两人合作出演的《甜酸辣苦》微电影广告就奠定了庞大的受众基础。

四、营销启示

"益达无糖口香糖"推出《甜酸辣苦》微电影系列广告是在新媒体平台上传播的,符合当今时代潮流。"益达"广告营销主要利用新媒体时代下的网络平台,同时也借助传统电视媒体。但由于传统广告以秒来计算广告费用,所以要尽量以最简洁的广告形式来达到最佳的营销效果。而且,"益达"为避免该系列微电影广告在电视上播放需要耗费大量的投入费用,以及时长限制,而采用网络视频的形式制作。通过微博、人人等途径进行转载与观看,不仅可以降低广告成本,而且达到的营销效果也显而易见。与此同时,也适应了新媒体市场的发展。

除借助新媒体的"病毒式"传播效应外,"益达"也没有放弃传统电视广告和纸媒广告。在《甜酸辣苦Ⅰ》经过更加直接贴合产品的剪辑后,又做成30秒的广告片,在全国各大主流电视媒体上播放。根据该组"益达"微电影广告媒介投放计划,广告中篇幅相对较短的《酸》与《甜》将在全国256个城市的电视台中播出,而《苦》和《辣》则将采用网络视频的方式与观众见面。同时,优酷、土豆、PPS、新浪视频和"益达"活动官网,也将会陆续播出这四段故事。从此投放计划中可以看出,"益达"采取的是"传统TVC+视频网站"的媒介组合传播策略。"益达"将"塑造'关心'的品牌核心理念"作为既定目标,在充分考量广告投入性价比及传播效益的情况下,利用电视媒介和互联网媒介不同的传播特性,进行巧妙合理组合,使二者建立互为补充、共同发力的矩阵式媒介传播关系,有效提升该组微电影广告的传播热度及广度。

1. 广告人群定位精准

根据最新数据显示,我国2015年网民数量已达6.68亿人。如此巨大的网民数量,使"益达"公司明智地选择了在新媒体平台上播放广告。"益达"广告的投放人群为"80后"、"90后",尤其是活跃在互联网上的网民群体。"80后"、"90后"这类年轻人对新事物的接受较为容易,每天在互联网上的活动时间都比较长,特别是微博、微信等社交平台及优酷、土豆等视频网站。而微电影广告在这些新媒体平台上播出,也更容易被他们观看到。同时,有别于传统模式的广告,《甜酸辣苦》的内容也更容易被他们接受。

2. 广告创意性十足

不同于普通剧情较少的短短 10 多秒钟电视广告,《甜酸辣苦》采用的是新媒体时代下流行的微电影广告模式。观众并不会特别觉得这是一则广告,而是一部"有人物、有剧情"的电影。在时长上,微电影广告就要比普通的传统电视广告长得多,使更多的信息能够放在微电影广告里并向观众充分表达。《甜酸辣苦》每一部有四集,每一集都分别对应着"甜、酸、辣、苦"中的一个主题。这使观众觉得非常有新意,不同主题不会让观众觉得厌倦。《甜酸辣苦》每一部及每一集都有非常浓厚的电影质感。每一集都在不同的地区拍摄,也极具生活色彩。而且,"益达无糖口香糖"在微电影里的出现,也不会让人觉得突兀。该系列微电影广告的编剧已经很巧妙地将故事融入其中,并且每集都能突出故事的主题。

3. 内容精神与品牌理念的契合

"益达无糖口香糖"广告词里有这么一句:"益达关爱牙齿,更关心你!"由此可以看到,"益达"想向消费者传达的理念:"益达不仅仅是关爱着我们的牙齿,益达还关心我们生活的方方面面!"《甜酸辣苦》系列广告宣传的是"益达无糖口香糖",其消费对象主要是年轻人。所以,整个系列微电影广告的故事情节也是围绕年轻人的感情来讲述。《甜酸辣苦》故事将人生体会和食物味道结合在一起。《甜酸辣苦》每一个故事都和"吃"有关,而每一个"吃"都是故事男女主角情感上的一次交往。在《甜酸辣苦Ⅰ》中,每个故事开始前都有一个独白:"甜——甜蜜的开始,总是充满美味"、"酸——越觉得心酸,越是在乎对方"、"辣——火辣的争吵,是爱的调味剂"、"苦——最苦的是爱得不够勇敢",这四个片段也很好地体现了每一个故事的主题。故事中,每一次"益达"的出现,都使得男女主角的情感得到进一步提升。也就是说,"益达"帮助这段情感升华。在故事剧情上,编剧并没有将非常戏剧的元素加进来,而是使这部作品更加贴近生活,使消费者对这样的生活化的微电影广告更加具有好感。生活中虽然包含酸、甜、辣、苦,然而"益达"是不变的。在微电影广告中,每次"益达"的出现都是以一种关心的方式。虽然表面上"益达"在关心牙齿健康,宣传保护牙齿的功效,但其实"益达"还表现了对消费者无微不至的关心,拉近与消费者的距离。正如广告词上说的那样,"益达关爱牙齿,更关心你!"

第九节　武汉万达 99°空间 SOHO 项目

一、武汉万达 SOHO 项目上半年现状及变革紧迫、必要性

1.1 武汉万达 SOHO 项目上半年现状

99°空间	月销售量（套）	去化率	可销售月份（月）	宣传途径
平均每月	20	3.3%	30	报纸、户外、电台、电视、派单、电话、短信

2015 年上半年武汉万达 99°空间 SOHO（小型办公室或家庭式办公室）项目在外部市场、内部销售双重压力下，月销售量业绩遭遇到前所未有的困境，每月销售总量仅 20 套。

提升销售业绩迫在眉睫：企业内部大的库存量、可支持 30 个月销售；去化率仅为 3.3%，严重制约着企业生存与发展。销售宣传途径仅依靠传统报纸、户外、电台、电视、派单、电话、短信等，销售业绩提升举步维艰。

应对武汉万达 99°空间 SOHO 项目上半年每月销售总量仅 20 套困境。采取 SWTO 分析法从企业的优势、外部环境劣势、企业当前的挑战、发展机会，综合分析项目上半年运营的现状。为转变经营、管理等提升销售量提供理论依据。

1.2 武汉万达 SOHO 项目变革紧迫、必要性

使用 SWTO 分析法发现现当前武汉万达 99°空间 SOHO 项目存在问题：

1. 产品营销思路封闭。只专注传统媒体宣传，未曾运用互联网思维：策划包装产品，新媒体宣传产品。

2. 依赖传统媒体程度高。传统媒体报纸、户外、电视等宣传费用大，宣传范围及受众面小，不易形成口碑营销。

3. 挖掘产品价值不充分。对万达的品牌效益、产品潜在价值（该区高新技术薄弱）及产品增值方案（酒店签约入驻）策划与宣传等社会资源挖掘不充分。

4. 外部环境的制约。武汉限购解除、住宅首付下调，一定程度抑制 SOHO 住宅的销售及发展。

5. 销售士气受挫。产品大的产品库存，3.3% 的去化率，运营、销售团队士气不高涨。

使用 SWTO 分析法现阶段武汉万达 99°空间 SOHO 项目发展的采用新媒体时代机

遇及挑战。

1. 时代机遇下的新媒体，优惠政策多。互联网思维下"互联网＋"引领时代潮流，国家为新媒体发展提供营销资金、技术等政策优惠，鼓励传统企业使用"互联网＋"宣传、销售产品。

2. 新媒体比传统媒体更有优势。新媒体费用低、全民互动率高、信息交互便捷与快速，新媒体核心价值在于传播渠道中可以分到更大的蛋糕，便于准确挖掘潜在客户，能为企业运营降低成本，提高效率。

3. 新媒体必将成为主流媒体。当今新媒体和所有的老媒体进行合作与厮杀，新媒体这种社交媒体必将成为主流。

4. 新媒体营销方案需要创新。未来对新媒体宣传（升级的广告）方案创新，全民互动，全民销售提出了更高要求。

5. 新媒体营销首次在房地产行业运用的尝试。新媒体在房地产企业除了传播，没有企业尝试转化销售力。武汉万达99°空间SOHO项目开启挑战新媒体宣传与营销全新的尝试。

武汉万达99°空间SOHO项目处在内部业务运营月销售20套，企业危机四伏；外部同行竞争、政策不利，市场咄咄逼人；武汉万达必须抓住"互联网＋"的时代潮流，转变营销思路。用互联网思维思考99°空间SOHO项目后期营销思路，策划全民互动营销方案，实施挑战与变革：新媒体在中国房地产宣传与销售的应用。

此次新媒体在中国房地产宣传与销售的应用是一次时代变革，更是一次与时间赛跑的变革，变革意义深远、重大。变革实施思路必须清晰；实施步骤（事件执行）必须精细，质检工作质量，同时保证时效性；项目各阶段工作必须善于总结、归纳，以便为下阶段工作提供宝贵经验。

二、武汉万达SOHO项目新媒体营销实施

2.1 实施思路

新媒体营销方案实施重点事项：新媒体平台选取与搭建、新媒体宣传、销售方案策划及实施进度、突发性事件应急预案等必须遵循以下3点

1. 形象建立：传递企业理念，向消费者传递企业价值、企业文化、品牌理念是一个循序渐进、潜移默化的缓慢过程。

2. 活动造势：对内对外宣传，通过推广宣传、事件营销、暖场等活动来提升项目品牌知名度，提高市场曝光率。

3. 事件营销：指企业通过策划、组织和利用具有新闻价值、社会影响以及名人效应的人物或事件，吸引媒体、社会团体和消费者的兴趣与关注。

跟踪事件步骤：事前、事中、事后，使用PDCA循环方法检查工作落实情况及质

量;理性处理突发性事件,总结突发性事件带给企业的社会效益;最终自信的尝试新媒体在中国房地产宣传与销售的应用。

2.2 实施步骤

2.2.1 新媒体平台选取与搭建

新媒体平台的选取与搭建工作的 PDCA 质检工作质量。

核心工作:

1. 选准平台。在众多新媒体平台,依据前期试探性"策划营销方案"实施结果,准确判定适合 SOHO 项目宣传、销售媒体平台,保证后期工作有平台。

2. 掌握潜在客户。通过事件营销,掌握 SOHO 项目在新媒体平台的潜在客户。

3. 熟悉新媒体宣传、销售策划案。准确掌握新媒体"形象建立、活动造势、事件营销"宣传、销售的工作思路及实施步骤,为后期 SOHO 项目在新媒体宣传、营销的策划、实施、突发性事件处理提供经验。

2.2.2 方案实施及进度一(月计划销售 60 套)

(一)开山之战

计划	销售量(套)	占比库存	可销售月份	宣传途径
7月	60	10%	10	微信大 V、新闻 APP、活动视频、争议话题全民营销

7月1日—7月4日19:00。(重点工作一)

1. 一个盒子引发社会关注——新华网报道万达大动作:汉街的神秘盒子

2. 一个盒子引发社会关注——人民网报道汉街出现"神秘盒子"万达近日或有大动作

前期积累大量用户新媒体平台,为热点事件"万达'大动作',神秘盒子"热点事件集中造势,积累悬念集中引爆,引发社会热议,发酵全民营销。

7月4日揭幕到7月31日(重点工作二)

1. 这次,万达卖房子,广告一分钱都不投传统媒体!——网易房产 2015-07-08

2. 万达不投传统媒体了?新媒体营销做这 10 条?——明源地产研究院 2015-07-08(该文章被多个房地产业内知名大 V 主动转发、总体阅读量近 100 万)

策划猛男咖啡厅、美女工作室、个人音乐会、万达梦想秀等互动活动,借助新媒体平台:微信大号;朋友圈;今日头条;网易 app 投放广告或活动新闻;爱奇艺与优酷上视频推送等为盒子事件造势。

最终取得 70 万人现场参观,盒子事件在武汉一炮而红!最终成为武汉市街头巷尾的热议话题;同时《万达不投传统媒体了?新媒体营销做这 10 条?》引发业内轩然大波,成为百家之战的导火索。

8月1日到8月23日开盘(重点工作三)

（二）百家之战

举办"百家争鸣，汉街论剑"研讨会的百家之战开始，围绕"房地产销售是媒体还是传统媒体更有效"这样的交流不但收获经验和操作指南，同时，众多地产大V纷纷撰文，阅读量达36万。这次营销是又掀起了新的一轮传播武汉万达，可谓一箭双雕。

这场论战，不是新媒体赢了，也不是传统媒体赢了，总而言之是武汉万达赢了。通过这次"百家争鸣，汉街论剑"论战武汉万达项目备受关注，一跃成为中国房地产行业的焦点。

2.2.3 方案实施及进度二（月计划销售420套）

（一）决胜之战

计划	销售量（套）	占比库存	可销售月份	宣传途径
8月	420	70%	1.4	微信大V、新闻APP、活动视频、争议话题全民互动、策划热点营销

响应国家政策，顺应互联网＋全面创业时代潮流，营销策划组织"中国创客大赛"营造事件营销。趁着前几轮宣传势头，趁热打铁，使用新媒体平台为"中国创客大赛"宣传、造势，签约酒店入住合同，提升武汉万达SOHO项目的产品价值。为即将开盘销售创造："租客已到，不愁房东"客户价值观引导。

（二）定鼎之战

以宣传"震惊客户，打动客户"产品说明会，转变传统产品说明会步骤及展现方式。用创新的互联网思维，结合前所未有高科技手段全方位、多视角、全民营销推广武汉万达99°空间SOHO项目。

1. 邀请全世界最会说话的年强人（陈铭，《超级演说家》节目冠军），现场以TED式演讲将项目的"中心"、"地表"、"圈层"等卖点传递给客户。

2. AR技术首次运用，让产品立体化、虚拟化、栩栩如生地出现在演讲者身侧，令客户震惊不已。

3. 多媒体平台展现产品价值，根据目标客户群体的新媒体使用习惯，选择多家新闻客户端、DSP精准投放平台、微信公众账号进行系统化硬广告投放。

4. 客户咨询及突发性事件的处理，设置独立电话，实时监控，及时调整策略，处理突发性事件。

2.2.4 总结奋勇四战

开山之战（一个盒子引发社会关注）

百家之战（一篇文章引发轩然大波）

决胜之战（一封企业计划书吸引17家酒店）

定鼎之战（一场说明会引爆 5 亿销售）

1. 武汉万达凭借悬念操作，文章造势，在通过创业计划书引发酒店租赁热潮，配合全新的产品推介，环环相扣，始终保持市场的情绪高涨。

2. 奋勇四战中武汉万达执行活动事件化、卖点故事化、功能情感化的清晰的广告营销思路，推介自己的活动，提升产品价值。

3. 武汉万达在新媒体宣传中始终目标明确，线上造势，线下活动配合销售节点引爆，通过火爆关注量，可以判定执行力强。

4. 武汉万达在奋勇四战中，完美诠释了当前时代主流宣传途径"新媒体的崛起以及营销的创新的趋势的必然"。只有抓住与专注主流，才能成功。

5. 武汉万达始终坚持不变的是变化为指导，理性应对奋勇四战中各个突发性事件。

2.3 突发性事件应急预案

2.3.1 开山之战——当地自媒体多角度宣传

1. 做好互动，挖掘潜在客户。关注当地自媒体大号宣传报道，与自媒体大号、粉丝多角度互动，挖掘潜在客户，听取客户真正意图。

2. 发展新媒体平台粉丝。使用微信公众号、新浪微博等发展潜在客户，最终成为武汉万达新媒体平台粉丝。

3. 提升新媒体平台的"粘性"。策划与组织万达新媒体平台粉丝互动，增强粉丝与新媒体平台的"粘性"，有"粘性"平台才有人气。

4. 适时的推送产品简介。武汉万达新媒体平台及时推送 soho 项目简介，让用户了解该项目，最终形成客户。

2.3.2 百家之战——赢家万达调整销售目标

在百家之战中武汉万达一跃成为中国房地产行业的焦点，万达紧抓机会，顺应趋势，"被迫"调整战略销售目标，及时制定了那些战略思路及战策应对突发性事件。

1. 做好基础性工作。积极应对大量的潜在客户对 99°空间 soho 项目前期咨询，记录客户需求问题，制定销售方案。

2. 找准产品的潜在价值。产品价值＜产品价格，销售空间大，找准产品潜在价值，提升产品价值，扩大销售。

3. 做好产品价值宣传。销售量的提升，必将做好产品价值展现及宣传工作。

2.3.3 决胜之战——酒店租赁，项目增值

应对决胜之战中酒店租赁入住，致使项目增值。应对大量酒店租赁入住，武汉万达应该这样办

1. 重点宣传，营造口碑。最大范围的宣传这次热点事件，赢得潜在客户与准客户的口碑，利用口碑发展更多的客户。

2. 深度合作，再次提升项目价值。强化与酒店更深度的合作，实现产品价值提

升,确保项目良性发展。

3. 选取优质酒店,保证项目价值。面对大量酒店租赁入住,必须做到选取优质酒店,这样对客户负责,也是项目保值基本要求。

2.3.4 定鼎之战——开盘在即,理性应对一切突发性事件

前期通过悬念操作,文章造势,在通过创业计划书引发酒店租赁热潮,配合全新的产品推介,环环相扣,始终保持市场的情绪高涨。接下来开盘销售,是检验前期工作成果,必然有许多突发性事件,面对突发性事件,必须遵循以下4点,合理、恰当处理。

1. 项目成员必须统一领导,分级负责,明确职责。
2. 重要工作,全员动员协调联动,给客户满意答复。
3. 加强协调,对突发事件迅速作出反应,保证第一时间相应。
4. 项目成员必须认真执行领导安排的各项工作,保证质量与效率,赢得客户的口碑。

三、武汉万达 SOHO 项目 8 月销售

时间	销售量	占比库存	剩余
7月前传统媒体销售	20	3.3%	580
7月新媒体计划销售	60	6.6%	520
8月新媒体计划销售	420	70%	180
8月新媒体实际销售	606	100%	-6

8月23日武汉万达99°空间soho项目正式开盘,当天销售量达606套,销售总金额过5亿元,项目销售去化率由7月计划3倍直接飙升为30倍。这是一次房地产行业销售改革的成功案例。

对待新媒体在房地产行业销售成功案例,武汉万达必须认真总结前期工作"得失",以便后期再次使用新媒体营销提供宝贵经验。

四、新媒体营销成功案例带给思考

1. 市场永远存在机会

当市场不好的时候,不要抱怨。不是卖不出去,而是没有找到符合自己项目特点及营销方案。

2. 内容为王

不是占据用户的眼球而是嘴巴,活动时间化、买点故事化、功能情感化,值得说,想要说,便于说,才能口口相传。

3. 传播的力量

盒子的影响力做到极致，盒子本身演变为自媒体，它不再依靠媒体，媒体转而主要要依靠于它。

4. 新媒体体系化

这次虽然一分钱没有投给传统媒体，但有一系列活动予以配合，营销一定要有体系和系统，无论传统媒体和新媒体，鼓励地做多是无用的。

5. 目的明确

从销售的角度看新媒体，它只是一个快捷链接产品和客户的点对点通道，造势和导客是它的优势，但只有嫁接上具有销售力的内容才有意义，当我们在玩新媒体的时候，不要忘记我们的初衷，善用新媒体、会用新媒体才是关键。

五、武汉万达营销案例带给我们（斯迈航空）的转变

5.1 思想转变

前期，我们工作从事斯迈航空在"空中旅游"服务项目的新媒体营销，项目营销思路较为不清晰。后期为提升产品销售，营销思路必须清晰。清晰的营销思路是项目运营实施的主要组成部分，武汉万达营销成功案例分享给我们的是思路必须清晰。

1. 新媒体营销的价值。新媒体营销是传统企业，宣传企业，推广产品主流工具及手段，其价值及意义，武汉万达已身先士卒，诠释了它的经济效益及社会意义。

2. 使用 SWTO 分析项目。使用使用 swot 分析空中旅游项目，当前的现状，明确下一阶段工作重点及核心，调高士气，坚决执行。

3. 使用 PDCA 检验工作质量。工作操作者必须事前、事中、事后，使用 PDCA 循环方法检查工作落实情况及质量，以确保工作质量。

4. 找准目标客户。一切成功的营销必须是找准目标客户，然后步步为营，逐步营销的过程。

5. 了解产品。清楚产品潜在价值，产品性能，产品带给客户的好处，为营销方案提供依据。

6. 策划创新营销方案。营销方案在营销活动中必须新颖，能够准确抓住用户的兴奋点、痛点，多渠道为营销活动造势，形成全民营销的热潮。

7. 理性处理突发性事件。时刻保持清醒头脑，理性处理突发性事件，总结突发性事件带给企业的社会效益。

5.2 行为转变

清晰正确的思路，才能保证坚定的执行，确保项目的出色完成。前期我们工作中存才执行力不强，后前我们必须调整好工作状态：转变先前工作行为，确保"空中旅游"服务项目运用新媒体营销取得更大的经济效益及社会效益，增强产品的品牌效益。

1. 执行老客户带新客户，扩大客源。老客户惊险、刺激的用户体验，实时跟踪报道，配合新媒体多渠道宣传、推广。运用老客户带新客户的奖励机制，多渠道发展新客户。

2. 项目成员必须统一领导，分级负责，明确职责，实施明确的奖罚体质，激励大家。

3. 重要工作，全员动员协调联动，给客户满意答复。借助客户体验，宣传企业文化。

4. 加强协调，对突发事件迅速作出反应，保证第一时间相应。

5. 项目成员必须认真执行领导安排的各项工作，保证质量与效率，赢得客户的口碑。

第十节 "YOU＋公寓"的新媒体营销法则

现代企划的鼻祖史蒂芬金曾说过："产品是工厂所生产的东西，品牌是消费者要购买的东西。产品是可以被竞争者模仿的东西，品牌却是独一无二的。产品极易过时落伍，但成功的品牌却能长久不衰。"企业创建品牌的出发点是满足消费者的需求，而有些需求是感情化的，这就需要营销的力量。

下面通过分享一个有趣的商业地产营销案例——"YOU＋公寓"，来分析这个新的商业地产营销行为是如何进行的。

首先从商业理念上看，"YOU＋公寓"延伸了 SOHO 的理念。但是，与目前针对大批创业者在所谓的"创业咖啡"办公不同的是，"YOU＋公寓"直接让创业者在"自己家楼下"办公，不仅提供了很好的创业环境，更提供了便捷的生活环境，甚至可以直接参与"YOU＋公寓"的管理。

"玩的就是逆天！""YOU＋公寓"合伙人、北京车库咖啡的老板苏菂这样评价他在做的这个新产品。

的确，"YOU＋公寓"提供了一个完全与众不同的创新型公寓：一楼是一个宽敞无比的大厅，有办公场地、桌球台、健身房、小酒吧，还有个 80 寸投影电视的影视厅。大厅外甚至还有个很大的院子，可以打篮球。这简直就是一个巨大的年轻人会所！

联合创始人刘洋介绍说："'YOU＋公寓'在设计上最大的特点是从每一个房间里省出一点空间，从而做出一间 300 平方米的大厅。不少创业团队在这里办公，这里甚至还有专门划分出来的游戏区，还是比较有意思的。"

住在"YOU＋公寓"中的"居民"，其构成相对简单，因为其房租费用并不便宜。以北京苏州桥店为例，在这里居住的主要有这样几类人。一类是拿到投资的团队或者有钱的白领,他们往往会选择单人间或者双人间,每个房间每月的费用基本在 5000 元以上;第二类是刚出校门的年轻人,他们基本会选择 4 人间,每个人每月成本可以控制在 1500 元左右。这个价格看似不便宜,但是基本包含了房屋所有的费用,如网络、办公空间、娱乐空间等,所以均摊算下来也不算贵,甚至比自己单独在外面住还要划算,且不说还有那么多年轻人可以聚在一起。从"居民"构成可以看出,他们正是对社交需求最为强烈的一个群体,他们也是社群经济的主体人群。因为大家都需要有个社交和活动的场地,有了"YOU+公寓"的大厅,他们每天下班后不用锁在各自房间里,而是在这里跟"家友"("YOU+"赋予租客的名称)聚在一起,他们可以坐在一起喝酒聊天,可以打桌球,可以看电影,可以玩 Xbox360,甚至举行各种派对。

一句话,要的就是有一个年轻人和年轻人在一起交流的机会。"每天晚上 9 点后,这里可热闹了,玩什么的都有。"联合创始人刘洋掏出手机,展示着里面的照片。照片中的场景是刚刚在"YOU+公寓"举办的万圣节派对。"家友"装扮成各式各样的妖怪,有木乃伊、女鬼、生化危机里的丧尸等,这群"妖魔"虽然面目狰狞,但相处得其乐融融。

这一全新的商业逻辑紧紧抓住了年轻人的需求变化:住,已经不再是年轻人唯一的需求,他们需要的是热闹,需要的是与同龄人一起疯狂,需要一个大家一起开心的理由。而"YOU+公寓"及时抓住了这些消费者对商业地产的需求变化,不仅打通了用户之间的关系,而且打通了用户与服务提供商之间的关系。

"YOU+公寓"的理念在国内算是一个有趣的创新,它是由一群从海外归来追求梦想的年轻人共同创建的。整个公寓借鉴了欧洲大学公寓的模式,融入了 Loft 设计风格,搭建了国际青年旅社的交流平台。"YOU+公寓"的推广过程中采用了全新的新媒体传播思路,利用年轻人对新事物的强烈好奇心以及强烈的参与意识,使得大量年轻网友免费为其疯传这一创新的商业逻辑。这种玩法实际上就是"绝对的互动",也可以说是人性化管理,即"管理+融合",甚至在某些条件下会发生"逆转"。

"YOU+公寓"建立了自己的虚拟社区,"居民"所有的意见都可以在第一时间到达公司的决策层,所有"居民"的资料都存入详细的资料库,并且可以根据用户的不同需求提供各种有趣的增值服务,"居民"可以亲自参与这个"家"的共同建造。服务提供方与用户之间建立长效稳固的关系,把对租客的管理变成了责任,消费者从用户变成了品牌忠诚者,从管理营销组合变成管理者和用户的互动关系。

这里不仅为年轻人提供了时髦有趣的环境,更重要的是它能给年轻人营造特有的生活氛围。陈好(化名)今年 6 月份搬进了"YOU+公寓"。他说,之前住在出租屋里,直到搬走都不知道隔壁邻居姓甚名谁,人与人之间的关系也隔着一堵厚墙。自从搬进"YOU+公寓",他一下子认识了一大拨来自五湖四海、年龄相近的朋友,每天下班后回到"YOU+公寓"都是热热闹闹的,找到了大学时代住集体宿舍的感觉。"前天晚上,凌晨 1 点,我肚子饿了,在'家友'自建的微信群里喊了一声,一大堆夜猫子回复我,让我赶紧去他们房间拿吃的。各式各样的食品都有,这简直把我乐坏了!"他有一次发烧在家休息,很多热心的"家友"给他送药,甚至煮粥送上。自从离开大学校门,他与邻居的关系就没有这么亲近过。

我的好多朋友住在海淀苏州桥那个"YOU+公寓"里,他们最大的爱好就是带着访客朋友参观他们的"豪华公寓"。我也曾经参加过几次"YOU+公寓"的线下活动,因为"YOU+公寓"的目标群体有很大一部分是年轻的创业者,于是我到各个创业咖啡馆或者孵化器去进行宣讲,与他们进行互动。因为很多新创业者都会在这些地方聚集,这就足以形成精准口碑的早期传播风口,以及精准获取第一波潜在消费群体。

"80后"和"90后",甚至"00后"的成长,对于整个社会的发展来说都应该是一个全新的颠覆式变革。整个社会文化的不断开放与进步,使得新一代人的人生观和价值观也在不断变化和进步。

从人性角度分析,每一代人的历史使命其实很简单,就是要颠覆上一代人的价值观,创造出属于自己这一代的价值。

"80后"这一代人生于社会化进程的改革开放初期,所受到的启蒙教育虽然非常传统与保守,但是随着社会的发展,他们还是抓住了互联网时代的历史机遇。在经历了相当长的一段工作经历和人生阅历后,他们基本上已经成为了当今社会的骨干力量。甚至很多人已经成为各个行业的中流砥柱,影响行业的发展,同时也成为了社会化消费的主力。当然,其中最重要的还是思维模式的转变与突破。

从关系营销的角度来看,这种营销模式提出了如何与用户建立关系、长期拥有用户、保证长期利益的操作方式,这是一个很大的进步。因此,有效的传播和良好的口碑是拓宽用户资源的最佳方法。

社会化媒体时代,用户的忠诚度是非常低的。企业要提高用户的忠诚度,赢得长期而稳定的市场,就要与用户建立某种利益方面的关联。就像社区服务项目,可以给物业公司带来一定收益,形成一种互求、互需的关系。企业应该在满足用户需求不断变化的同时,获得合理的利润回报,从而达到双赢的市场局面。

第六章 不同行业企业综合案例分析（下）

第一节 优步——"互联网+"打车营销

"打开优步（UBER），遇见更有趣的世界。"优步是一款美国打车应用软件，已经进入亚太地区的25座城市，并在全球范围内覆盖了121座城市。在中国，优步已经进入了上海、北京、广州、深圳四个城市。作为一家国际公司，优步强调自己和国内同类公司的不同之处在于，国内公司基本只在国内有运营，而优步用户在出国旅游时，同样可以使用优步来叫车。

一、优步简介

优步（UBER TECHNOLOGIES，INC）是一家风险投资的创业公司和交通网络公司，总部位于美国加利福尼亚州旧金山，以移动应用程序链接乘客和司机，提供租车及实时共乘的服务。优步已在全世界数十个城市提供服务。乘客可以通过发送短信或使用移动应用程序来预约车辆，利用移动应用程序还可追踪车辆的位置。租车公司优步（UBER）首席执行官特拉维斯·卡兰尼克，1977年出生于美国旧金山，高中毕业后考入加利福尼亚大学洛杉矶分校，但1998年辍学。辍学后曾先后创立多家科技公司。

如表5-1所示，从2009年创立优步至今，最新一轮融资估值达到500亿美元。优步运作方式的定位不仅仅是一款打车应用，而是"为乘客提供一种高端和更私人的出行方案"。用户可以通过走优质服务路线的优步黑系（UBER BLACK）服务订到像加长林肯、凯迪拉克、宝马、奔驰等豪华私家车，司机会戴着白手套彬彬有礼地提供服务，让乘客享受到"私家车"的服务感受，感觉到自己多花的资费是值得的；也可以通过优步X系（UBER X）服务订到丰田"普锐斯"和大众捷达这样的紧凑型轿车。

自己并不拥有任何车辆的优步（UBER）却擅长整合各类资源。优步（UBER）和出租车公司、汽车租赁公司甚至私人签署合同，让车主通过优步（UBER）接收订单。在研发项目方面，2015年2月3日，优步（UBER）宣布与卡内基梅隆大学合作在匹兹堡建立优步高级技术中心，该中心的项目包括无人驾驶汽车的研发与设计，以及各种汽车安全技术；2015年4月25日，优步继在美国、澳大利亚墨尔本、印度新德里和葡萄牙里斯本等地开展打飞机服务之后，正式将此项服务带到中国。定价为2999元/次，4月25日当天开放20个名额，每次限一个人登机。

表6－1 优步企业沿革（2009—2015年）

时间	大事记
2009年	特拉维斯·卡兰尼克和格瑞特·坎普成立"优步俱乐部"（UBER Cab）
2010年6月	优步正式于旧金山推出服务
2010年8月	莱思·格雷夫斯就任首席执行官，不久后由卡兰尼克接任，格雷夫斯为营运副总裁和董事会成员
2010年	优步的移动应用程序在旧金山地区推出，支持IOS和安卓（Android）系统的智能型手机
2010年下半年	优步获得加州硅谷一群超级天使投资者的创业投资资金
2011年初	优步获得了来自创投公司——"标杆投资"（Benchmark）的3200万美元资金
2011年下半年	优步再次从多位投资者处获得了3200万美元的资金，这让优步获得的总投资金达4950万美元
2012年4月	优步在芝加哥测试了以较低价预约传统出租车的服务
2012年7月	优步进入伦敦市场，最初车队拥有90位奔驰、宝马（BMW）等汽车的驾驶
2013年7月3日	优步开始在纽约和汉普顿（The Hamptons）间提供实验性的直升机招呼服务，称为"优步直升机"（UBER Chopper），定价为3000美元
2013年6月27日	优步在中国台湾台北市进行试营运，并于7月31日开始正式营运
2014年6月6日	优步宣布在新一轮的募资活动中获得了12亿美元的投资
2014年6月19日	优步正式于中国香港部分地区推出服务，初期服务范围仅涵盖中环及邻近地区。2014年8月14日，于中国香港增加了招呼普通出租车的服务
2014年7月24日	优步推出支持"Windows Phone"的智能型手机应用程序
2015年2月20日	虽然在西班牙被禁，但优步又重新在西班牙推出了送餐服务"优步订餐"（UBEREats），而在旧金山和比弗利山庄的类似服务则名为"优步生鲜"（UBER Fresh）
2015年3月4日	优步首次收购地图及搜索创业公司"笛卡儿"（DECARTE）。优步发言人表示：通过收购"笛卡儿"，将继续改善基于地图的产品和服务
2015年4月9日	打车应用优步宣布，将在印度首都新德里推出机动三轮车打车服务"优步机动"（UBER Auto），以提升公司在印度的影响力，并与当地一家对手竞争

2014年6月，优步宣布正式在中国香港提供豪华车服务（UBER BLACK）。相对

于亚洲其他城市，中国香港有牌照的出租车数量仅为 1.8 万辆，而人口则达到 700 万。中国香港市民对快速地面交通的需求很大，与只有约 1.3 万辆出租车的纽约模式类似。2014 年 7 月 14 日，优步 CEO 特拉维斯·卡兰尼克亲自来北京正式宣布，优步开始进入北京市场。此前，优步已经在北京试运营了两个半月，主要覆盖了三里屯和国贸区域。北京是其进入的全球第 100 个城市。2014 年 12 月 17 日，百度与美国硅谷新兴互联网巨头优步签署了战略合作及投资协议，未来双方将在技术创新、开拓国际化市场、拓展中国 O2O 服务三个方面展开合作。2015 年 2 月 11 日，优步联合"穷游网"在网站和手机客户端推出锦囊"UBER 环球用车指南"，为六千万"穷游网"用户海外游即时用车提供贴心指南。这是继 2014 年优步与穷游行程助手独立 APP 进行 API 对接之后两家企业的第二次合作。2015 年 8 月 25 日起，在上海部分地区试行"人民优步＋"（拼车服务），乘车费用可节省 30%。目前，优步已经在全球 8 个城市（旧金山、巴黎、纽约、洛杉矶、奥斯汀、波士顿、成都、北京）推出了合乘模式。加上新上线的杭州市、上海市、广州市和深圳市，可以"拼"的城市数量将增加至 12 个，而这其中，中国城市的数量占到了一半。

优步为中国市场定制的新功能——优步同行（UBER COMMUTE）发布，该功能类似于"顺风车"。这一产品针对城市中早晚上下班出行的白领车主或经常往返于同一路线的车主定制开发。在技术上，通过新的算法快速解决"即时＋派单＋同路匹配"，即时推送最适合车主既定路线的"上下班拼车"伙伴。优步中国战略负责人说，这一功能根据中国情况发起，因此选择在中国首发，体现了优步对于中国市场的重视，也是"优步本土化"的探索。未来，这一功能或推广到美国和世界其他城市。据《金融时报》报道，美国专车公司优步希望为该公司的中国业务融资 25 亿美元，比该公司已经完成的融资规模扩大一倍。优步总部位于美国旧金山，该公司正在中国市场与滴滴快的展开激烈竞争，后者本月早些时候完成了总额 30 亿美元的融资。优步母公司仍然掌握"优步中国"的控股权。

二、企业理念

1. "最高效的体验"和"最实惠的价格"

优步的特点：①比出租车提供更加充足的车辆供应。②合理有效地解决了信息的不对称。③让每个人都有成为司机的机会。④司机随时随地上线接单，工作时间灵活。⑤系统自动匹配最佳方案，司机不需抢单，乘客不需挑单，提高叫车效率。⑥"人民优步"降低了车保有量，使道路更加畅通，缓解交通压力。⑦让用户以最实惠的价格，享受最高效的体验。⑧可在全世界 300 个左右的国家通用，不局限于中国。优步宣传视频呈现了一种"共享经济"、"人民优步"的"拼车服务"模式。在视觉上，优步的司机身着整齐的正装，准时到达用户所在地，提供优质且实惠的驾车服务。在听觉上，优步的车辆中播放轻松优雅的音乐，并伴有司机高修养的谈吐。优步的理念：使用移动互联的方式（即用户一按键，5分钟内有车来接），改变人们的交通出行方式，同时也改变了收入的分配方式。优步设计元素：娱乐、明星元素。

2. 打开优步，遇见更有趣的世界

如图 6－1 所示，优步和被苹果流音乐视为对手的流媒体音乐服务平台 Spotify 是结盟伙伴，目前在优步 APP 中有直接链接到 Spotify 的入口，通过捆绑，优步将会从 Spotify 的系统中，获取坐车人喜欢听的歌单，在用户乘车的时候通过 Spotify 的音乐库进行播放。以下是一封优步推介乘车聆听 Spotifg 音乐的邮件，为用户提供和摇滚明星迪布洛（Diplo）共乘的机会。在设计方面，优步非常清楚自己的目的是让"Uber X"以低价优势打入人心，所以从邮件最上部分"比出租车更便宜"的口号，到"比出租车便宜 30％"，到告诉用户最新的费率等，一步步使用价格优势来设计邮件并更好地传达这些内容信息。如图 6－2 所示，优步更像一种生活方式，将曾经乏味的"行"变成充满未知和惊喜的旅程，将"透明人"般的出租车司机变得有趣。也许会遇见各种"奇葩"人物，但这才是世界本来的样子，有道是："行走世间，全是妖怪。"网络视频，是低成本的营销利器。网络视频的快速增长以及巨大的潜在空间让所有企业都不容忽视，而通过网络视频进行营销传播，也成为了企业营销创新的一种有效工具。

图 6－1　优步的流媒体音乐服务平台 Spotify 广告

三、传播效果

随着社会高度信息化，大众传播开启了新的市场，尤其是从广告销售中获利。而互联网是广告产业中的一个重要平台，互联网的利用越充分，它就越与已有的媒介体系相融合。目前，新媒体的有效发展提供了新的沟通渠道，为公民的互相联系增加了新的通道。"新媒体"的发展趋势，以及数字化信息的普及，逐渐弥补了"数字鸿沟"带来的不平等缺陷，使社会生活朝着更加多元和丰富的方向发展。优步营销方案的共同特点是：选择和当下时间点相符的事情，通过和第三方合作做线下活动，走"媒体

图 6-2 优步的微信广告

宣传"的道路,而并非全部使用"铺广告"的方式进行。用户只要在周边打开应用,就能在首页看到活动。相比而言,其他打车类应用,并没有支持频繁活动的产品设计。而且,优步都是资源置换,联合运营。一是没有花一分钱广告费,就引爆1%的高端意见领袖人群和9%的客户,以辐射到其他90%的潜在客户。二是通过打官司上头条,做免费推广。三是充当"机器猫"的角色,提供应有尽有的服务。从"一键叫车"扩展到"一键就能召唤神兽、一键叫飞机、一键叫CEO、一键叫宠物、一键叫冰淇淋"等。以下是优步运用互联网等新媒体传播方式所取得的显著传播效果。

1. "一键呼叫CEO",完成校园市场推广

如图6-3所示,优步在北京推出了"一键呼叫CEO"活动。16名企业高管乘坐轿车围绕清华转,学生通过优步应用叫车,和高管在车上进行15分钟面试。甚至还有从天津过来的同学,当场拿到产品经理的入职通知。其中,一名来自北航的同学一直没等到和"领英"(Linked In)高管的见面机会。于是他提出活动结束后和对方"拼车"离开,成功在回学校路上拿到领英的接收函(Offer)。

图 6-3 优步的领英平台广告

2. 利用"明星、微博效应"进行品牌传播

如图6-4所示,新推出的"一键叫直升机"的服务中,优步请来"男神"赵又廷

担任首飞乘客,利用"男神"的吸引力来扩大传播效应,吸引大众尤其是万千年轻潜在用户的目光,拓展受众人群。除此之外,优步也不忘借势"微博"进行话题营销,像潘石屹等社交名流成为优步用户,使得普通人也会想去体验一把。

图 6-4 优步广告的朋友圈评论与分享链接之一

3. 借势当下时尚活动,进行高端定位

如图 6-5 所示,在上海时装周上,优步更是不忘为时尚博主"@gogoboi"提供专车服务,获得博主青睐,其时尚的主题也颇符合优步较高端的定位。

图 6-5 优步广告的朋友圈评论与分享链接之二

4. 丰富创新服务内容,扩大受众和服务领域

如图 6-6 所示,与滴滴打车等单纯的打出租车软件不同,优步不仅仅止步于陆地上的出租车,而是将服务领域不断扩大,叫船、叫飞机、奢侈品的快递专车服务,甚至在春节时还推出"一键上门舞狮"活动。如此"脑洞大开"有创意的营销活动也只

143

有优步可以想出了。

图6-6 优步广告的朋友圈评论与分享链接之三

5. 充当自媒体平台，增加虚拟社群互动性

如图6-7所示，由于优步司机并不是专职司机，更不乏公司CEO等，为了体验生活而当优步的司机，使得用户每次乘车时几乎都按捺不住自己的好奇心与司机开始一番思考人生的旅途。当然，在旅程中，各种UGC（即用户将自己原创内容通过互联网平台进行展示或者提供给其他用户）源源不断地流出，使得优步本身成为一个以提倡个性化为主的自媒体平台，有这样一个平台存在，无须发愁没有内容可供用户传播。在这个前提下，优步再借助社交媒体平台不时地与用户进行互动与沟通，堪称Web 2.0时代的典范。

6. 联手华纳游戏，打造形象广告

如图6-8所示，最近优步携手华纳，借《疯狂麦克斯》（Mad Max）这款游戏打起了形象广告，对游戏玩家来说，还真难以抗拒。优步已经与华纳兄弟达成了合作，为了庆祝《疯狂麦克斯》游戏的发布，该公司特别推出了限量的乘坐体验活动，在当地时间8月28日至31日的上午10点至下午6点，优步用户能够在市区叫车并享受一次属于自己的体验之旅。据悉，这些"炫酷"的车辆只在西雅图上线1天，但车马费则是全免的，这个广告还用上了《疯狂麦克斯》里的名言："票子在荒地一文不值！"（Dollars are worthless in the wasteland！）。

四、营销启示

如表6-2所示，在新的市场环境中，营销传播不再像以往一样单纯追求对消费者

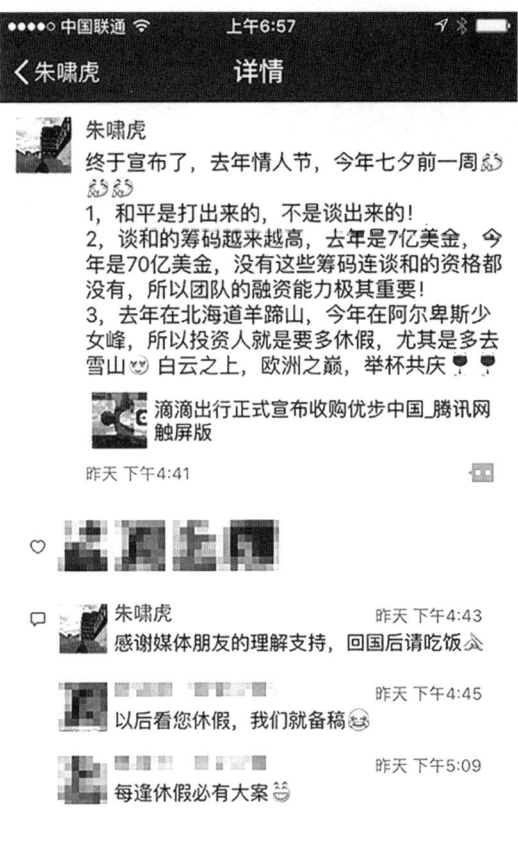

图 6-7 优步广告的朋友圈评论与分享链接之四

进行信息灌输,而是以媒体的创新、内容的创新、传播沟通方式的创新去征服目标受众。

表 6-2 新媒介的关键特征

特征	内容
互动性	其标准是使用者向传播者"提供"信息的比例
社交程度	由用户来体验,通过使用一种媒介可以产生与他人接触的感觉
媒介丰富性	媒介能够超已有的阅读参考模式,增加多种表现方式,提供更多线索,涉及更多感觉和更加个人化的感受
自主性	使用者感觉对内容与使用的控制程度以及独立于来源的程度
享乐	为了娱乐和享受使用,而不是为了利益和手段而使用
个人化	内容和使用方面个人化和个性化的程度

1. 创意人文营销,专注传递生活方式

优步在出行方面为用户提供无微不至的关怀,专注传递给消费者是一种创新的、现代化的生活方式,这大大超过了一款打车软件的预期。它符合"营销3.0时代"的

图6-8 优步广告之《疯狂麦克斯》系列及其推特（Twitter）评论

核心理念即人文营销，它与消费者的沟通主要诉求于情感。

2. 品牌跨界营销，强强联合占领市场

优步通过品牌跨界营销快速占领市场，这与滴滴打车、快滴打车直接用红包大战是不同的。在中国市场与品牌合作，优步借其他品牌的效应，迅速地扩大了自身知名度，更快获得合作品牌原有消费者的信赖，这样的强强联合产生了最大的效应。

3. 话题娱乐营销，借势明星吸引关注

优步的活动借助了明星的话题影响力，匹配明星的形象，传达相适应的品牌主张，吸引大众关注。

4. 网络视频营销，创新有效低成本

网络视频的快速增长以及巨大的潜在空间让所有企业都不容忽视，而通过网络视频进行营销传播，也成为了企业营销创新的一种有效工具。通过记录的相关视频，将事件在网络环境中发酵，产生更加广泛的关注度和炒高话题热度，可见网络视频是低成本的营销利器。

5. 洞察人性营销，极致场景创意难忘

优步能够一方面将现实生活中确实所需的场景提炼，另一方面将用户内心深处不为人知的小秘密放大，然后用富有创意的形式打造优步用户极致体验。这些洞察人心的难忘的美好体验，将催发下一次乘车需求。

6. 参与口碑营销，亲身体验自愿传播

优步让消费者参与到传播进程中。通过非凡的乘车体验,用创意、娱乐的元素将整个服务包装成有故事的东西,引发用户自愿充当传播者,通过朋友圈或微博,帮助优步共同完成宣传,降低传播成本,增加可信度。

第二节 宝马——"广告,也是生活"

随着互联网的发展,网络的作用已不再局限于网民简单地浏览信息。即时通话、收发电子邮件等,网络已成为人们生活中必不可少的重要组成部分。对于企业来说,网络不但能为企业人员提供更多行业情报信息,同时企业也可以运用网络进行销售和品牌宣传。如今,互联网广告充斥着人们的生活,各大商家要想取得、开拓一定的市场,也离不开互联网广告的宣传。近两年来,随着"微商"的兴起,微信广告的推广能力越来越强,推广范围也越来越大。2015年初,微信官方正式在其朋友圈实现广告推广功能,使得微信朋友圈广告进一步发展。下面以宝马为例,就其微信朋友圈的广告推广内容及效果进行分析,以期得出有借鉴价值的广告营销启示。

一、宝马简介

宝马全称是"Bayerische Motoren Werhe AG"(德文译为巴伐利亚汽车工厂,也被译为巴依尔),"BMW"就是这三个单词的首字母缩写。宝马是驰名世界的汽车企业,也被认为是高档汽车行业的先导。宝马创建于1916年,总部设在慕尼黑。百年来,由最初的一家飞机引擎生产厂,发展成为今天以高级轿车为主导并生产享誉全球的飞机引擎、越野车和摩托车的企业集团,位列世界汽车公司前20名,其业务遍及全世界120多个国家。宝马标志中间的蓝白相间图案,代表"蓝天、白云和旋转不停地螺旋桨",喻示宝马公司渊源悠久的历史,象征公司过去在航空发动机技术方面的领先地位,又象征公司一贯的宗旨和目标。宝马作为国际汽车市场上的重要成员,宝马汽车主要有3、5、7、8系列汽车,以及双座篷顶跑车等。与阿尔法·罗密欧、菲亚特、福特、梅赛德斯—奔驰、标致、雷诺、劳斯莱斯等老牌汽车品牌相比,虽然宝马创建时间较短,但是在20世纪30年代,却制造出了世界上最好的跑车和豪华轿车。宝马历来以重视技术革新而闻名,不断为高性能高档汽车设定新标准。同时,宝马又十分重视安全和环保问题。在"主动安全性能"和"被动安全性能"方面的研究及其FIRST(整体式道路安全系统),为宝马赢得了世界声誉。

宝马前身是巴伐利亚一家飞机制造厂,成立于1916年3月7日。最初,以制造流线型的双翼侦察机闻名于世。公司始创人为吉斯坦·奥托(Gustan Otto),其父是鼎鼎大名的"四冲程内燃机"发明家。吉斯坦在航空领域获得巨大的成就，使他怀着很大的野心制造汽车。为此，在1917年，吉斯坦·奥托退休后，巴伐利亚飞机制造厂便开始重组，正式名为宝马。1929年7月，宝马推出首辆汽车。1937年，开始制造游客车（Touring Car），即今天统称的三厢式四门房车。1954年，宝马推出由501型改良的502型四门汽车，沿用一台全新V-8汽缸发动机，是车厂"二战"后的一次突破。

如今，宝马在13个国家设有子公司和生产厂，国内有10家子公司。销售的汽车产品有宝马新3、新5、新7和新8系列豪华小轿车。宝马850i是最新推出的最为豪华的轿车。自1923年第一辆"BMW R32"诞生起，"BMW摩托车"即成为创新的代名词。经典的双缸对置式发动机结构被沿用至今，流线型设计、安全和排放技术创领行业标准。2006年，首家"BMW摩托车"旗舰店登陆北京，将世界尖端品质和极致驾驶激情引入中国。2013年5月29日，宝马复古概念摩托车"Concept Ninety"曝光，40年前，宝马曾推出过一款具有里程碑意义的摩托车R90S。时至今日，向这款车致敬的一部复古摩托概念车——"BMW Concept Ninety"，即将在圆石滩老爷车展上全球首发。

二、企业理念

1. 微信广告

如图6-9所示，"你收到的是宝马吗？"微信朋友圈因三条广告的闯入，一时间掀起了热烈的讨论。人们相互间的问候也变成了"我收到的是宝马，你呢？"宝马广告突降朋友圈，迅速蔓延，瞬间登上了热门话题排行榜。相信很多同行"冤家"看到时，一定捶胸顿足，"我怎么就没想到呢？"其实在20世纪50年代中期，企业生产者才开始由完全的生产观念，逐渐接受并运用营销观念。如何让产品、理念被市场广泛地认知，并达成企业与消费者的共识，几乎成为每个企业者在市场竞争中首要考虑的问题。最直接的市场营销就是，选择一些媒体，投上一笔资金，让产品在电视、报纸或杂志上不断地出现，对传统媒体受众覆盖式地进行宣传。同类竞争者之间拼的就是"创意"。如何才能在众多同类型画面中脱颖而出，留下记忆点，成了广告文案的撰写效果要求。试乘试驾的亲身体验及各式各类的促销优惠活动，就是拉近消费者与产品的距离。但是在新媒体时代下，收到宝马广告的虚荣心会让每位用户都尝到甜头，这恰恰是一种刺激消费的新手段。

此次，宝马广告采用"越是期待已久，悦是如期而至"12个字符外加6张图片的整体设计，6张图片白底黑字，以拼图的形式展现出一个"悦"字。在图片使用及文字搭配上，简洁而具有视觉冲击力。提到"悦"字，中国人很容易联想到"心悦诚服、赏心悦目、心旷神怡"等成语。宝马之"悦"，以中华文明为灵感，用全新的方式将全球统一形象和中国元素完美融合。也就是说，"'BMW之悦'涵盖了驾驶乐趣之悦，

图 6—9　宝马"悦"微信广告

成就梦想之悦，责任和分享之悦多个层次的情感。它不仅代表着高性能和有着纯粹驾驶乐趣的汽车产品和技术，而且代表着创新和积极进取的乐观精神，以及关心社会和关注未来的公益心与责任心"。其中，"JOY"是宝马品牌长期以来的核心诉求。"BMW 之悦"是"JOY"的丰富内涵在中国社会和文化背景下的提炼。用汉字"悦"取代英语单词"JOY"，为的就是以一种更符合中国人口味的方式，更好地向国内消费者传达宝马的品牌理念和品牌内涵。此次品牌战略宣传是宝马首次把品牌核心推到前台，和消费者直接进行更为情感化的沟通。"BMW 之悦"的提出，是宝马品牌在全球市场推广中出现的"中国特例"。不过，宝马（中国）却有效地借助"BMW 之悦"这座桥梁，进一步丰富了 BMW 本身的品牌内涵，并有效地完成了高档车品牌与目标客户的情感沟通。

如图 6—10 所示，"BMW 之悦"涵盖了驾驶乐趣之悦、成就梦想之悦、责任和分享之悦多个层次的情感。不仅代表着高性能和有着纯粹驾驶乐趣的汽车产品和技术，而且代表着创新和积极进取的乐观精神，以及关心社会和关注未来的公益心与责任心。"悦"也是来源于宝马一向所尊崇的"JOY"理念，宝马品牌在中国已经进入更高一个层次的发展。即从"过去单方面注重驾乘者个人乐趣"的"独乐乐"，提升至"鼓励驾乘者在其置身的社会生活各个层面努力实现人生价值"的"众乐乐"。在此营销理念的指导下，宝马在中国的营销策略发生了很大的变化。

（1）重塑宝马形象被放在了首要的位置。宝马将更多的资源投入到大规模社会性公益事业。其中为人们所熟知的，如旨在"倡导关注和支持中国文化传承"的公益性项目——"BMW 中国文化之旅"、"BMW 优秀大学生奖励基金"，以及连续六年推广"BMW 儿童交通安全训练营"等。同时，在公共关系方面，在"5·12"地震、玉树地震时宝马公司都大量捐款，并持续举办和发展了"BMW 绿荫行动"、"宝马艺术之夜"等活动，涉及文化促进、教育支持、环境保护、企业文化和爱心车主等方方面面。这些公益活动取得了不错的社会反响，对扭转宝马的形象起到了巨大的作用。

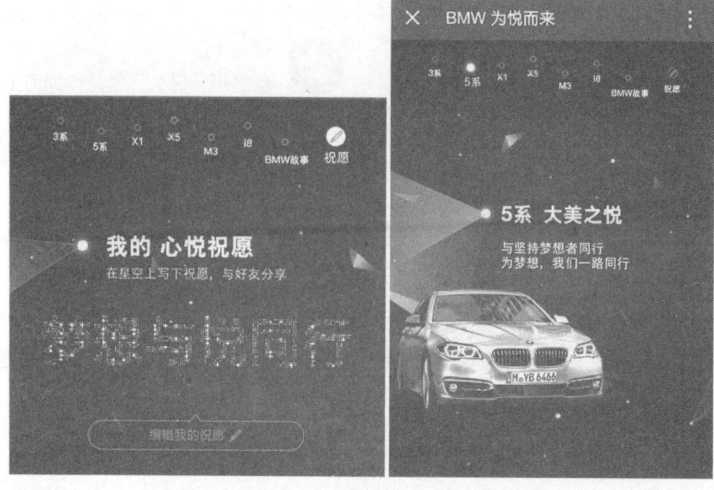

图 6—10 宝马（中国）H5（第 5 代 HTML 网页）广告页面

（2）更注重与中国文化的融合。在宝马汽车的营销方面，广告充满了东方的水墨色彩。新出的"MINI COOPER 敞篷汽车"的广告语"君子坦荡荡"，更是体现了宝马公司深入中国文化的决心。中国豪华车用户人群的逐步扩大，众多拥有专业技能的中产阶层用车需求不断提高，豪华车市场中的细分领域不断增加。这一市场变化，促使宝马在中国要延伸品牌内涵，增添更多人文、责任等精神层面的中国元素。

2. 微电影《MINI PACEMAN 城市微旅行》

另外，宝马公司为配合"BMW MINI PACEMAN"在中国的推广，于 2013 年 3 月推出了微电影广告《MINI PACEMAN 城市微旅行》。2013 年 3 月 16 日，《MINI PACEMAN 城市微旅行》纪录片在上海首映，这部短片被"众主创"描述为"从城市中重新发现"。虽然是一部纪录短片，但两位导演还是赋予了影片诸多亮点。除了画面和剪辑极为考究外，张楚的配乐及演唱的片尾曲，亦充满激情。此外，《泰囧》导演徐峥的"献声"更可以算作是片中惊喜"彩蛋"。该纪录短片时长 30 多分钟，由金马奖最佳摄影师曹郁和纪录片导演程工执导，摇滚音乐人张楚配乐，作家冯唐、绿茶餐厅创始人路妍、《外滩画报》编辑文林是这部纪录片的三位主人公。

《MINI PACEMAN 城市微旅行》导演曹郁和程工承认"这是一个命题作文"，但他们的原则是"不做成一个走马观花的广告片"，想让观众看完后"能留下点什么"。为此，两人找三位主人公调研，聊天的过程中知道每个人的旅行经验、他们的喜好，"最后慢慢捋清他们各自要走的线路，再把每个线路中有意思的点揪出来！"其中，包括北京古旧的胡同、上海繁华的街景、杭州静谧的西湖等，也许观众曾经路过或游过，但当这些景色和一个有心人产生关联时，便具有了别样的美感，如图 6—11 所示。作为主人公之一，冯唐评论这部纪录片："也许是近十年来拍到的最美好、最本质的北京。"影片讲述了城市人工作很忙，假期很少，旅行步调少有自由。而一向特立独行的时代引领者们，开创全新方式拥抱生活——城市微旅行。

第六章 不同行业企业综合案例分析（下）

图 6-11 宝马微电影《PACEMAN 城市微旅行》视频截图

在市场经济高度发达的当下，广告信息无处不在，让人目不暇接。曾有人做过统计，一般人一年要看数千条广告，一生可能就要看上数万条的广告。正如法国广告评论家罗贝尔·格兰所说的："我们呼吸着的空气，是由氮气、氧气和广告组成的！"繁重的压力与激烈的竞争，对人们的生活方式与消费习惯都有着潜移默化的影响和改变。在传统的广告创意中，常见的广告形式是通过无谓的重复和无聊的强调，强迫性地让观众记住自己的品牌，比如"恒源祥"和"脑白金"的广告。这类广告虽在较短时间内被人们所熟知，但对于企业品牌形象的塑造来看只是小利。"填鸭式"僵硬的诉求广告往往会引起受众逆反的情绪。《MINI PACEMAN 城市微旅行》微电影广告将"BMW MINI PACEMAN"置于特定的故事情境之中，使受众产生对产品的信赖与亲近，引起对城市旅行的兴趣。再配以整合营销传播文化，比呆板的说教和直白的叫卖方式更能起到事半功倍的效果。而且，小电影式的广告也被越来越多人所欣赏和接受。这种微电影式广告可在短短半个小时内，演绎一个完整的故事。通过生动感人的画面和引人入胜的情节，赢得"BMW MINI PACEMAN"目标客户的心理认同，引起受众的情感共鸣。当人们在记住情节的同时，也接受了广告信息，记住了"BMW MINI PACEMAN"，便达到广告传播的营销效果。

三、传播效果

1. "悦"

宝马（中国）线上营销 EMKT 项目组，负责了宝马朋友圈广告的投放。本次采用的是由六张图片拼成的"悦"字，以及由"查看详情"跳转的一个 H5 页面。宝马

EMKT项目组负责人谈道:"根据宝马所投入的预算来看,截至广告上线后的3小时15分钟里,至少能够获得3000万次品牌曝光,而实际产生的长尾效果远超于此,可能总曝光量会超过1亿次。"这是因为除了在朋友圈信息流的直接呈现,还有大量的间接展示来自于朋友圈的截图分享,以及对原始广告页面的转发与分享。宝马的广告并未具体推荐某一款车型,而是传达其"悦"的品牌形象,强化"悦"的概念,如驾驶时的愉悦、朋友之间分享的喜悦等。EMKT项目组认为:"正是由于微信拥有庞大的用户基数,用户之间有诸多差异,品牌展示会比直接的车型推荐产生更良好的效果。"宝马从2011年11月就开始和微信沟通广告投放事宜。他们和其他众多品牌商一同向微信运营商提交创意提案。经过多轮筛选后才从中获胜,赢得朋友圈广告的首次展示机会。微信对用户体验的要求异常严格,比如宝马制作广告页面必须经过压力测试,以适应不同的网络环境和机型,现在所看到的最终版本比初始版本精简掉了大量视觉元素和功能特性。然而,整件事情的问题便在于:"宝马中国为什么不选择自己通过广告后台自主发布,而是把素材提供给微信团队,由微信方面来进行投放呢?"这样,品牌商们没有一个后台用来查看即时数据,分析广告投放超过1000万元的金额到底值与不值呢?

首先,《2014年新媒体蓝皮书》显示,目前微信(Wechat)全球累计注册账户数达11.2亿,76.4%的用户会使用朋友圈。微信用户收入结构中占比最高的是月收入4000～5000元的中产阶层,占比30%以上。相比之下,微博用户整体上呈现学历低、年龄低、收入低的特征,月收入5000元以下的用户数则占全部用户91.05%,其中,无收入群体占比25.6%。其次,我们再来看看这个内容形式。一起上线的这三条广告的形式与平常能够看到的朋友圈原创形式相似,由文字、图片信息共同构成,只是附加了"推广"标识,以及"查看详情"的H5链接。在广告下面用户可以点赞或者评论,看到朋友们给出的评论,形成互动。相比此前社交媒体上的广告形态来说,朋友圈广告更加原生化、社交化,已然跳出了此前单向传播的"瓶颈",走向互动。并且,微信朋友圈中流传出这样的说法:三条广告的推送是基于大数据分析,年收入100万元以上收到的是宝马广告;买不起iPhone 6但买得起小米的,收到的是vivo的广告;连小米,甚至红米都买不起的,收到的是可口可乐的广告;而那些喜欢在朋友圈吹牛,特别闲的,但没有收到朋友圈广告的,微信是在告诉你,没钱就好好干活,别刷手机了。而这一转变也取得了良好的市场反响,2010年,宝马公司在中国的销售量提高了30%,达到了12万辆,同时,宝马汽车的形象和消费者口碑也逐步扭转和建立,品牌内涵得到了深化和消费者的认同。

其实,宝马对本轮广告投放的目标客户群,只做了三个要求:第一,是IOS系统的用户群,也就是说,如果使用苹果手机和iPad的话,可能就会看到宝马的广告。第二,这些用户要生活在一线、二线城市,如北京市、上海市、广州市、深圳市及成都市等。第三,年龄集中在19～50岁的消费者。1月26日下午3点多,微信上推出了四幅以蓝色星空为背景的图片广告，其中暗含着公司会继续在微信上推新广告的意味。营销形态的转变与发展会随着时代的前进不断地调整，以前五年一个周期，未来可能一年一个变化，半年一个面貌。汽车行业销量趋缓，竞争越发激烈的今天，打赢市场营销仗，就要拿出大行业的气魄。精准的定位，敏锐的触觉，娱乐的精神，与时俱进的心态，才能是下一个热门话题里的"宝马"。

2. 微电影

《MINO PACEMAN 城市微旅行》这种微电影的广告模式即是应受众心理而生，颠覆了传统的广告创意和模式，能更好地塑造"BMW MINO PACEMAN"品牌的形象与企业文化，拉近品牌与观众之间的感情距离，占领受众心中的感情位置，让观众将故事与品牌产生感情上的联系，产生一种品牌情结，以建立和强化消费者对品牌的忠诚度。选取这个产品的主要原因是"BMW MINO PACEMAN"的营销方式突破了传统，广告宣传都是在互联网中进行的，并且采用的营销方式多种多样。

(1) 题材——"玩"内容，"玩"情感。随着网络营销的不断发展，微电影在商业领域中的应用越来越频繁，它能够将"广告"神奇地变为"内容"，能够通过故事的形式将广告内容传达给客户，是一种高级的广告营销手段。在 2013 年，"BMW MINO PACEMAN"正式登陆中国市场。与此同时，宝马公司为配合其在中国的推广，推出了纪录片《MINI PACEMAN 城市微旅行》。该纪录片的三位主人公，分别是作家冯唐、《外滩画报》编辑文林和绿茶餐厅创始人路妍，他们分别开着自己的"BMW MINO PACEMAN"穿梭在三个具有不同文化的城市，北京市、上海市以及杭州市，带领观众重新审视自己所生活的城市，欣赏在不断重复的日常生活中所遗漏的美景、美食、文化，该纪录片与"BMW MINO PACEMAN"的市场定位有着天然的联系，将"BMW MINO PACEMAN"淋漓尽致地表现出来。虽然微电影营销的本质还是广告，但是有高质量的内容为其进行支撑，在文化内容泛滥的今天属于稀缺资源。对于这种类型的广告内容，消费者还是欣然接受的，并且心甘情愿地将这些内容传递给身边的人。但是诸如网络页面当中的弹窗、横幅等广告内容，很多消费者是排斥的，导致很大部分的广告费用就此浪费。

(2) 渠道——"玩"平台。"BMW MINO PACEMAN"所推出的纪录片《MINI PACEMAN 城市微旅行》，除与传统的视频平台如土豆平台进行合作之外，还搭载到乐视超级电视当中，制定了专门的开机广告和 APP 植入。积极、拉风、充满好奇心等都是"BMW MINO PACEMAN"受众者的标签，而首批乐视超级电视用户也正是具有这些特质的用户。这对广告主来说无疑是十分具有价值的目标客户。为了配合纪录片的宣传营销工作，还在微信当中开通了"PACEMAN 城市微旅行"的公众号，并定期向关注人群推送文章，向用户介绍驾驶"BMW MINOPACEMAN"进行城市微旅行的经历。微信是目前最具发展潜力的移动交流客户端之一，拥有庞大的用户基础。它摒弃了微博传播内容碎片化以及内容空洞等缺陷，将内容整合在同一公众账号当中,使用户直接点击公众账号就能够获取所需要的信息内容,大大提高了信息的传播效率。如表6-3所示,在此次《MINIPACEMAN城市微旅行》纪录片推广中,官方微博"@Mini中国"一直跟进,在纪录片上映前期,微博就开始密集发布相关微博,为它宣传造势。3月28日网络版正式上线后,官方微博的转发达到7228条,评论数达到1130条(截至2014年10月24日)。本纪录片更是得到了"微博女王"姚晨以及主创明星好友的倾情推荐。根据"超级电视"开机率、覆盖用户数量及开机频次等数据,反馈信息。

表6-3 宝马《MIM PACEMAN 城市微旅行》微博传播效果

指标	数量
"BMW MINI PACEMAN"广告位的页面浏览量	3256万
《MINI PACEMAN 城市微旅行》播放	22504010次
"超级电视""BMW MINI PACEMAN"开机广告到达率	100%
"微博女王"姚晨评论的网友转发数	36110次
微博网友的评论数	7050条

(3)跨界——"玩"互动。在《MINI PACEMAN城市微旅行》微电影推出期间,宝马与搜狗输入法合作,开展了"MINI城市微旅行输入法皮肤&壁纸设计大赛"。这一营销案例也被称为2014年最优秀的网络营销案例之一,开启了汽车行业精准的"跨界"网络营销先河。首先,"BMW MINI PACEMAN"把握了搜狗的强大用户群体,搜狗输入法用户超过4亿,搜狗壁纸用户超过1亿,每天活跃用户分别超过1亿与900万,借助这些用户每日的浏览习惯,进行了全方位的覆盖,如表6-4所示。宝马精准把握了"BMW MINI PACEMAN"车型与搜狗用户共同的年轻、活力、喜欢个性化、互动化产品等特性,把握了他们对于广告营销更青睐于视觉化、厌恶硬性推广的特点。挖掘出了搜狗所积累的大量设计师资源,引发他们的兴趣,唤起更多的优秀作品并通过广告位进行展示,吸引了更多的用户去下载这些壁纸和输入法皮肤,从而达到了在日常生活中对网民进行时刻营销。"BMW MINI PACEMAN"在此次战略上的选择,超出了活动开始前所预想的效果。

表6-4 宝马与搜狗合作效果

指标	数量
征集作品	58款皮肤、195款壁纸
下载量	皮肤76万次,输入法1603万次
展现量	3.8亿次
预约试驾导流	1663次
官网导流	超过17万次

此次营销活动可称为"MINI PACEMAN城市微旅行"系列活动,无论是渠道的选择、平台投放还是互动跨界,每一项细小分支都对整个营销过程起到至关重要的作

用。根据市场调研反馈,在本次传播过程中,用户对"BMW MINIPACEMAN"新车型的认知度明显提升了 25% 左右,有七成左右的消费者表示了明确的购买意向。"BMW MINI PACEMAN"这种网络营销的玩法,不仅使车型的曝光量大为增加,更加强化了它年轻、有活力、敢于创新的品牌形象。在"网民已极度厌烦各类植入广告"的今天,"BMW MINI PACEMAN"采用了这种具有开创性的综合网络营销万式,进入了消费者的视野和心智。

四、营销启示

1. 顺应广告诉求

随着产品与服务的日趋同化,要区别于其他同类商品,单纯的理性诉求往往效果不佳,广告大战呈白热化趋势,错位竞争成为广告主考虑的一个重要因素。从广告创作手法上来说,传统的广告创意在进行宣传时,往往只注重对产品本身的功能、特点及优势等方面进行着力刻画。整合营销传播之父唐·E. 舒尔茨(Don E. Schultz)教授早就说过,"在这个媒体权力下移、分众化越来越明显的社会,4P 早已成为明日黄花,4C 正成为营销传播的主导"。在这种转变过程中,广告从自我独白转向与消费者的情感对话,由"请消费者注意"到"请注意消费者",是广告能否取得效应的关键所在。微电影广告有别于传统广告的诉求式、说教式及煽动式的传播方式,不再用惯用的夸耀口吻,没有直白的宣传,而是对产品和服务的商业色彩进行淡化处理,把品牌自然融入电影情节之中,在故事中表现品牌形象与价值,而其产品特点的彰显也都是通过影片细节来实现的。

2. 更好的广告效果

从广告创意的观赏性来讲,传统广告由于缺乏观赏性,长时间的狂轰滥炸容易令受众心生反感,进而对广告产生厌恶感。国内电视台节目插播广告时,观众的做法往往是用换台以规避广告的骚扰。微电影广告无论是从艺术感还是情节性来看,都具有较强的观赏性,给人一种视听的享受。微电影广告的创意形式,通过短小精悍的故事,将各种叙事技巧运用于广告诉求之中,使无生命的商品成为富有生命力的角色,增加了广告与受众情感上的互动,增强广告效果的生动性和观赏性,使消费者更好地理解和接受并牢记该品牌。受众对于广告,不是纯粹被动地接受,反而会主动去搜索,这就是一种对品牌概念的强化和品牌好感的积累,也是对品牌美誉度的一种有力塑造。

3. 更大的竞争力

作为一种新兴的广告创作模式,也作为一种新兴的营销传播模式,微电影的传播方式有别于传统的广告宣传方式,往往不需要昂贵的广告投放和推广费用,而大多利用网民之间的相互传播得以实现最大范围的覆盖。正是由于互联网的普及极大地推动了互联网广告的发展,为微电影广告模式创造了良好的客观环境,提供了广阔的发展空间，使其具备了比传统电视广告更大的竞争力。

第三节　小米 4 年 100 亿的新媒体之路

　　这个时代最为耀眼的一颗巨星，应该算得上是近两年在我国手机市场呼风唤雨、一直在风口上飞舞的小米公司。作为一家传统产业的新型公司，小米实现了"互联网十传统"的转型。小米公司实际上是一家互联网公司，更细分一点来讲，小米实际上应该算得上是一家互联网的传播公司，因为它用互联网的思维成功运营了一个有价值的品牌，然后植入相应的产品以丰富这个品牌。

　　对于小米公司来讲，公司最有价值的两个品牌就是"小米"和"雷军"。至于小米公司是做什么的，估计连他们自己都很难说清楚，或许手机只是他们的一个产品，应用软件才是他们的主营业务。

　　不得不承认，小米是一个奇迹。且不论其他，单就一个新的品牌在创立四年的时间就将公司从 0 做到 400 亿的规模，这本身就是个奇迹。当然，小米的成功并非偶然，因为其创始人团队本身就不是一群普通人，而是一支奢华梦之队！这支奢华梦之队包括原摩托罗拉北京研发中心高级总监周光平（主持设计"明"系列手机）、原北京科技大学工业设计系主任刘德、原金山词霸总经理黎万强、原微软中国工程院开发总监黄江吉和原 Google 中国高级产品经理洪峰。从团队组成上来看，这个团队的联合创始人竟然有几位是做设计出身的，还有一位曾经是 Google 的产品经理。有趣的团队基因，决定了他们做事情一定不会按照常理出牌。

　　做企业、做产品、做品牌，是非常严肃的事情。在传统的企业管理思维模式里，做产品就应该一板一眼去规划这个产品的生命周期，然后找一群专业的人把它做出来，最后卖给消费者。通过长时间口碑的积累，铸就一个不朽的品牌。诚然，这是没有错的，很多优秀企业也都是这样做的。把一个严肃的事情用娱乐化、游戏化的思路去做的话，就有点冒险了。但是，作为一个全新的初创品牌，时间对他们来说太奢侈了。时代变了，他们有更好的方式用新思维和新技术来换取时间上的短板。他们决定挑战这个世界，他们要创造奇迹！

　　别人做手机是找到各种人才，大家一起努力做个正常的手机卖给用户。和别人做手机的思路不一样，小米做手机的思路竟然是一开始先做设计！小米做了一些漂亮而又接地气的设计，圈了一大批"发烧友"，然后联合这群免费的群众用户体验设计师一起"攒手机"玩儿。

　　不得不说，雷军对年轻人，特别是年轻程序员的心理把控实在是到位，仅凭一些小小的恩惠就笼络了一大批"忠诚的谋士"给小米手机出谋划策、免费宣传，甚至对一些不友好的声音主动进行抨击。

但是，一群门外汉要做好一个很专业的产品，一定要交高昂的学费，即便是小米团队这样的超级奢华梦之队。

小米第一款手机以彻底的失败而告终。但是，雷军此时表现出了其过人之处，即稳定大局，砸钱再来一次！这一点是每个创业者都应该向雷军学习的。确实，这可能并不容易，不是每个创业者都有本事能搞到"花不完的钱"，而且很多创业者不愿意要或者不敢要那么多钱，因为他们觉得自己不需要那么多钱，即便是有了那么多钱也不会花。

几经波折，小米第一款手机终于上市了！但是抱歉，手机不是你想买就能买。由于产能不足，只有小米的粉丝才有资格第一批拥有这款产品。雷军为此还造了一个"F码"，以此显示出小米粉丝"自己人"的尊崇身份。

小米手机的确有超高的性价比，但这不是最值得敬仰的，最值得敬仰的是小米公司的公关能力。第一代小米手机也存在很多质量问题，但奇怪的是在网上竟然没有什么负面评论！忠实的"米粉"果然是大肚能容啊，不过蹊跷的是在网上也看不到很多非"米粉"朋友的不友好评论。撇开别的不说，就这份舆情监控的能力就值得每一家企业好好学习。

非常值得肯定的一点就是，小米公司对用户昀售后服务能力以及线上产品的用户体验设计做得非常到位。这也是小米虽然产品质量不是那么完美，但用户还愿意信任它，并愿意为它付费的原因之一。

"粉丝经济"才是未来的营销模式。

小米的营销可以说是前无古人。但凡是你有可能看得到的地方，小米的广告一定会覆盖过去，绝对不留"死角"。可以说，小米已经把广告模式玩得炉火纯青，包括硬的、软的、线上、线下、活动、热点事件……虽然广告做得铺天盖地，但小米公司对外的口径一直是："小米早期没花一分钱做广告！"

总结小米的整个品牌营销文化，有以下3点：(1)一切品牌都将人格化；(2)一切消费都将娱乐化；(3)一切商业都将互联网化。

首先，小米的品牌策划非常棒！从Logo到卡通形象无一不设计得精美大气，特别是其卡通形象，一个坏坏的小兔子非常得"粉丝"喜爱。

其次，用游戏的手段把"粉丝"聚集到特定的"圈子"里面，让"粉丝"在划定好的"小米自留地"里面分享、交流。以小米品牌为核心，小米公司建立了小米网、MIUI、米聊、多看书城、小米社区等社交圈子。本着"有事没事过来转转"的原则，小米把用户"圈养"在自己的平台里面，以后再推出新产品时就可以直接卖给这些客户，不需要再苦哈哈地去找用户了。

这是个高招，但是做起来不易。很多企业家都认为这是个很棒的做法，也都愿意去做。但是在具体实施时才发现困难很多，因而往往浅尝辄止。小米公司联合创始人黎万强曾说过："小米论坛在早期是强迫大部分技术人员每天都抽出一小时时间，亲自经营论坛，与用户交流，解答问题。"这的确不是一件容易的事，但小米做到了。

最后，小米将消费娱乐化。如何让用户开开心心地把钱从他的口袋里面掏出来，放到你的口袋里，这是个恒久需要探讨的商业问题，甚至可以说这是商业的最核心价值。用户在什么时候掏钱最爽快？那就是开心的时候。是的，卖产品的最高境界就是售卖快乐。如果一个产品或服务能给消费者带来快乐，消费者就愿意为快乐支付更多！小米做到了，它以小米品牌为核心，围绕年轻人的喜好创建了一个个有趣的生态环境，给予用户充分的尊重和认同感，因此得到了用户的认可！

小米官方论坛的小米会员能够在一天时间里贡献出十几万个帖子，内容从"MIUI 6省电技巧"到"小米手环大改造"。直到现在，小米论坛上每周依然会推出一个新的小米手机系统版本，而其中功能的更新多半来自"米粉"的畅想和"吐槽"。雷军对此表示："智慧是大家创造的，重要的是有开放的心态，从群众中来，和群众一起。"

首先，小米是一个商业化的公司，雷军自己也经常说小米现在已经是中国第三大电子商务平台。因此，小米公司把小米网站作为最重要的平台去推广和运营就显得极为正常了。用户通过小米官网，可以很方便地购买小米公司的产品。

小米公司最早在吸引粉丝的时候，并是不这么赤裸裸的商业化，而是做了小米论坛。如同苹果帝国是建立在iOS系统之上，小米体系则是建立在米柚之上，而不是小米手机。小米的真正资产是围绕米柚发展出的几千万活跃用户。

1. 一个"蜜柚"引发的社区论坛

小米从一开始就是在构建"粉丝社群"，而不是卖产品或建平台。这个社区从刚开始的100人，经过四年发展到6300万人，并逐步建立了小米网、同城会、小米之家等。

在以MIUI为基础的金字塔上，小米搭建了自己的应用商店、主题商店、游戏中心、浏览器、视频中心和云服务等。这些是MIUI金字塔的中段，再往上则是多看阅读、米聊这样可以脱离MIUI生存的独立应用。此外，小米还推出了自己的虚拟货币——米币，可以用于游戏充值、购买主题和多看阅读中的图书。

最能说明MIUI已经形成生态的案例是小米的主题商店。目前，小米主题商店每月已经能够为小米带来几百万的流水。据小米方面介绍，个别顶级设计师依靠主题销售每月可以赚到七八万元，更有设计师认定其中的商机，特意成立公司进行专业化运作。

不仅如此，小米主题的分发能力甚至引起了诸多商家的注意。不久前，好莱坞大片《美国队长》上映时，格瓦拉专门与小米合作，推出了美国队长的主题，推出后仅第一周的下载量就达到了55万次。

小米的微博有三个阵地。第一个是雷军本人的"大V"，目前已有粉丝1100多万，也就是雷军每一次发声至少有数百万的人在收听！第二个是小米手机的官网微博，目前有粉丝 1000 多万。第三个就是小米公司的微博，目前也有 400 多万粉丝。也就是说，加上小米社区的 6000 多万用户，这家新兴的民营企业已经可以在中国影响上亿的网友，堪比一家省级电视台的影响力，甚至更大，因为这些网友（粉丝）是他们真正的忠诚用户。

总结，小米公司也是一家新媒体营销公司，它在新媒体平台上拥有相当数量级的粉丝用户，它的每一次传播效用都比一般意义上的媒体更加精准和直接。

2."没有管理"的管理模式

既然决定颠覆，那就直接逆天。小米公司的组织架构也很大胆——扁平化管理。相比其他做过各种管理咨询后也变成了所谓扁平化管理的公司而言，小米甚至扁平到了几乎没有层级的地步。小米只有三级管理部门：第一层是 7 位核心创始人，第二层是部门管理人员，第三层是普通员工。此外，小米公司内部没有太大的团队，稍微大一点就必须拆分成几个小团队。更加不可思议的是，公司除了 7 位联合创始人之外，其他人的职务都是工程师，员工所能得到的唯一认可就是涨薪。

小米公司虽然没有 KPI，但是也有一定的考核指标，这个考核实际上是一种团队精神的体现。在小米，员工要把别人的事当成第一重要的事。例如，有的工程师代码写完了，一定要其他工程师检查一下；其他工程师再忙，也必须第一时间先检查同事的代码，然后再做他自己的事情。这个做法实在是太棒了，不仅可以降低代码错误率，也能增强同事之间的感情。

从位于北京上地五彩城的小米公司大本营的办公布局就能看出小米的组织架构，产品、营销、硬件、电商，每个部门各占了一层楼面，每层由一名创始人坐镇，大家互不干涉。小米公司联合创始人洪锋曾说："这个公司的雄心和业务容量大，它足够容得下这么多有能力的人，大家都希望我们的创业伙伴能够在各自分管的领域给力，一起把这个事情做好。'

雷军有一个有趣的理论——"有人排队的小餐馆理论"。雷军说："小餐馆成不成功的标志是有没有人排队。小米为什么要做有人排队的小餐馆？第一，这种餐馆一般大厨就是老板，而且大厨每天在店里盯着，跟来的很多熟客都是朋友。第二，把产品做好比赚更多的钱重要。我们正常的商业一定会是有一家排队搞两家，有两家排队搞四家，再搞连锁。结果一步一步就被商业所扭曲了，好的东西也就越来越少。所以，我们希望小米的所有人都在产品的一线，而不是当老板，当管理者。"

雷军的"小餐馆理论"在小米公司内部达成一个共识，那就是"少做事"。少做事并不是不做事或者偷懒，而是集中精力把事情做到极致。例如，从开会这件事情就可以看出这个公司的做事风格。像其他公司一样，小米公司每周一的例会是要开的，但是除此之外很少开会，甚至传闻在小米公司成立初的三年多时间里，7 位合伙人也只开过三次集体大会，这样的管理制度切实减少了层级之间互相汇报浪费的时间。很多在企业工作的朋友都会有这种感受，公司每天都召开各种大会小会，但很难通过这些会做出什么决策，浪费了领导和员工的大量时间。另外，在小米公司开会必须要有决策，每一个会都要有结果。最典型的例子就是2012年"8·15电商大战"时，小米公司作出的迅速反应。2012年8月14日早上10：30，小米决定参加电商大战，从策划、设计、开发、供应链仅用了不到24小时准备，第二天早上8点就上线了，上线后微博转发量近10万次，销售量将近20万部。

雷军说过："小米团队是小米成功的核心原因。当初我决定组建超强的团队，前半年花了至少80%时间找人，幸运地找到了7个牛人合伙，他们全部是技术背景，平均年龄42岁，经验极其丰富。3个本地加5个海归，来自金山、谷歌、摩托罗拉、微软等，土洋结合，充满创业热情。"

"创业就是要和一群有智慧的人一起共事，为了挖到有智慧的人不惜一切代价。"小米认为，如果一个同事不够优秀，很可能不但不能有效帮助整个团队，反而有可能影响到整个团队的工作效率。所以在小米创办的前两年里，小米团队从14人扩张到约400人，几乎所有主要的员工都来自谷歌、微软、金山、摩托罗拉等管理规范的大公司，大部分拥有5年以上的工作经验。

其实很多企业家都应当搞明白这一点，企业家应该把主要的时间放在找人上。只有找到很多有智慧的人，大家一起为一个共同的目标努力，企业才能发展得更好。

那么，小米是怎么经营自己社群经济的呢？

首先，从战略的角度来讲，小米公司从一开始就把营销放在了公司的战略层面。2010年正好是微博大爆发的时候，小米迅速抓住了这个机会，并且直接把自己的主战场放在了微博平台。这一做法其实也不难理解，小米公司本身就具有很强的互联网基因，从小米网的组织架构上就能看到这种基因的核心表现。其创始人团队本身就来自于互联网领域，虽然小米公司的营收主体是手机销售，算得上是个传统行业，但是当时小米网的新媒体团队有近百人，人数配比为：小米论坛30%、微博30%、微信10%、百度10%、QQ空间等20%，这已经是个很豪华的新媒体运营团队了，足以看出小米公司当时把主要资源都放在了传播与营销上。

其次，小米把客服变成了营销。以小米论坛为服务战略的大本营，它把微博、微信、QQ空间等都变成了自己的客服平台。小米甚至在微博客服上有个硬性规定，即15分钟快速响应。不管用户是提出建议还是"吐槽"，很快就有小米的人员进行回复和解答，这让很多用户备感惊讶。其实做到这一点并不难，关键在于企业的重视程度。

我们从小米"全民客服"的理念上就可以看到小米对营销与服务的重视程度，小米鼓励大家用真正的方式近距离接触用户。雷军每天会花一个小时的时间回复微博上的评论。所有的工程师都被要求参与到与用户的互动当中，甚至是否按时回复论坛上的帖子已经变成了工作考核的重要指标。据统计，小米论坛每天新增12万个帖子，经过筛选和分类，有实质内容的帖子大约有8000条，平均每天每个工程师要回复150个帖子。工程师的反馈在每一个帖子后面都会有一个状态，如"已收录""正在解决"

"已解决""已验证"等，就相当于一个简版的 Bug 解决系统。用户可以明确地知道自己的建议是哪个 ID 的工程师在解决，什么时候能解决，从而产生一种被重视的感觉。

最后，也是最核心的，就是以新媒体渠道为基础的社群经济。而社群经济的核心是"粉丝"，小米涨粉丝的秘密武器就是事件营销。了解小米公司发展历史的网友都会知道，小米在微博上做的第一个事件营销是"我是手机控"。雷军主动参与了这个活动，发动"手机控"们在微博上晒自己玩过的手机。这次活动大约吸引了 80 万人参与，在当时微博上也是搞得热闹异常。最后的赢家还是小米，因为这次活动转发量最高的是"新浪微博开卖小米手机 2"，小米成了新浪微博 2012 年最高转发纪录保持者，一共转发了 265 万次。而且，这次活动一下子就给小米的官方微博增加了 37 万个粉丝。

在新媒体平台上做好一个事件营销并不是件容易的事情，不仅要对接大量的资源，还要有很好的策划。接下来将分享一个小米公司做得最成功、最有影响的案例，那就是"小米手机青春版"的营销策划。

2012 年 5 月 18 日，小米发布简配版手机，定价 1499 元，限量 15 万部，主打校园人群。为了实现 15 万部的销售目标，小米微博营销从一个月前便开始预热。小米启动了一个很奇怪的主题，叫"150 克青春"。刚开始时，大家莫名其妙，不知道小米公司想要做什么。按照惯有思维，做一个营销推广一定要把产品告诉别人，这样才有价值。而小米不按常理出牌，搞得大家莫名奇妙。

当时参与活动的要求也非常简单，只要求所有的素材必须是跟校园场景相关，没有其他具体要求。于是，很多人就上传了自己或同学们在校园里的事情，例如打篮球、聚餐、翻墙等，甚至还有人上传了考试作弊的场景。接下来，一系列这样内容的传播持续了一个月。

后来小米公布，因为 150 克是小米青春版手机的重量，包装盒上写着"内有 150 克青春"，噱头十足。

整个事件营销的最高潮环节是小米 7 位合伙人拍的一个微视频。当时《那些年我们追过的女孩》正火，雷军等 7 位合伙人参照这部片子的风格拍了一系列的海报、视频，相当于一群老男人的集体卖萌，话题感十足。为了刺激转发，小米公司甚至放了大招——转发送小米手机，3 天狂送了 36 部小米手机。最后的战果是，"小米青春版"微博转发量 203 万，涨粉丝 41 万。

相信很多朋友都做过转发抽奖的活动，但是效果并不好。其实原因很简单，小米公司作为一个有公信力的实体企业，他们的承诺可信度更高一些，而一般人发起的有奖转发往往得不到网友的信任，因为曾经很多不诚信行为伤了网友的心。

小米的微信做得也是风生水起，4 个月做到 100 多万粉丝。其实，小米在早期的时候对于如何使用微信也非常迷茫，直到运营了很长一段时间后才定位为客服平台。这与微信的产品设计形态有关系，微信的关键词回复机制，很适合打造自助服务的客服平台。小米微信每天接收的信息量大约有 30000 条，每天后台自动回复量大约 28000 条，人工处理消息量约 2000 条。而且，小米专门开发了一个技术后台，一些重要的问题反馈会直接转到人工客服，通过这个技术后台可以整理用户的反馈信息，为后期的产品完善做数据积累。

对于这么多的营销平台，小米联合创始人黎万强认为："论坛还是我们用户的大本营，一些深度的用户沉淀还是会通过论坛来完成的。毕竟在微博和微信上你所能够提供的方式是有限的，用数据库的管理也是一个问题。对于微博来讲，我认为微博本身还是一个媒体，在客服的管理基础上，会有很多天然的这种营销传播的优势。到今天来看，对于微信，我们更多地把它当成客服工具来用，还没有想把它当成营销工具，因为它本身是私密圈子。"

如何能让"与米粉交朋友"落到实处，而不是一句空话？

在这方面，小米学习的是海底捞。小米将"与米粉交朋友"变成了一种文化，变成了一种全员行为。例如，小米给了一线客服很大的权力，客服在接到用户投诉时有权根据自己的判断，自行赠送贴膜或其他小配件。另外，小米也非常重视人性服务。曾经有用户打来电话说自己买小米是为了送客户，客户拿到手机还要自己去贴膜，这太麻烦了。于是在配送之前，小米的客服在订单上加注了送贴膜一个，这位用户很快感受到了小米的贴心。

很难想象，在小米去年 700 万台手机销售量里，重复购买用户占 42%。黎万强说："做朋友的心理就是，如果这个问题是你的朋友来找你解决的话，你会怎么做？那当然是你能解决就立刻给他解决了，解决不了也要想办法帮他解决。小米一路走下去，如果能够踏踏实实地维护好一两百万用户，这些用户真的是认可我们，对这个品牌的忠诚度、认可度很强，其实就够了，不要想太多。"

总结，现代营销已经是新媒体营销时代了！曾经的"央视标王"模式已经离我们远去。

第四节　支付宝——"账单日记"新创意

自 2004 年从淘宝网分拆独立，支付宝逐渐向更多的合作方提供支付服务。截至 2013 年底，支付宝实名认证用户数超过 3 亿，活跃用户 2.7 亿，已发展为中国乃至世界最大的第三方移动支付平台。支付宝涵盖的业务非常广泛，包括网络支付、转账、信用卡还款、手机充值、水电煤缴费、个人理财等多个领域。在进入移动支付领域后，支付宝为零售百货、电影院线、连锁商超和出租车等多个行业提供服务，致力于提供"简单、安全、快速"的支付解决方案。从 2004 年成立以来，始终以"信任"作为产品和服务的核心。2014年，正值成立十周年，支付宝推出暖心广告《账单日记》。通过一位女性客户支付宝的账单记录，展现她十年来的经历与成长，意在回馈支付宝客户十年来的相伴，同时宣传公司"知托付"的理念。

一、支付宝简介

2004年2月，阿里巴巴集团关联公司推出第三方网上支付平台——支付宝。在接下来的十年里，支付宝相继提供手机支付业务、公共事业缴费线上支付业务、个人理财、无手续费转账业务等一系列改变传统消费方式的突破性服务，其大胆创新得到了客户的良好回应。2013年，支付宝单日交易笔数的峰值达到1.88亿笔。其中，移动支付单日交易笔数峰值达到4518万笔，移动支付单日交易额峰值达到113亿元人民币。2014年3月20日，每天的移动支付笔数超过2500万笔。自2014年第二季度开始，支付宝成为全球最大的移动支付厂商。在支付宝发展的十年里，始终树立值得信赖的公众形象，产品和服务为广大群众接受并使之成为忠实客户。而支付宝公司对自身的定位不仅仅是单纯的金融类产品平台，同样承担着企业的社会责任。"世界的改变不是少数人做了很多，而是每个人都做了一点点。互联网可以让每个人'做一点点'的机会更多、更方便"是支付宝公司的公益理念。首先，支付宝结合自身互联网性质，在2013年推出服务窗功能，以及"爱心捐赠"公益应用，完成企业在社会中的使命。其次，支付宝致力于打造公益广告，比如《郑棒棒的故事》，在传播公司理念的同时传递社会正能量。支付宝成立十周年之际推出广告《账单日记》，希望和客户一起回顾支付宝十年历程，并且回顾每个客户的十年。

二、企业理念

1. 广告创意

如图6-12所示，《账单日记》讲述了一位30岁姑娘以支付宝的消费记录为线索，回忆自己十年内发生的故事，包括恋爱的甜蜜、工作的艰辛、亲情的温馨等珍贵的回忆，将支付宝与一位平凡女性的成长连接在一起。随着场景的变化，广告的色调也随之变化。毕业时需支付昂贵正装费的灰色调；租房时找人代付水电费的黑白色调；恋爱时甜蜜的纯色调；工作加班时点外卖的冷色调；教父亲理财时其乐融融的暖色调。不同的阶段和故事，通过色调的变化，烘托场景的氛围，表现女主角不同时期的不同心境。

2. 背景音乐

背景音乐是舒缓的钢琴纯音乐，贯穿整个广告。声音若隐若现，主要是配合女主角平和的旁白。女主角的自述是主体声音，静静地讲述着十年的点滴经历。情景再现时配有当时情境的对话,音量略低于旁白,略高于背景音乐。女主角广告台词如下:"生命只是一段孤立的片刻,靠着回忆和幻想,许多意义浮现了,然后消失,消失之后又再浮现。——普鲁斯特《追忆似水年华》。""2004 年,毕业了,新开始。支付宝最大支出是职业装,现在看起来真的很装。2006 年,3 次相亲失败,3 次支付宝退款成功。慢慢明白,恋爱跟酒量一样,都需要练习。2009 年,12%的支出是电影票,都是两张连号。全年水电费有人代付。2012 年,看到 12 笔手机支付账单,就知道忘带了 26 次钱包,点了 26 次深夜加班餐。2013 年,数学 23 分的我,终于学会理财了,谢谢啊,余额宝。2014 年 4 月 29 日,收到一笔情感转账,是他上交的第一个月生活费(包养你)。每一份账单,都是你的日记。十年,3 亿人的账单算得清,美好的改变,算不清。支付宝十年,知托付。"最后结尾三句话,在叙述中抒情,传达了支付宝"知托付"的理念。

图 6-12 支付宝《账单日记》广告视频截图

3. 广告整体布局

广告时长 2 分钟,开始的前 15 秒只有淡淡的背景音乐,随后以文字形式出现"生命只是一段孤立的片刻,靠着回忆和幻想,许多意义浮现了,然后消失,消失之后又再浮现。——普鲁斯特《追忆似水年华》"。15 秒之后视频画面直接切换到女主角十年前毕业找工作的场景,女主角旁白也同时切入,以时间为轴、以支付宝账单为线索讲述女主角十年故事。女主角人物设定为 30 岁职业女性,工作、婚姻稳定,父亲健康,女主角虽然平凡,但拥有自己的小幸福;场景设定为女主角回忆十年的经历,场景随支付宝的消费记录而变化。广告画面比例接近 3∶2,符合常规视频画面比例;广告各部分包括画面、音乐、旁白等整体一致,节奏舒缓,有条不紊,作为广告,突出了主体——支付宝。

二、特点分析

在广告中，融入亲情、爱情、友情等情感。通过赋予商品生命力和人性化的特点，激起消费者的怀旧或向往的情感共鸣，从而诱发消费者对商品的使用。人的情感是最丰富的，也是最容易激发的。商业广告的最终目的是要诱发人们的购买行为，而人们购买行为的发生往往是和情感活动一起。一般来说，情感活动越激烈，购买行为就越容易产生。甚至可以说，购买行为的发生在相当程度上就取决于个人情感。感性诉求广告就是在这样的条件下产生的，并不完全从商品本身固有的特点出发，而是需要更多对消费者心理诉求的研究。只有运用合理的艺术表现手法进行广告创作，寻求最能够引发消费者情感共鸣的出发点，才能促使消费者在动情之余接受广告观念，激发购买行为。

1. 记录生活与消费主义的平衡

剥开这个广告的情感外壳，故事的内核就是主人公借助支付宝这一工具用消费来记录生活。现实生活的确存在着"我买故我在"的普遍现象，但人们还是难以接受这种用物化的、依靠消费来辨别个性、记录生活的方式。虽然支付宝在实质上还是花钱的工具，但若将其包装成为消费与成长的见证者，而非消费主义的促成者，就易于被大众接受。其实，各类广告都会存在夸大产品或服务在生活当中的作用与地位。然而，该广告将消费行为赋予更温暖的含义，使每个人在追忆往事的时候都能自然地回想起自己使用支付宝的那一刻，也使得每个人在看支付宝账单的那一刻去追忆曾经的人生经历。观看广告不一定就能与其表现的个人情感与成长产生共鸣，但至少能意识到支付宝在自己生活中扮演的重要角色。

2. 感性情怀与产品诉求的平衡

整个两百多字的广告文案，包含着支付、代付、支持退款、水电费、电影票选座、转账、O2O 支付、余额宝理财等，超过十项的支付宝功能。这种嵌入式的特色梳理，对于支付宝的深度用户来说，是再次提及产品的特殊功能与服务业务；对于较浅层次的用户来说，则是很好的产品与服务推介，以加深了解并敦促其开始使用更多的支付宝功能。这类周年梳理式的广告易于加深支付宝资深用户的品牌忠诚度，拓展浅层用户接触产品功能的理解宽度，给其尝试使用的机会和持续使用的理由。

四、传播效果

1. 受众反应

《账单日记》广告的播放主要依赖互联网、微博、微信等新媒体平台，恰好与支付宝用户热衷上网的偏好密切吻合。支付宝采用互联网媒介传播广告，通过网民自发转载,大大提高其被点击的次数。例如,在优酷视频软件中搜索"支付宝十周年《账单日记》广告",可以发现有不少网友上传这则广告的视频。同时可以看到,每个视频的网友点击量少则几千,多则几百万。而且在视频评论区内,许多网友之间频繁互动,广泛交流对该广告的看法与见解,抒发自己的观后感想,也进一步扩大了这则广告的社会影响力。

如图 6-13 所示,分别是优酷视频和爱奇艺视频中《账单日记》的搜索结果,其中一位网友的点击量竟高达 224 万多次。每点开一个视频,可以看到旁边的评论也逾万条之多。其中,如图 6-14 所示,在与这则广告相关的评论中,绝大多数观看者都认为该广告的表现效果很好,非常欣赏其内容与艺术形式。

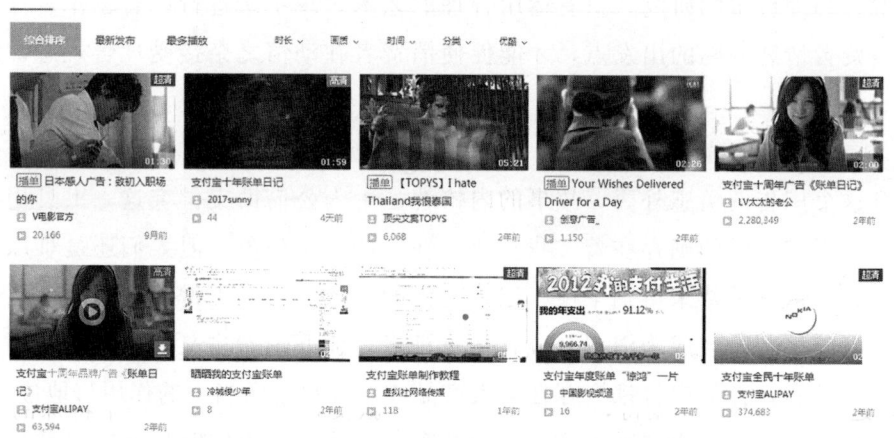

图 6-13　支付宝《账单日记》广告优酷搜索截图

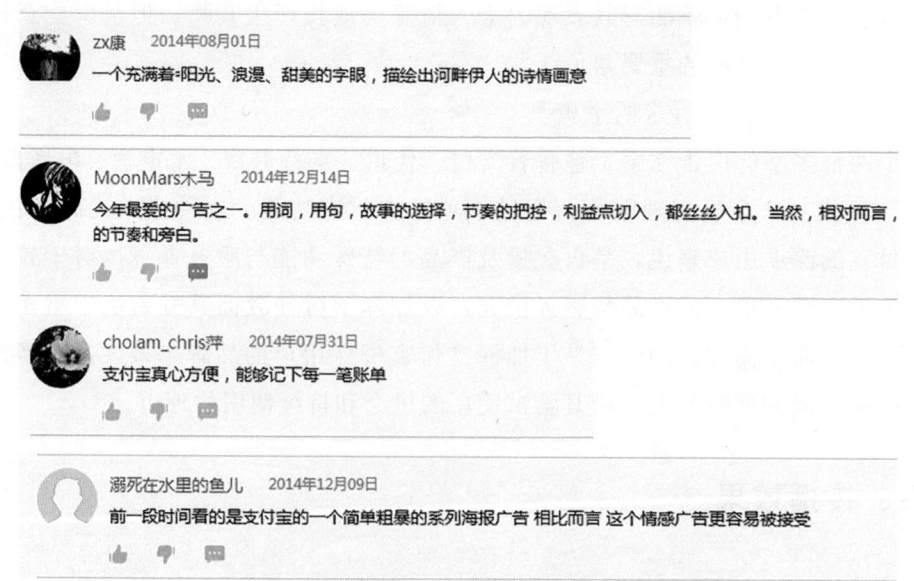

图 6-14　支付宝《账单日记》视频的网友感想

也就是说,这则广告满足了受众的情感诉求。其原因在于:首先,通过互联网的大众传播特性,广告获得很高的观看次数及被点击量,在一定程度上证明广告具有良好的传播效果;其次,从受众的反响上看,确实抓住了"80后"、"90后"的心理诉求,他们也正值追忆青春往事的年纪,所以广告选用温馨、回忆的主题,易于引起受众共鸣。从广告内容上看,整个广告两百多字,却将宣传主体——支付宝自然地融入其中,而没有引起受众反感。反而,会因其十年间的互相见证而感动。从广告传播目的来看,一方面巩固原有顾客的忠诚度,另一方面刺激浅层顾客对支付宝各种功能探索的欲望。但是,前者的效果要明显强于后者。毕竟,只有长时间使用过支付宝的顾客,才能更好地体会出广告中所要传达的情感。

2. 主观感受

支付宝《账单日记》广告的整体设计,会给人以舒服、放松的感觉。随着广告故事情节的推进,观看者也会随之有心情上的起伏,这种情感代入的效果非常到位。同时,支付宝的长期用户会对《账单日记》中传达的情感深表认同,产生共鸣。该广告主角是一位女性,选择女性为主角能更容易地将这份情感诉求传达给观看者。特别是即将毕业并踏入社会的大学生人群,在观看广告的过程中,会设想自己毕业后的情景,也会有种想要去翻一翻自己支付宝账单的冲动,以追寻大学以来的印记。由此,油然生出一种幸福感和安全感。由此可见,支付宝把产品体验和用户记忆捆绑在一起,把亲身经历的情感与支付宝服务联系起来,传递出"一份账单,一份幸福"的思想,打动人心。这则广告让受众觉得,支付宝不仅是一款支付软件,更是一个特殊的情感符号。用情感共鸣将客户联结在一起,远比用利益联结得更为牢固。于是,该广告的营销目的也就达到了。

五、营销启示

在当代产品营销中,广告的地位越来越重要。广告新的行销模式,实现"推－push"到"拉－pull"的转变。企业不再是强硬地将产品通过经销商、终端主动推销给消费者,而是通过广告、促销以使消费者有充分的认知,把其"拉"过来,主动消费。如今,在激烈的市场竞争中,各企业的产品质量与特性都大同小异。那么,广告就成为商家占领市场的重要辅助手段,也是促销的核心。

1. 积极塑造品牌形象

品牌形象是企业通过将某种品牌与目标消费者生活和工作中的某种事物、某些事件之间建立起的一种联系。品牌形象受感知主体(即受众)的主观感受、感知方式、感知背景影响。不同的消费者,对品牌形象的认知和评价很可能是不同的。品牌形象塑造是一项长期而艰巨的任务,需要按照一定的原则。通过一定的途径,全方位地精心塑造。广告是企业面向大众的一个窗口,广告给予大众的主观感受就在潜移默化地影响受众对企业的认知。所以,广告营销时要时刻维护品牌形象,保证广告传达给受众的信息与企业的品牌形象相一致。支付宝十周年广告始终围绕着"支付宝值得托付"的核心理念,不断强化"支付宝值得信赖"的品牌形象,打消受众心中对金融类软件的疑虑。

2. 合理利用网络社交媒体

在新媒体时代下,社交网络媒体对传统媒体产生很大的冲击,也必定对广告的传播介质产生影响。广告投放不再局限于报纸、广播、电视等传统媒体,企业越来越倾向有更广阔空间的社交网络媒体。不但因其广告成本低、进入壁垒低,而且期望利用新媒体传播速度快、覆盖面广、互动性强的特性,可以把广告效益发挥到最大。支付宝十周年广告就选择了在网络上播放。其原因首先是考虑到支付宝的互联网特性;其次是广告受众多为新媒体的忠实使用者,利用网络传播是最佳选择;最后是支付宝广告时长两分钟,不适宜电视播放。所以,在选择投放广告的媒介时,要结合自身营销目的和预期效果,充分考虑广告受众、广告性质、广告时长等全方位因素,选择出更具优势的传播媒介。另外,目前许多公司实行"在传统媒体和新媒体上,同时投放同一则广告"的策略,或"把同一则广告剪辑成两个时长不等的广告",以此扩大广告的社会影响力。例如,益达、百事可乐等微电影系列广告。

3. 注重广告艺术性设计

一则好广告就是完美地体现其艺术设计,并与营销战略有机地结合起来,还不令受众反感。在广告中,虽包含支付宝的各类功能,如网上支付、转账、水电费缴纳、余额宝等,但都很融洽地穿插于广告的叙事之中。不仅加深了支付宝已有客户对功能的认识,而且可能刺激已有客户开发支付宝的新功能和刺激潜在消费者使用支付宝的欲望。这就充分显示出该广告的艺术性设计。好的广告设计有助于受众接受,生硬的广告设计会让受众反感。广告被受众接受,是营销成功的第一步,意味着在广告受众的潜意识里已经对该产品产生好感。再通过实施企业其他的营销策略,使这些受众成为忠实客户的可能性加大。所以,广告设计对企业营销具有积极的促进作用。

4. 广告与营销有机结合

广告的根本目的是帮助企业实现营销目的,但不同的产品有不同的营销目标。比如新品发布,广告的目标就是"广而告之",让消费者知晓这个新品的存在。那么在广告中,就需要着重突出产品的特色功能。若只是为了巩固固有消费者的忠诚度,就可以减少产品功能的宣传篇幅。采用新颖或者故事性的广告更为合适,以广告为纽带,给固有消费者和企业互动或交流感情的机会。正如支付宝这则广告,以十周年为契机,回馈客户。以此说明,支付宝与消费者共同回忆的十年成长历程,能引起消费者共鸣,而且也很有话题性和趣味性。

5. 满足受众情感需求

广告之所以能起到营销的作用,就是广告的某些元素可以满足受众的某些需求,如娱乐需求、好奇心、刺激、情感需求或者当下某种特定需求等。广告主与广告受众各取所需。例如，有些广告比较搞笑、夸张，就容易成为人们的闲时谈资，这就满足了受众的娱乐需求。那么在支付宝的广告中，主打情感牌，满足广告受众心理诉求。并且，这是一种普遍存在的社会情感，又进一步帮助企业实现"口口相传"的效果。

总之，网络技术的飞速发展给传统广告带来冲击，也给广告业带来新的活力。为了达到宣传、营销的目的，各企业在广告创意上投入许多的资金与时间。有时与收到的营销效果并不成正比，其原因是新媒体广告不再像传统电视广告一样，已变得形式多样、题材新颖、成本更低，而且越来越多的人把广告视为一项艺术进行欣赏，无形中提高了对广告的要求。也就是说，广告不仅仍将是企业营销的重要手段，而且整个广告行业也将会展开持续的激烈竞争，大众将不断期待更多令人耳目一新的广告出现。

第五节 欧珀——"手游"与"微电影"

数字技术的快速进步，带动了新媒体的高速发展，也促进了信息传播的效率和人们选择信息的范围与自由度的扩大。由此，广告进入了新媒体时代。本案例主要通过描述欧珀（OPPO）公司新媒体广告的形式及营销传播效果，说明新媒体广告给传统媒体广告行业带来的冲击及其内在营销规律。

一、欧珀简介

欧珀公司全称广东欧珀移动通信有限公司，成立于2004年，是一家全球性的智能终端制造商和移动互联网服务提供商，提供最先进和最精致的智能手机、高端影音设备及移动互联网产品与服务。从成立以来，欧珀公司先后进入MP3、MP4、蓝光高清影音，现正致力于打造专业化的智能手机与移动互联网公司。目前，欧珀公司旗下智能手机有Find、N、R、A四个系列：Find系列针对充满想象力和探索精神的年轻消费者，将领先的配置与前沿技术的整合、极致的拍照体验、快速响应和实现消费者需求作为执着的追求；N系列是欧珀公司未来的旗舰产品系列，该系列代表创新和差异化，主打创意拍照功能体验；R系列是欧珀公司大众产品系列，献给那些对时尚潮流有无限追求的人，主打极致纤薄设计、至美外观；A系列定位"潮流设计，实用体验"，面向大众化年轻群体，时尚潮流的外观设计和稳定流畅的实用体验，让年轻消费者时刻尽享至美科技带来的无限乐趣。

欧珀公司旗下智能手机因创新的功能配置和精致的产品设计而备受欢迎。据中国市场调研机构赛诺统计，欧珀公司在2013年中国智能手机市场销售额排行中排名第六。另有媒体报道，欧珀公司2013年已成为中国第二赚钱的手机公司。2014年，欧珀智能手机的全球销量达到3000万台，实现翻倍增长。欧珀公司旗下蓝光播放机，在欧美市场被奉为"殿堂级表现的全能播放机"，几乎囊括全球所有音响器材专业测评机构和主流媒体的最高奖项或评分。"真诚服务，如友相随"是欧珀公司的服务理念，致力于为用户提供最真诚、便捷、专业的服务。截至2014年底，欧珀公司在国内销售网点超过13万个，品牌体验店2800多家，覆盖了全国除西藏自治区外的所有省级行政区。

"至美，所品不凡"是欧珀的品牌精髓，传达了欧珀品牌对极致精美的追求和达到至善至美的决心。"至美"，不仅代表追求极致，更代表了对美和艺术的追求。首席执行官（CEO）陈明永对"至美，所品不凡"作了阐释："凡是欧珀公司出品，必须是设计的精品，是有格调的艺术品。"欧珀的品牌使命是通过精致的产品与创新的科技创造美妙的生活体验。欧珀的品牌个性可以用四个词来概括：引领潮流——努力追求时尚优雅的设计，致力于打造科技与艺术完美结合的精致产品，让消费者时刻走在潮流的最前端；年轻于心——保持年轻的心态，富有朝气、自由开放、勇于探索，时刻从消费者角度出发，用心打造人性化的产品；精致细腻——注重对每一个细节的精心雕琢和极致追求，彰显非凡脱俗的品位和格调；持续创新——崇尚创新，通过对科技的巧妙应用，打造与众不同的用户体验，驱动智能生活的无限可能。

欧珀公司在企业内部强调"本分"的核心价值观，"本分"包括三个层面：第一层面"本分是隔离外力，在平常的心态下，把握住我们应该做的合理方向"；第二层面"本分规范了与人合作的态度——我不占人便宜"；第三层面"本分是一种主动担当，当出现问题时，首先求责与己的态度"。首席执行官陈明永称："在人的一生中，或者企业经营的过程中，会不断遇到诱惑、挫折，会不断受到挤压。我们会不由自主、随机地做出反应，这种反应往往背离了我们最开始的路。这时，我们要回到最早的原点，想一想我们本来要做什么，我们最开始做这件事的目的是什么，把这一点牢牢抓住，再考虑外界带给我们的诱惑，这种心态就是本分！"截至2014年底，欧珀公司全球业务发展已覆盖泰国、越南、印度尼西亚、印度、马来西亚、新加坡、墨西哥、菲律宾、中国台湾、缅甸、澳大利亚等17个海内外市场。

二、企业理念

欧珀公司除采用传统广告模式之外，还采用新媒体广告模式，主要通过微博和微信平台进行宣传，微博上以官方微博发表的鹿晗的作品为主，微信平台以海报和游戏相结合。

1. 海报

如图6-15所示，首先看海报，一共分为三个部分。

第一部分：整个画面以深色和浅色相结合，右上方为浅色，其余为深色。界面左

第六章　不同行业企业综合案例分析（下）

图 6—15　欧珀官方微博的 R7s 型号手机海报之一

上方标有"OPPO"几个字母，画面右边为当前最红代言人鹿晗，白金色的短发，深蓝色衣服，右手举着 R7s 手机，左手食指指向手机，其余手指弯曲。画面下方有三行字：第一行为"升级版万人迷"，第二行为"R7s 长续航闪充利器"，第三行为"11 月 11 日 00：00 闪耀上市"，在此下方为手机价格"￥2599"，紧接着下面有红色方块标注"0 元预约 R7s"。最后是一个链接"了解商品详情"，点开以后可以了解该商品的使用功能以及各硬件的规格配置，同时包含用户评价。

第二部分：为两款不同颜色的 R7s 手机图示，玫瑰金和金色，手机下方为该手机的四个特色，每个特色都用圆圈圈好，并在圆圈内下方配以小字解释，分别为"高配置：4G RAM＋32G ROM"、"长续航：VOOC 闪充＋3070mAh"、"全金属：2.5D 弧度屏，全金属超窄边框"、"璀璨玫瑰金：玫瑰金、金色同步上市"。

第三部分：为预约好礼。如图 6—16 所示，整个画面以深绿色为背景，最上方为前凸带形的形状，填充色由左到右为橘黄色渐变为红色，上面有白色字体"R7s 首销专享 3 重好礼"。然后在其下方分别对 3 重好礼做出解释：

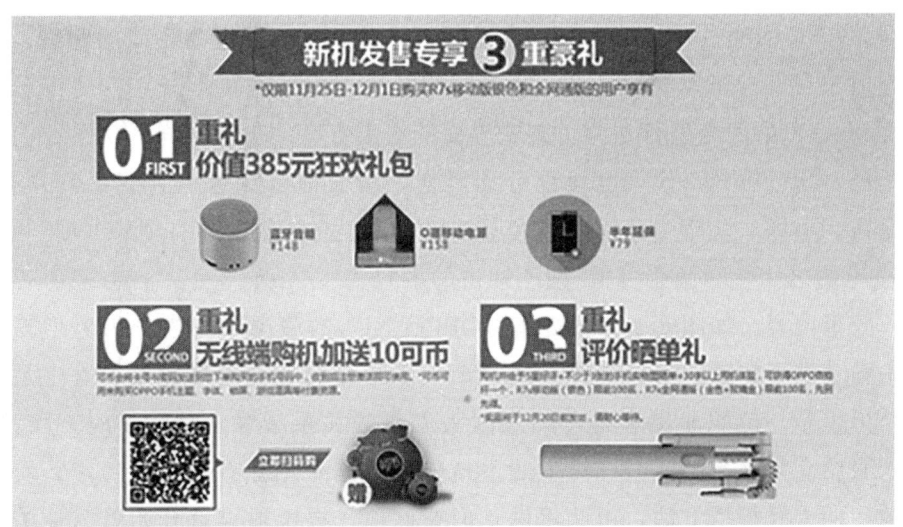

图 6—16　欧珀官方微博的 R7s 型号手机海报之二

（1）"01 重礼：预约成功，抽奖赢取 R7s"。此行字下方是一个九宫格，外面八个格子里是奖品名称,从左到右、从上到下依次为移动电源、R7s、自拍杆、森海塞尔耳机、"谢谢惠顾"、移动电源、"谢谢惠顾"、自拍杆,中间的格子为"GO 立即抽奖"字样。九宫格下方设有"查看全部中奖名单"和"抽奖活动详细规则"的链接,链接下方为奖品设置详情:"一等奖:R7s 金色移动版手机;二等奖:森海塞尔 PX100－Ⅱ潮流折叠式耳机;三等奖:iLIKE 7800 毫安移动电源;四等奖:欧珀(OPPO)时尚自拍杆(蓝色)。"

(2)"02 重礼:首销专享价值 358 元豪华礼包(仅限 11 月 11～17 日首销期间赠送)"。下面为礼包中赠品的图片:价值 158 元的移动电源,148 元的蓝牙音箱,79 元的半年延保。

(3)"03 重礼:无线端购机立减 10 元"。3 部 R7s 并列,右上边有一个橘黄色圆圈,内部含有白色向下箭头,箭头里面是"立减 10 元"。

(4)"04 重礼:晒单评论送蓝牙耳机"。左边为四款不同颜色的蓝牙耳机,右边配字"购买 R7s 发图、晒单并给予五星好评,前 500 名参与者可获得 LE903 蓝牙耳机一个"。

(5)"05 重礼:10 元可币买即送"。可币会将卡号和密码发送至您下单购买的手机号码中,收到后注册激活即可使用并配有解释文字:"可币可用来购买欧珀(OPPO)手机主题商店、游戏道具、字体、锁屏等付费资源。"最后以主题商店、游戏中心以及软件商店的图标结束。

2. 手机游戏

如图 6－17 所示,游戏主界面以深绿色为背景,最上方为"OPPO R7s 闪充体验之旅"。紧接着是两个并列的电池形状的图形,第一个里面写着"前往预约 R7s",第二个为"玩游戏赢 R7s"。最下方为游戏的赛道预览图。游戏规则是点击左右躲避路障,吃到 VOOC 闪充进行加分,90%以上即可抽奖。游戏赛道为弯曲的跑道,类似于公路。跑道左右设有路障和"VOOC"字样的电池,玩家需要点击左右使汽车躲避路障或者吃到 VOOC 闪充进行加分。游戏界面的右上方有一电池图样,从下往上依次由红色、黄色、绿色填充,代表电量百分比。整个画面都以深绿色为背景,并有蓝天、白云、绿树、草坪。公路两旁为高楼大厦、树木等,高楼的上方有"VOOC"字样。

3. 微电影之《一转倾心(他/她不知道的事)》

(1)故事内容。如图 6－18 所示,"OPPO N1"的微电影广告分为男生篇和女生篇。男生篇《她不知道的事》主要讲述一个关于暗恋的唯美爱情故事。女生是一名公众明星,男生是一位职业摄影师,二人因为工作的关系结缘。最初,两人因为下雨,男生把衣服给女生披上。此时,男生的手机响了,是欧珀独有的手机铃声,女生将手机递给他。两人互相搭上话,由此相识。但在此前,男生很早就开始默默地关注女生了。其间,男生利用"OPPO N1"的新功能——可 206 度旋转的镜头以及后盖触控功能抓拍到女生很多镜头。当女生开始注意他并且略带羞涩地问他"有喜欢的人吗?"男

第六章 不同行业企业综合案例分析（下）

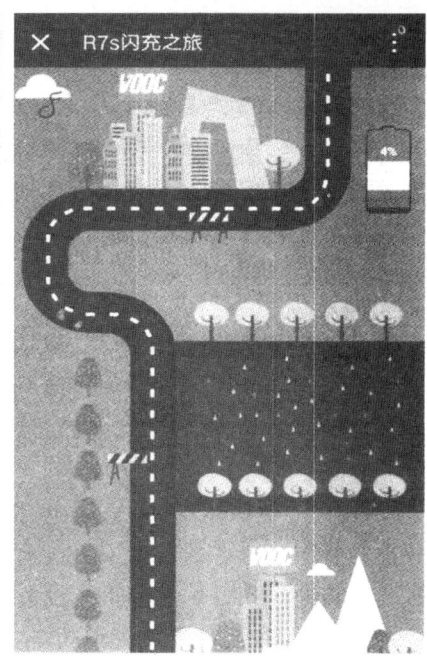

图 6—17 欧珀官方微博的 R7s 型号手机游戏界面

生拿出"OPPO N1"真诚地说了一句："在这里。"并从手机背后通过后触功能将之前拍的照片展示给女生看。女生接过手机，十分惊讶，同时也十分感动。两人相视一笑。结尾，男生说："今天是拍摄的最后一天，也许是我和她的第一天。"整个爱情故事由"OPPO N1"开始，也因为它有了完美的结局。此微电影创意感十足，极具浪漫气息，符合当代年轻人的审美，体现了"OPPO N1"至美一拍的产品定位，还恰当地结合了产品的主打功能－206度旋转拍摄镜头与后盖触控功能。整则广告将广告、产品与产品理念结合得相当完美。

图 6—18 欧珀微电影《一转倾心（他/她不知道的事）》广告视频截图

（2）声音效果。电影的背景音乐选取了约翰·瓦斯科（John Vasco）的经典情歌"The need in me"。以吉他为主调的音乐简单却耐听，朴实又不失浪漫。音乐缓缓进入，与电影画面遥相呼应，塑造出一种有爱的气息。浪漫、和谐、舒服。影片中没有过多的人物对白，更重视无声胜有声的戏剧效果。在必要时只言片语反而让观众不禁

· 173 ·

感叹。在产品介绍时,没有多加的文字说明,而让观众自己默默体会,不失为一种颇为高明的手段。

(3)整体效果。首先,这则广告全程在欧洲拍摄,场景优美,加上优质的男女主演,画面感十足。配上浪漫轻快的音乐和陈坤充满磁性的内心独白,整个广告具有强烈的冲击力,营造了一种文艺唯美的情感氛围,容易打动消费者心灵,使他们产生好感。其次,广告的切入点不是着重于产品诉求,而是更注重情感诉求。本广告通过一对互相喜欢的男女,利用手机向对方敞开心扉的现代都市常见情节,让观众觉得不是为推销产品而故意设计的情节。场景的搭配、人物的对话和产品出现的时机都恰到好处。消费者看到以后,不仅不会对这种产品广告产生反感,而且很容易在谈论中扩大其影响范围。

4. 微电影之《Find me》

如图 6—19 所示,类似《盗梦空间》的画面,莱昂纳多饰演的约翰(John)出现在巴黎的地铁中,寻找一名神秘女子。而在公寓、街头、雨中以及伞下等细节的映衬下,两者阴错阳差地相遇,又阴错阳差地离开。有如好莱坞大片的广告片,台词简单并在每个场景中重复着。主要是女主角的那一句"Find me",以及男主角之后的那两句"Who are you"和"She was here"。扑朔迷离的剧情,不仅吊人胃口,也引出了欧珀智能机的"Find之旅"。

图 6—19 欧珀微电影《Find me》广告视频截图

这一广告采用的也是叙述式正文,不过并没有将事件交代完整,留给观众以想象和探索的空间,这也是激起消费者购买欲望的一种手段。此广告推出的"Find"是欧珀旗下第一款智能手机,为此欧珀公司诚邀国际巨星莱昂纳多拍摄系列广告片。这则"OPPO FIND"广告与《盗梦空间》有很多相似之处:首先,莱昂纳多的装束与电影中相似——深色西装,表情凝重充满思索的造梦工程师;其次,场景的相似——下雨的天空,一群遮挡着面孔的撑伞人与电影中第一层梦境中的大雨场景;最后,其拍摄手法，神秘而引人探索。这一系列的悬疑广告，也突出了"OPPO FIND""探索、智慧"的品牌定位。广告中的视听觉要素都有大片的即视感，与《盗梦空间》有相似的背景画面和人物设定。背景音乐的紧张感配合着暗灰的背景色调，给人一种压迫感，为产品壮大了"气势"。这一具有压迫感的视听觉元素，制造了恰当的动力，适度的紧张是为了更好地驱使消费者对产品进行购买。主要针对的目标客户群是充满想象力和探索精神的年轻消费者。

5. 社交平台

微信、人人、微博等社交网络平台是新媒体广告互动性的最好代表。线上、线下交流使得新媒体广告趋向大众化、免费化、自主化方向发展。在广大交友平台中，新媒体营销都有所涉及。而这些相关广告都与整体品牌形象相呼应。如图6-20所示，这则广告一经发布就在朋友圈引起强烈的情感共鸣。文字、照片、声音都是人们细腻情感的载体。而"OPPO N1"目标客户为年轻群体，产品主打"至美一拍"的概念，是精于捕捉和创造生活之美的艺术家。对于欧珀，拍摄如同一个独特的基因，随着每代产品流传衍变。朋友圈的强大推动力，不仅使"OPPO N1"产品广为流传，而且进一步加强欧珀在大众心中的品牌形象。

三、传播效果

1. 瞬时效果

瞬时效果也称画面效果，是受众在接触到广告信息后，瞬时产生的反应和感受等。广告的画面内容、文字、布局和色彩都可以影响受众，使受众在瞬间产生一系列的反应和感受，从而达到一定的广告瞬时效果。首先看文字：画报中文字内容简洁清晰，很清楚地将相关信息呈献给读者，让读者可以在短时间内明白广告的主题。在字体方面，海报中并没有选取过于花哨、让人看不懂的字体，保证了信息的瞬间有效传达。其次是色彩：海报首页采取红色、橘黄色、绿色相结合，三者均是亮色，而红色和橘黄色都是暖色调，深绿色是护眼色，吸引读者的同时也能让读者感觉整个画面很舒服，不会过于刺激视觉而引起读者的反感。最后是布局：总体上海报内容不多，但却将"OPPO R7s"突出的特点都表现出来，这样就不会给读者造成内容繁杂的印象；海报首页采用红色和橘黄色相结合，吸引读者，同时右上方橘黄色接近金色，很像阳光的光芒，暗示"OPPO R7s"如太阳般耀眼，和下面的"升级版万人迷"相互呼应；此外，用当红明星鹿晗作为代言人，一方面是利用鹿晗当前的粉丝效应，扩大影响力，确保海报的点击率，同时也和"万人迷"相呼应。首先，在首页就将"OPPO R7s"最突出的特点"长续航闪充"呈现出来，保证每一个点开该海报的人都可以了解到该优点；紧接着，就在下方展现手机的主要性能，进一步加深读者印象的同时将其他优点展现出来，增加吸引力；最后，推出"OPPO R7s"首销专享好礼，通过抽奖、实物奖品、优惠等途径增强吸引力，提高预约量，并以深绿色作为该部分的背景，深化"OPPO R7s"手机长续航闪充的绿色理念。

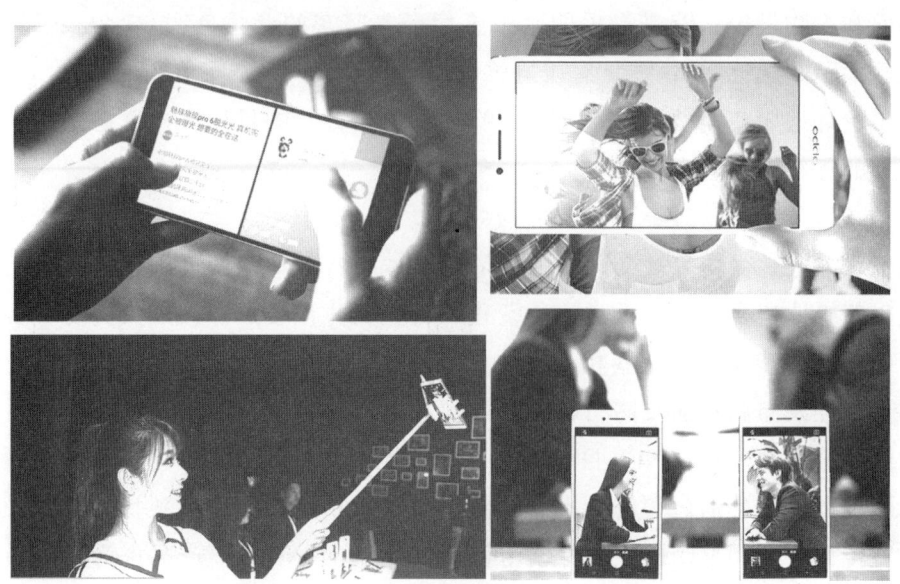

图6—20 欧珀微信朋友圈广告视频截图

2. 近期效果

首先是广告的传播效果，也是广告到达的范围，广告到达的人群，受众对广告的注目程度。这就是说，广告效果首先体现在到达受众，被受众看到。只有能有效接触所有的广告受众，并且被受众注目，才谈得上受众对广告的态度和行动。再优秀的广告，如果没有被有效地受众看到，或者看到的受众很少，那么它的效果也要大打折扣。其次是广告的心理效果，是广告对社会公众的各种心理活动的影响程度，是广告活动对消费者内心世界的影响，反映消费者对广告的注意度、记忆度、兴趣及购买习惯行为等方面。广告在到达受众之后，会进一步影响受众的大脑和心理，这种影响可能在有意识或者无意识的情况下发生。通常广告并不能直接导致预期行为，而是在传播信息、建立品牌关联、引导需求等方面的作用更大。通过引发受众情感，形成对广告及品牌的认知和态度引起购买意愿等影响受众心理的中间过程，直接或者间接导致预期行为的发生。最后是广告的销售效果，是企业在广告活动中获得的经济利益。在互联网发达的今天，微信更是大行其道。该广告投放在微信平台中，便可以利用微信的广大用户资源进行宣传。当然，只有资源而没人关注，也是不会达到要求的。该广告利用当红明星鹿晗作为代言人，增加其本身的吸引力。同时，微信用户大部分是处于18～45岁的年轻人。针对他们爱玩的特点，设计VOOC闪充的游戏，引起他们的兴趣，也将闪充长续航的特点植入人心。此外，还利用青少年爱分享的特点，玩游戏觉得好玩就会告诉身边的人，进而扩大宣传力度和宣传面，这就达到广告的传播效果。目前，大家对于手机的依赖程度在不断增加，手机电池的续航能力和充电速度变得越来越重要。该海报和游戏则抓住这一需求,着重宣传"OPPO R7s"手机长续航闪充的优点。在海报首页,下方的亮点介绍及深绿色的背景和 VOOC 闪充的游戏,都在强调这一特点。深化其在受众潜意识里的形象,建立品牌特点,进而影响消费者的购买行为,这是该广告的心理效果。"OPPO R7s"手机"双十一"开售,销量 30000 台,成为国产 2000 元以上手机销量冠军,这是销售效果。

3. 远期效果

远期效果包括品牌效果和社会效果。品牌效果是消费者通过对广告的感觉、情绪和判断以及产品的使用经验而联合形成的对品牌的一种正面或负面的印象,这种印象直接影响消费者的购买行为。但不是所有的广告都能产生明显的品牌效果。品牌效果是一个长期的、渐进的过程。社会效果是广告构思、广告语言及广告表现所反映出的道德、艺术、审美、尊严等方面,对社会的经济、教育、环境等的影响程度。其集中表现于能否促进社会的物质文明与精神文明的建设,特别是能否起到传播知识、促进社会道德教育、推广最新技术成就等作用,是广告作品的高层次追求,反映一个社会的文明程度。因为该广告投放时间不长,暂不考虑广告的远期效果。但是欧珀手机本身是具有品牌效果的,品牌效果为手机的宣传力度和受众信服度产生了积极影响。

四、营销启示

新媒体营销是一种新的市场营销方式和营销手段,是企业借助于互联网、手机等数字化互动式新媒体进行其品牌形象塑造、产品宣传的过程。新媒体营销的实质是借助于参与式媒介,以"人际传播"模式取代"大媒介广播"模式,在电子化、信息化、网络化环境下进行产品生产定价、销售渠道、促销方式等的设计和实施的一系列活动过程。

1. 新媒体营销模式

(1) 社交媒体营销。近年来,社交媒体的传播作用越来越凸显,通过微博、微信等社交媒体进行营销的趋势十分明显。在微博、微信上,已经聚集了一大批商业号和营销账号,就是利用社交媒体的互动属性,通过微信平台、微博状态,以及微信朋友圈等传播营销信息。在这个平台上,受众也通过转发、点赞等行为,积极地参与到营销中来。如欧珀手机的微信平台营销,通过游戏等方式让消费者积极参与其中,增加了广告营销的效果,促进了品牌的营销。

(2) 搜索营销。搜索引擎不仅是让用户搜索信息,同时也是企业的广告投放之地。用户搜索信息时,网页旁边便会出现广告海报或者视频。搜索营销是通过搜索引擎快速搜索到需要的信息,而在搜索引擎中的排位和关键词则是营销的重点。企业通过搜索引擎进行精细化管理,根据大数据信息有针对性地投放广告,增加产品浏览量,或者寻找合作对象,使得自己的产品迅速成为耳熟能详的品牌。同时,还要不断根据市场情况的改变来调整营销策略。根据用户在网站中的浏览记录，分析用户的搜索喜好，并根据分析结果，在用户再次搜索信息时，投放用户感兴趣的广告。在西方发达国家，搜索营销是网络营销最主要的部分，在美国占有42%的比例。搜索营销通过搜索引擎使网民在众多的搜索信息中获得企业信息，使企业网站流量增加。搜索引擎的发展越来越细致化，要想达到好的营销效果，就应将企业网站建设、产品推广等各方面统一配合。

（3）视觉化营销。视频营销相对于电视广告具有更明显的效果，不仅让顾客了解产品性能等，还能使顾客与企业进行双向沟通，顾客在分享视频时，也在间接给企业进行宣传。而且，顾客还可以参与网络视频的创作。视频营销比传统营销更加多元化，也更灵活。据有关数据显示，截至2014年底，中国网络视频用户突破3亿，越来越多的用户选择在网络上观看视频。特别是年轻人，部分已经不再看电视。电视不仅收视率下降，开机率都在下降，而电视广告的费用却居高不下。但是，网络视频营销成本低廉。网络营销策略进行创新，应实行新的营销模式。根据企业自身的情况，将这几种营销模式相结合。例如，很多化妆品企业现在实行微信营销，或者直接实行B2C电子商务模式，减少中间流通环节，从而真正达到双赢。

2. 新媒体营销与传统营销模式的区别

新媒体营销是经营创新，是现代管理，是以新媒体为载体的一种市场营销方式，也是对传统营销方式的一种延续和凝练。新媒体营销作为一种全新的营销模式，与传统营销在营销策略、定价方式、商业模式等方面存在以下明显差异：第一，两者传播方式不同。相对于传统媒体通过电视、报纸等途径进行传播，新媒体营销则是利用社交网络、互联网等手段进行传播。第二，新媒体营销把满足消费者需求放在首位。新媒体营销利用网络等新媒体开放性的优势，可准确、及时、可靠地把握消费者的需求，并以消费者需求为导向来开发和生产产品，满足消费者的个性要求；而在传统营销中，由于受到条件的限制，企业对于消费者需求把握得不够准确，而往往将产品生产居于首位，把满足消费者需求放在次位。第三，广告受众可自主选择自己感兴趣的广告信息进行浏览。传统营销模式在电视、报纸上投放广告信息，用户只能被动接受相关广告信息，不能进行选择；受众在互联网或者移动端进行浏览时，可以自主选择。

3. 新媒体营销优势

（1）减少企业的营销成本。营销方式的多样化，并不是新媒体时代网络营销的最大特点，更重要的是降低了营销的整体花费。以往企业进行传统营销需要以实物为载体，需要花费大量的财力、物力和人力。但是，网络营销则减少了这一花费，新媒体营销则把这项花费降到最低。在新媒体时代，企业甚至不需要自己再搭建官方网站。只需要在已有的成熟的社交媒体上注册一个账号，通过免费开放平台不断地进行信息推送和资源共享。通过有质量的内容聚拢人气，吸引消费者。例如，在微博上，建立加"V账号"；在豆瓣上，建立专属小站；在QQ上，建立自己的品牌粉丝群；在微信上,建立自己的公共号。而且,这些营销都是免费的。成熟的新媒体传播平台,虽然成本低廉,但是需要内容的支撑,可谓是真正的"内容为王"。只要传播的内容有创意或者对受众来说有价值,就有受众帮你继续进行传播。最重要的是,这些成本消耗只是在信息发布的一瞬间就完成了,剩下的传播成本都是由受众自己来承担的。这样,就把受众变成了新一级别的传播者,这种传播效应呈指数级增长。从理论上来说,这条传播链能够无限延伸,呈现出"爆炸式"和"病毒式"的传播效果。多点对多点的模式所造成的指数级传播,是传统媒体所不能相比的,其传播效果也令人惊讶。这正是互联网营销的媒体,随着社交网络时代的来临,信息的传播速度越来越快。就像"六度空间理论"一样,一个人认识六个人就能认识全世界。这样的传播速度是以往所有媒体都无法做到的。在当今金融危机的余威下,使用这种经济便捷的营销手段是企业的必然选择。

(2) 提升广告创意含量。在新媒体传播中,数据库营销、"病毒营销"、互动体验、口碑传播、精准营销、事件营销等新型营销手段和广告模式,变换花样,不断涌现。其中的关键就是创意。一个好的创意,能够让新媒体营销发挥出一个广告公司的力量。一旦有了好的创意,那么再通过有理有据的营销,积极促进受众参与和反馈,营销效果将大大增加。创意是营销内容的关键,但创意的应用需要好的平台和人才。互联网上的"信息爆炸",一方面令信息冗杂,另一方面大量的信息也为新媒体营销注入了更多的元素。只要能够创造性地整合这些元素和信息,就能够产生巨大的经济效益,这也是创意经济的真义。因此,创意成为当今企业发展和产品竞争中最关键的环节。

(3) 自主选择和有效互动。在新媒体产生如此巨大影响之前,营销主要是一对多的硬性单向度营销。网络营销使得消费者与企业的沟通更加流畅,互动效果明显,对企业取得良好的传播效果具有显著成效。在网络营销中,更需要确定目标用户。根据目标用户的需求,引导其进行自主选择,并在互动和口碑中获得品牌价值,使其品牌价值融合于口碑之中,变成传播源头进行扩散,使得营销效果倍增,这就是"病毒式"的营销。但是,互联网的"信息爆炸"导致信息泛滥,人们无法辨别冗杂信息,决策成本不断提高。因此,简单的传播内容已经不适合网络营销的需求,应该让受众积极参与到营销规划中来,变成"营销病毒"的"宿主",与其一起完成整个营销过程。通过受众的参与,企业收集更多用户信息,实现与用户的良性互动,让占据主导地位的消费者感受到个性化、精细化的需求已经被满足。这样的自主选择和有效互动能够有效提升营销效果。

综上,随着科技的不断进步,新媒体给营销方式带来了新的生机和活力。作为新媒体营销,创新仍然是其主旋律,包括内容的创新、形式的创新等,给消费者和目标市场带来永久的新奇和惊喜。企业要转变观念,与时俱进,灵活有效地运用新媒体营销。

第六节　同仁堂——传统"十大名药"新宣传

作为中华老字号，同仁堂《十大名药宣传片》广告，则立足于其经营理念及品牌内涵，以"书本翻页"为内容线索，采用中华古文明的风格，多手法、全方位介绍了十大药品的历史渊源、中药材料、功能效用及制药过程，给观众耳目一新的感觉。而且，以此折射出同仁堂的发展历史、公司发展战略、文化理念。所以，本案例以同仁堂利用新媒体广告提高自身的国际营销能力为例，探索其在国内外竞争中如何提升"同仁堂"品牌价值，并提高其产品在海外的市场占有率。

一、同仁堂简介

同仁堂是全国中药行业著名的老字号，创建于1669年（康熙八年），至今已有300多年的历史。自1723年开始，供奉御药，历经八代皇帝188年。在300多年的风雨历程中，历代同仁堂人始终恪守"炮制虽繁必不敢省人工，品味虽贵必不敢减物力"的古训，树立"修合无人见，存心有天知"的自律意识，造就了制药过程中兢兢小心、精益求精的严细精神，其产品以"配方独特、选料上乘、工艺精湛、疗效显著"而享誉海内外，产品行销40多个国家和地区。随着互联网等新媒体的出现和现代传播手段的进步，同仁堂在宣传营销等方面也与时俱进。其运用网络平台、视频广告、期刊等多渠道扩大同仁堂的品牌影响力，成为中国中医药产品和文化走向世界的强大载体。中国北京同仁堂（集团）有限责任公司（以下简称北京同仁堂）是中华老字号——同仁堂所在公司的全称，市政府授权经营国有资产的国有独资公司。北京同仁堂始终坚持"以现代中药为核心，发展生命健康产业，成为国际知名的现代中医药集团"的发展战略，以"做长、做强、做大"为方针，以"创新引领、科技兴企"为己任，形成了现代制药业、零售商业和医疗服务三大板块，构建了六个二级集团、三个院和两个储备单位的企业架构，目前拥有三家上市公司。北京同仁堂共拥有药品、医院制剂、保健食品、食品、化妆品等1500余种产品，28个生产基地，83条现代化生产线，一个国家级工程中心和博士后科研工作站。"同仁堂"品牌誉满海内外，其优势得天独厚。"同仁堂"商标已参加了马德里协约国和巴黎公约国的注册，受到国际组织的保护。同时，在世界50多个国家和地区办理了注册登记手续，并在中国台湾地区进行了第一个中国大陆商标的注册。"同仁堂"的著名商标和优秀品牌已成为北京同仁堂不断发展的特有优势。

北京同仁堂在《中国证券报》和亚商企业咨询有限公司共同主办的"中证亚商中

国最具发展潜力上市公司50强"的评比中蝉联第四届、第五届排名第一。其科技发展股份有限公司是香港创业板表现最好的股票之一,企业实现了良性循环。随着北京同仁堂的快速发展,品牌的维护和提升、文化的创新与传承也取得了丰硕成果。"同仁堂中医药文化"已列入首批国家级非物质文化遗产名录。北京同仁堂"既是经济实体,又是文化载体"的双重功能日益显现。北京同仁堂被国家工业经济联合会和名牌战略推进委员会推荐为最具冲击世界名牌的16家企业之一,被中宣部命名为全国文明单位和精神文明建设先进单位。集团领导班子被中组部和国务院国资委授予"四好领导班子"。"同仁堂"被国家商业部授予"老字号"品牌,荣获"2005 CCTV我最喜爱的中国品牌"、"2004年度中国最具影响力行业十佳品牌"、"影响北京百姓生活的十大品牌"和"中国出口名牌企业"。2004年被中宣部、国务院国资委确定为十户国有重点企业典型经验之一.2006年同仁堂中医药文化进入国家非物质文化遗产名录,"同仁堂"的社会认可度、知名度和美誉度不断提高。

目前,北京同仁堂拥有境内、境外两家上市公司,连锁门店、各地分店以及遍布各大商场的店中店600余家,海外合资公司、门店20家,遍布14个国家和地区,产品行销40多个国家和地区。在北京大兴、亦庄、刘家窑、通州、昌平,北京同仁堂建立了5个生产基地,拥有41条生产线,能够生产26个剂型、1000余种产品。全部生产线通过国家GMP认证,10条生产线通过澳大利亚TGA认证。2004年投资1.5亿港元设立的境外生产基地——同仁堂国药有限公司,于2005年底通过了GMP认证,为实现生产、研发和营销的国际化打下了良好基础。北京同仁堂已经形成了在集团整体框架下发展的现代制药工业、零售医药商业和医疗服务三大板块,配套形成了"十大公司、两大基地、两个院、两个中心"的"1032工程"。北京同仁堂有信心、有能力把集团建设成为以现代中药为核心,发展生命健康产业、国际驰名的中医药集团。通过全面提升同仁堂现有的生产经营及管理水平,实现中医药现代化发展的新格局。面对世界经济一体化的新形势,有决心抓住机遇、迎接挑战,继续弘扬同仁堂的优良传统,为振兴中药事业做出贡献。

企业使命:弘扬中华医药文化,领导"绿色医药"潮流,提高人类生命与生活质量。

企业目标:以高科技含量、高文化附加值、高市场占有率的绿色医药名牌产品为支柱,具有强大国际竞争力的大型医药产品集团。简称"三高一强"。

管理信念:同心同德,仁术仁风。

二、企业理念

以《同仁堂十大名药宣传片》为例,整个广告持续6分58秒,分为三个部分,对北京同仁堂的十大名药出处、药方、疗效、制作工艺等方面,做了生动形象的介绍。

1. 第一部分——同仁堂的发展历史

同仁堂创建于清康熙八年,自雍正元年供奉皇家御药,历经八代皇帝,长达188年。北京同仁堂十大名药,工艺精湛,疗效显著,世代相传,享誉海外,其配方、选料、工艺、疗效均有独到之处。以一种堆满笔墨纸砚的书桌为背景,翻阅古书典籍为展现方式,以图片渐进的手法放映了十大名药。

2. 第二部分——对十大名药依次介绍

采用科技人员介绍、显示制药场景、视频特效等多种展示手法,配以平和的解说方式和舒适悦耳的背景音乐,形成一种中国风的独特的展示手法。

(1) 六味地黄丸——六味系列之代表,原料:熟地黄、牡丹皮、山茱萸、茯苓、山药、泽泻,方子出自宋代医学家钱乙《小儿药证直诀》,滋阴补肾,补肾的主要成分是地黄,同仁堂恪守古训,遵循传统酒治之法,选择用黄酒泡透,再上锅蒸熟,酒形药力,更有助于发挥六味地黄丸的滋补作用,降低对脾胃消化能力的影响,有利于长时间地服药、治疗。

(2) 知檗地黄丸——滋阴降火,在六味地黄丸之上加了知母和黄檗两味药,不仅有滋阴作用,还有降火功效。

(3) 金匮肾气丸——温补肾阳,化气行水,主治咳嗽、气喘。

(4) 阿胶——滋阴补血,同仁堂制胶,润燥,止血,购料不惜重资,阿胶使用驴皮,需严格甄别,确保来料上乘地道,依古法,对制胶中的颜色、密度严格监控,确保阿胶的不凡品质,可用于各种贫血病症,永盛合阿胶还有补气、补血的功效。

(5) 复方丹参片——活血化瘀,理气止痛,针对慢性心脑血管病疗效显著,安全可靠,副作用小,适宜长期服用。

(6) 安宫牛黄丸——治疗心脑血管病,对高热、昏迷、精神不振等病症具有清热、开窍等功效,自古以来就有"救急症于即时,挽重危于顷刻"的美称,用天然牛黄和天然麝香双天然原料制成,全国唯一的用金衣包裹的药丸,有效防止珍贵的麝香挥发。

(7) 西黄丸——清热解毒,和营消肿,国家临床认证具有抗癌效果,始终坚持传统的糊丸制剂,最大程度避免了对胃的刺激,癌症患者经过化疗之后,胃肠功能受到了极大的损害,服用此药可大大降低这种伤害。

(8) 牛黄解毒片——清热解毒。

(9) 京制牛黄解毒片——同仁堂的独家药方,方子出自明代《证治准绳》,由于不含有雄黄,使用更加安全。

(10) 感冒清热颗粒——普及度最高,风寒感冒均以汤药制药,开医药先河,温水冲化即可,药性平和,兼顾预防与治疗。

3. 第三部分——使命概述

自古以来,一方难求,同仁堂十大名药流传百年,长盛不衰,使中医药文化得以保护和弘扬并发展。最后,介绍北京同仁堂的愿景及使命,再次出现北京同仁堂标示,重现其品牌价值。

三、特点分析

如图 6-21 所示，介绍同仁堂的历史发展，目的就是极力表现其深厚的历史传统。通过以一种堆满笔墨纸砚的书桌为背景，翻阅古书典籍为展现方式的强烈的视觉对比彰显其自身强大的品牌优势，对潜在的客户来说无疑有很强的说服力。值得一提的是，广告中文字飞舞的收放处理十分到位，有静有动，极具视觉震撼力。

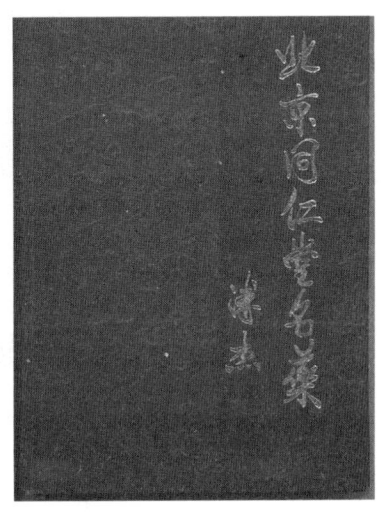

图 6-21 同仁堂十大名药宣传片截图之一

如图 6-22 所示，对六味地黄丸和知柏地黄丸的介绍让人耳目一新。用中国传统的药店以及浓墨重彩的书法展示了其独有的广告表现风格。在选材上，一律以中国古代的药店元素来展示，药壶、药柜、药包以及抓药流程，等等，可谓就地取材，顺手创作，但又出手不凡，以保证品牌的广告与消费者的有效关联。首先，在设计上，采用静物摄影产品，可谓表现单纯却达到了形简意丰的效果。其次，广告确立其品牌的故事化叙事和感性诉求风格。通过对中国古代中药的奇思妙想和对药品的巧妙"装扮"，从而让消费者轻松发现出每味名药背后蕴含的一个重要故事，让人们在轻松的解读中感受同仁堂品牌的可信赖一面，可谓是医药广告营销策略的一大亮点，使人们依然能保持对广告的持久兴趣。

在金匮肾气丸和阿胶的介绍中，从药物成分到功能效用，再到专家评论，一步步深入展开。最终，诠释出金匮肾气丸和阿胶的强大品牌影响力。其中，文字也极其富有情感，让观众紧随视频，开启的每一秒画面都让观众信服、惊叹。如图 6-23 所示，音乐、画面、语言三者合一，很好地塑造出带有浓郁中国风的视觉体验。而且，在这种文化氛围中，药品的解说词显得更为华丽而富有内涵。这时，带给人们的是一次发现药品文化价值与历史传承的旅程，传递出的文明精神带来全新的体验。在广告中，

图6—22 同仁堂十大名药宣传片截图之二

专家评述及再现的制药情景相互搭配,尤其是以大字滚动的方式结合用药过程,完美地向消费者传递出"安全可靠、高品质、高水准"的制药与理疗理念。

图6—23 同仁堂十大名药宣传片截图之三

如图6—24所示,在复方丹参片的介绍部分,为了突出"服务至上、质量优选"的经营定位,用药房伙计拿着盛药小秤,展示中药店取药的人物情景手段。在广告画面制作上,努力营造中国传统药店的美感。接着,再现一位老顾客买药的全过程,增进该广告的感染力,调节人们的审美心境,不易产生疲劳。与其他药品介绍方式保持一致,安宫牛黄丸的介绍还现场展示了其丰富的配料,配以专家的解说,以表现出该药品强大的功能效用。下一画面转换至清朝年间,在同仁堂药房里,老人、妇女、小孩、中年男子排队买药,后面配以"同修仁德济世养生"的文字。利用历史情境再现,既表现了同仁堂深厚的历史传统,也表现了安宫牛黄丸有很强的品牌影响力。在关于其配料的介绍中,天然牛黄和天然麝香以及金衣,更是表现了该药品的质量和信誉。最终,引起消费者的购买欲望,并激发其消费行为。

图6—24 同仁堂十大名药宣传片截图之四

如图6-25所示,在专家的详细介绍中,说明西黄丸是国家临床认证的具有抗癌效果的中药。同时,突出其采集的是天然麝香,显示该药品无可比拟的优质价值。其中,提及其能够有效避免对胃的刺激,表现出该药品对养生保健的重要作用。接下来,再现抓药与制药的过程,又进一步说明该药品的安全可靠。而且,牛黄解毒片和感冒清热颗粒也是延续这样的叙事方式,运用通俗简明的语言。既现身说法,又举出实证,具有很强的艺术效果,给人留下了深刻的印象。其中,未添加任何杂质成分,更好地印证同仁堂的百年老字号名誉。

 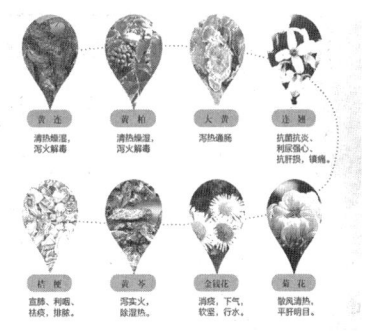

图6-25 同仁堂十大名药宣传片截图之五

最后,再次回归中国古书典籍,讲述同仁堂"炮制虽繁必不敢省人工,品味虽贵必不敢减物力"的古训,以及"同心同德,仁术仁风"的管理理念。此为画龙点睛之笔,传达出积淀多年的品牌价值,完美收尾,给予消费者极大的震撼以及深刻的印象。如图6-26所示,作为一种无形的资产来源,同仁堂品牌广告以服务广大消费者为宗旨,具有得天独厚的市场竞争优势。

图6-26 同仁堂十大名药宣传片截图之六

四、传播信息

从表达内容上看,依托十大名药来介绍同仁堂,第一,传递出北京同仁堂"医药同馆"的经营特色。在医药行业,尤其是中医药领域,很多中华老字号品牌都延续着这种经营模式。不但保证了患者购买药物的安全性,而且提供了更为便利的药品配给,让患者能在短时间内买到所需要的药物,这在广告中就有非常明显的表现。同时,这种"前店后厂"模式,一方面疏通与中间商盘根错节的供给关系,降低流通环节成本;另一方面也保证了药品质量,这是同仁堂对广大消费者的信誉承诺。也就是说,医药老字号品牌中最重要的传统文化价值,就是其精湛的制药技术及可靠的药品疗效。以此,在医药产品泛滥的当代社会中,才能取得一席之地。第二,带有皇家御用的浓重色彩。同仁堂的御用传统、皇室认可,为其品牌增加更多的品质保障,皇室代表最具权威的意见领袖。采用皇室叙事,在同仁堂广告宣传中的作用不可小觑。因为皇室聚集着最好的物质条件和智力资源,将其广告营销与清朝皇室联系起来,会产生积极的品牌联想。此外,皇室御用有助于建立强大的群众信任,使品牌得到广泛而有效的传播。第三,传达同仁堂传承百年的信誉口碑。展示整个制药环节,向消费者传递着"权威、自信"的文化符号,也表达着"品质精进,质量保证"。第四,表现出同仁堂的特有理念和文化使命。"重质量,讲诚信"既是中华民族的传统美德,也是同仁堂生存发展的根基。历经沧桑,为宫廷供药188年,就在于其始终如一地恪守"炮制虽繁必不敢省人工,品味虽贵必不敢减物力"的古训。该广告也彰显了其传承不衰的品牌符号价值。第五,宣传产品功能效用,十大名药流芳百年,品牌影响力非常广。该广告从医药起源、制药流程、采集原料、功能效用等各方面,对这些药品做了详细的介绍,又紧扣"同仁堂"这个品牌,两者相得益彰。

  从表现手法以及宣传手段上看,相对于以往同仁堂广告而言,基于应用相对成熟的现代化传媒技术,该广告有着非常显著的进步。在新媒体出现以前,主要依靠口口相传,有必要形成一种广泛的口碑效应。于是,经过上百年的积累,"同仁堂"品牌才会享誉海内外。同仁堂历史连环画,富有传奇色彩的品牌故事以及同仁堂的报刊等是主要的传播媒介。随着电视等新媒体的崛起尤其是互联网的出现,传统媒介受到巨大冲击。北京同仁堂作为中华医药老字号企业也积极创新,借用现代新媒体技术传达着其固有的经营理念与品牌信誉。因此,在扩大品牌知名度方面,也取得良好效果。其中,《同仁堂十大名药宣传片》就全方位、多方式、多场景地展示了十大名药的历史起源、组成成分、功能效用和制作过程,以及"同仁堂"自身强大的品牌实力和核心竞争优势,向观众传达出北京同仁堂目前所拥有的、独特完整的中医药体系、配方资源、技术资源、中药材资源,以及诚实敬业、担负社会责任的企业形象。既维护了金字招牌的社会信誉,又提高了消费者的品牌忠实度。在表现手法上,采用科技人员介绍、显示制药场景、视频特效、图书翻页等多种展示手段,配以平和的解说方式和舒适悦耳的背景音乐,形成一种独特的中国风,与"同仁堂"自身浓厚的历史文化底蕴相得益彰,有异曲同工之妙。

五、营销启示

同仁堂已有数百年历史和十多年的海外扩张史,曾不同程度地选用过各种宣传工具和传播手段,其主要目的就是为树立北京同仁堂的良好社会形象,为其产品获得优秀的品牌声誉而服务,这则同仁堂广告也不例外。

1. 同仁堂面临的困境

国内外中医药产业竞争日益激烈。首先,我国目前中药现代化、国际化水平较低,大部分出口的是原料药和保健品,中医药国际市场份额被国外先进国家占据。同时,我国医药企业集中化程度低,企业规模小,技术落后,中医药的现代化技术还未实现标准化发展。其次,各国对中医药有明确的法律禁令,是中医药企业国际化面临的另一威胁。尽管各国越来越关注中医药,但准入门槛很高。除针灸外,中医的合法地位尚未得到各国法律认可,严重影响到中医药的宣传与推广,也使其适用范围受限。同时,中西文化差异也制约着中医药企业国际化进程。在世界医药体系中,中药还处于非主流地位。另外,中药生产现代化和技术标准化程度低,尚无法跨越国际化的技术壁垒。同日本、韩国等中医药企业相比,同仁堂也尚未形成国际市场竞争优势,生产出来的药品没能通过多数发达国家所要求的药物标准。其原因,既是由于中西医文化传统的差异,也与同仁堂中药生产现代化程度低有关。而且,人才短缺更是长期以来困扰同仁堂国际化发展的"瓶颈"。其需要的人才,不仅要有丰富的跨国管理知识和经验,也要对"同仁堂"品牌文化有深刻的了解。最后,组织内部对文化存在认同差异。北京同仁堂拥有核心企业21个,虽然具备集团化的规模,但这些企业的共同缺点都是规模小、设备陈旧、人员老化、市场化程度低。此外,各企业的产品结构、产品质量、技术设备、经营业绩、人员素质、资产状况等,也是参差不齐。

2. 同仁堂潜在的机遇

第一,中医药的国际认可度不断提高。中药现已成为某些西方人治疗疾病的辅助手段,其特殊的疗效和保健功能被逐渐认可。所以,作为有着悠久历史的中医药企业,北京同仁堂也面临着绝好的发展机遇。第二,欧美等主流市场对中医药的限制不断放宽。针灸已得到欧美各国承认。对中药的神奇疗效,也引起各国医药界的研究兴趣和消费者的认可。这都迫使各国政府逐渐放宽对中医药的法律限制。第三,随着现代科学技术的发展,我国传统中医药理论显示出巨大的生命力。第四,北京同仁堂有强大的品牌优势及核心技术优势。"同仁堂"是中国中药的第一品牌,是业内著名的老字号,具有强势的品牌优势。北京同仁堂拥有完整的中医药理论体系、配方资源、技术资源和中药材资源,以构成国际营销竞争力。第五,企业文化优势和价值链优势。北京同仁堂奉行"同修仁德、济世养生"的创业宗旨和诚实敬业的道德规范。同时,也热衷社会公益,树立企业形象,维护金字招牌的社会声誉,提高了消费者对产品的忠实度。而且,北京同仁堂稳健地开展价值链的纵向延伸,奠定了企业迈向国际化的坚实基础。既加强对价值链上游环节的控制,也不断地拓展价值链的纵向延伸,建立国际化营销渠道和营销网络。根据文化认同的差异采取步步为营的策略,由对中医药文化接受程度高的地区,逐渐向文化差异国家和地区进行渗透。

3. 同仁堂营销宣传的改进之处

在广告中,还需传递一些与时俱进的理念。第一,不断创新,抢占高端市场。在人们追求"自然、绿色、健康"的时代潮流中,中药具有得天独厚的优势。同仁堂当采用高新技术和先进工艺改造和提升传统中医药产业,争取中药生产现代化、技术专利化、专利标准化,抢占国际中药市场的话语权,保持在产业价值链中的优势地位。第二,更新中药理念,深入开拓国际绿色保健品市场。从目前国际植物药状况分析,大部分中成药适合以健康食品的身份进入国外市场,而不需要报批和进行临床试验。同仁堂利用现有的资源,研制开发绿色中药和绿色保健食品,形成具有同仁堂特色的绿色中药系列、绿色保健食品系列,以扩大同仁堂品牌的国际市场覆盖。第三,对于同仁堂的中药,可针对不同的品种,实施不同的价格策略。针对疗效显著、成分复杂、工艺独特的产品宜实施撇脂定价,树立企业高端的产品形象;针对比较容易仿制、竞争比较激烈的产品,宜实施渗透定价,用其显著疗效来扩大市场占有率和品牌知名度。第四,广告宣传突出了"绿色"、"健康"两大主题。中药的纯天然性,与西药的副作用相比是其最大的优势。绿色营销符合人们注重医疗保健、回归自然的消费需求。所以中药应该以此为主要诉求点,以扩大影响,来刺激患者对绿色中药的需求,达到促销的目的,同时还可以加强和建立与国外有关绿色组织的联系,共同组织宣传活动。第五,有着浓厚文化气息的中药产品可以在国际市场上展开影响,公共关系尤为重要。中药进入国际市场的障碍很多,文化和观念上的差异是最重要的因素。一方面要在中药的质量控制方面努力与国际接轨;另一方面中药作为不同的体系,仍要保留自身的特色。关键要通过有效的途径让外籍人士深入了解中医药的渊源和神奇疗效。例如通过政府的力量组织不同规模和级别的中医药学术研讨会,参加公益绿色活动,参加各类展会等。

综上,这则《同仁堂十大名药宣传片》广告立足于同仁堂的理念品牌向消费者介绍十大名药,以书本翻页为线索,采用中国风的风格多手法、全方位介绍了十大药品的历史渊源、中药材料、功能效用以及制药过程,给读者耳目一新的感觉。但宣传广告并未表现出同仁堂与现代化生活,尤其是与当代年轻人联系紧密。在展示内容上,可偏向消费者更为关心的"绿色、健康"理念;在展示手法上,可融入更多的现代化和国际化气息;在宣传内容上,应使企业发展战略与国际化战略有更为充分的联系与体现,让广告吸引更多的消费者。从而,促使北京同仁堂提高国际营销能力,以及提升国内外的品牌影响力。

第七节 高洁丝——"亲柔无忧"与"亲密柔情"

高洁丝（Kotex）为金佰利公司的旗下品牌之一，是全球健康卫生护理领域的领导者。公司成立于1872年，在全球37个国家或地区设有生产设施，拥有42500名雇员。个人健康护理用品、家庭生活用纸和商用消费产品是金佰利公司三大核心业务，年销售额逾212亿美元，产品销往175个国家和地区。在140多年的创业历史中，金佰利公司拥有众多发明成果和世界首创，高洁丝（Kotex）作为第一个向公众进行经期教育的品牌使一次性经期护理用品被广泛接纳。

一、金佰利与高洁丝

金佰利公司（Kimberly—Clark）一直以完美质量、优质服务、公平相待而闻名，其生产的著名国际品牌产品已经成为消费者日常生活中不可分割的一部分。全球每天约有1/4的人使用金佰利公司的产品，并且相信这些产品将为他们的健康与生活带来更多的便利。舒洁（Kleenex）、好奇（Huggies）、高洁丝（Kotex）、斯考特（Scott）、成长（Pull—Ups）儿童裤、得伴（Depend）、安得列司（An—drex）和泊思（Poise）等金佰利旗下知名品牌，在80多个国家都占据着排名第一或第二的市场份额。如表6—5所示，在140多年的创业历史中，金佰利公司拥有众多的发明成果和世界首创。同时，金佰利公司也是世界级家用纸类、无纺布及吸水体方面技术的创始者。金佰利公司在中国的业务发展始于1994年。截至目前，金佰利中国已在北京、南京、上海等地拥有4家生产机构。金佰利公司致力于在中国的长期发展，大力投资旗下的各个品牌，如舒洁（Kleenex）、好奇（Huggies）、高洁丝（Kotex）和得伴（Depend）等，这些品牌已成为中国知名品牌，并赢得了成千上万中国消费者的喜爱。

表6—5 品牌历史

年份	品牌大事记
1872	金佰利公司的四位创始人在美国威斯康星州（Wiscon Sin）的尼那市成立了金佰利公司（Kimberly—Clark）
1890	首推斯考特（Scott）浴室卷筒卫生纸
1907	首创世界第一款斯考特（Scott）纸手巾
1920	推出妇女卫生巾高洁丝（Kotex），成为第一个被广泛接纳的一次性经期护理用品
1924	推出世界上第一款面巾纸舒洁（Kleenex），现已成为纸巾的代名词
1929	金佰利公司正式在纽约证券交易所上市

(续)

年份	品牌大事记
1968	推出金贝贝（Kimbies）纸尿裤，开始进入婴幼儿纸尿裤市场
1975	米思米（WYPALL）工业擦拭系列产品上市，并在不久后成为全球领导品牌
1978	好奇（Huggies）纸尿裤上市
1980	率先推出成人纸尿裤品牌得伴（Depend），为尿失禁患者带来了福音
1989	成长（Pull—Ups）儿童裤全球首创
1992	针对轻度尿失禁者推出泊思（Poise）护垫产品
1994	金佰利进入中国市场，引进国际先进管理制度以及多种新产品和新技术，为中国消费者带来高品质的产品
1996	全球纸巾领导品牌舒洁（Kleenex）进入中国市场，服务中国消费者
1997	开创儿童纸制泳裤品类，推出小鱼（Little Swimmers）品牌
1997	金佰利向中国市场推出好奇（Huggies）纸尿裤，这是由跨国公司引进中国市场的第一款高档婴儿纸尿裤，给中国的宝宝们带来了世界级的关爱
2002	金佰利创新研发出带有独特聚烯烃系纤维（Ethylene—Propylene Side By Side，ES）瞬吸结构的瞬吸蓝卫生巾，给中国女性带来了国际一流的悉心呵护
2004	好奇（Huggies）儿童沐浴系列用品上市
2006	全球著名妇女卫生护理品牌高洁丝（Kotex）产品引入中国市场，为中国女性提供最温柔贴切的保护
2007	金佰利在美国威斯康星州阿普顿（Neenah）设立了全新的研发实验室，进一步加强研发实力
2008	成人失禁护理领导品牌得伴（Depend）正式登陆中国，为中国的尿失禁者带来了福音
2011	金佰利中国旗下舒洁（Kleenex）品牌面纸全线产品通过高标准的国际森林认证体系 FSC 产销监管链（COC）认证
2013	高洁丝（Kotex）打破卫生护理用品领域单一选择的局面，推出全新"双质感"尊享系列产品，为女性们带来"爽吸与亲肤"二合一的独特体验

在进入中国市场的二十余年中，金佰利公司持续拓展中国的生产设施，将中国作为其越来越重要的全球产品生产基地之一。同时，如表6—6所示，作为一个负责任的企业公民，金佰利公司不断投入进行新产品开发、技术创新和质量控制，以高效的生产确保当地社区的可持续发展，以优质的产品改善中国消费者的健康水准和生活质量，并且积极开展环境保护以及关怀儿童、妇女和老人的公益活动，促进社区融合和健康发展，被业界和消费者广泛称道。同时，金佰利公司将员工视为企业可持续发展的动力，营造积极和谐、充满活力的工作氛围，给予员工最佳的发展机遇平台，充分展现其卓越才华，实现超越成长。金佰利信奉"正直"、"担当"、"创新"、"关爱"为公司一切行为的准则，并致力于成为以为社会不断创造价值而著称的行业领导者，以引领生活用品新典范，共创美好生活。

表 6—6 企业文化

使命	引领生活用品新典范，共创美好生活
愿景	成为以"正直"、"担当"、"创新"、"关爱"，为社会不断创造价值而著称的行业领导者
价值观	信奉"正直"、"担当"、"创新"、"关爱"为一切行为基本准则，确立并实践 ·正直：诚实正直，实事求是，做正确的事 ·担当：主动承担，以身作则，着眼未来 ·创新：挑战常规，不断学习，鼓励承担风险 ·关爱：尊重互信，致力人员发展，以环境和社会公益为己任

二、企业理念

1．"亲柔无忧"

高洁丝系列广告在设计上别出心裁，与其他卫生巾广告不同。例如，高洁丝"亲柔无忧"猫咪广告。每个月总有那么几天生理期是女性（Lady）们烦心的，面对烦心时候的姑娘们，卫生巾就像男朋友的温柔一样，显得格外重要。什么，没有男朋友？那也没关系，高洁丝在 8 月初带着两只萌猫咪推出的一则新广告，完全能够让你倍感亲柔。如图 6－27 所示，"猫咪天生就敏感—女人就像猫咪一样敏感—高洁丝给女人亲柔贴体的呵护"，通篇仅有三句文案，简单直接的沟通，让关键信息有效传达，这也符合整支 TVC 的轻松氛围。另外，广告还挖掘到了女性生理期的敏感类似猫咪般敏感的洞察，这是其他卫生巾品牌目前并无体现的一个新亮点。关键的是，很多女性自己养猫、爱猫，甚至经常自比为猫咪。于是这个洞察不得不被承认，没错，女人就像猫咪一样敏感，这样也进一步让产品贴近了消费者。最后值得一提的是 TVC 的表现形式，搭配乖巧淘气的蓝调音乐让产品显得小资又女人，还巧妙地和猫咪贴上胶带后

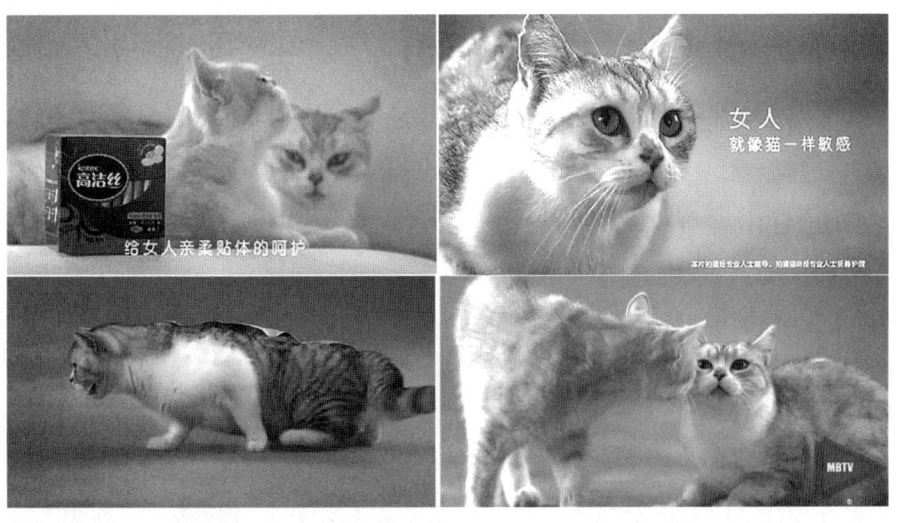

图 6－27 高洁丝"亲柔无忧"猫咪广告视频截图

千奇百怪的走姿相结合,在轻松、可爱的风格里引导出了消费者对产品的认同。在其他卫生巾广告都在突出"更宽、更薄、更吸收"等产品优势的同时,高洁丝用这种更温柔的方式与消费者沟通,显得别有一番情趣。

2. "亲密柔情"

如图6—28所示,第二则广告,女性用自白的方式,说出了自己的择偶标准(此时画面中是一位帅气的男性):"他养眼,看着就让人心情舒畅;他不只一面,有时温柔有时爽快;他有安全感,随时挺身而出保护我;他是唯一,亲密柔情,无可替代。找亲柔无忧的男人难,找亲柔无忧的卫生巾不太难(此时画面中的男性变成了卫生巾)。"最后,在出人意料的结局中,推出了产品。

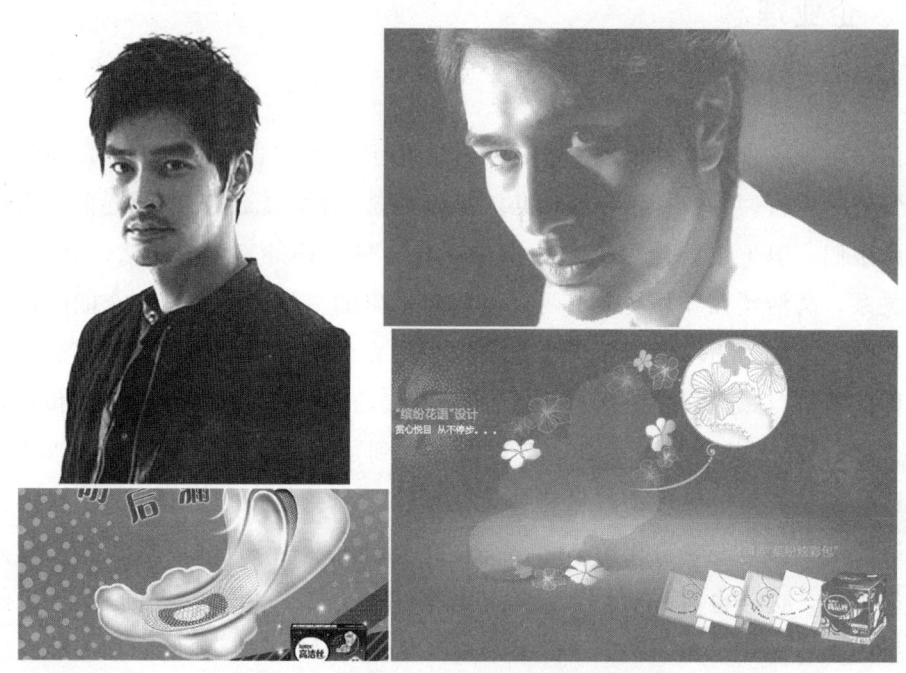

图6—28　高洁丝"亲密柔情"广告视频截图资

3. 微博、微信

一款卫生巾,如何才能吸引消费者的关注与兴趣?高洁丝在微博上提交了一份完美的答案。高洁丝新品AiR系列的整体营销策略是近来颇为流行的"借势营销"。如图6—29所示,2015年7月14日,不少用户在登录微博账号的时候,在首页发现了这样的一个页面广告:银色的纯色背景上只写着一句广告词——"新一代AiR,岂止于薄"。让人捉摸不透,难道是苹果又发新品?紧接着,"微博大V"来助阵,集体发布一款"谍照"。

神秘感、科技感十足,尤其是破天荒的"薄度"作为数码产品的术语实在技惊四座,让人不禁产生疑问:这到底是什么产品?如图6—30所示,正当大家热议的时候,高洁丝官微在中午11时55分发声:"♯新AiR来了♯史上最瘦的'吸血鬼'大片已上映。"答案揭晓:高洁丝新品AiR,吸收体薄度仅为0.08厘米,相当于10张A4纸,

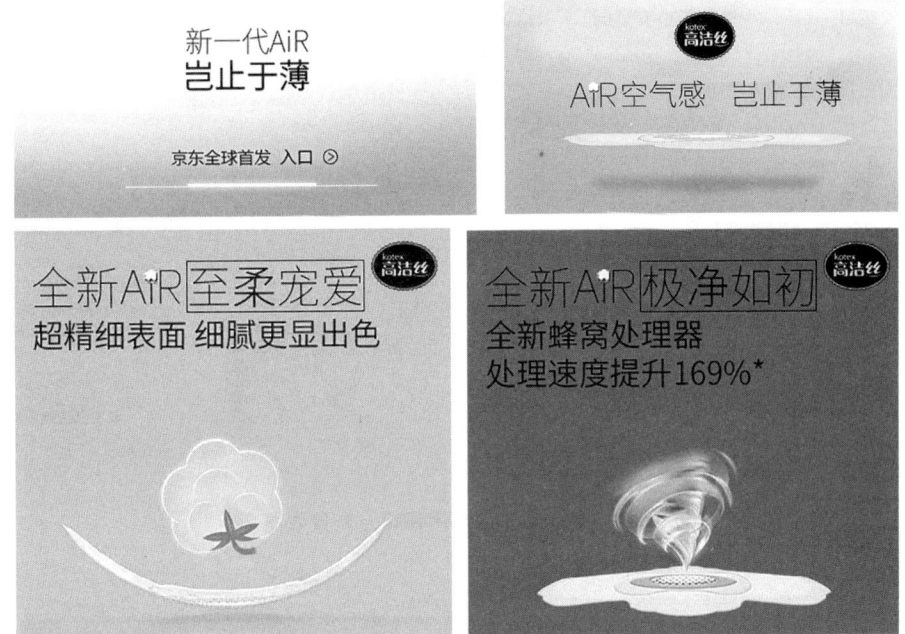

图 6—29　高洁丝微博广告截图之一

极致科技，精湛工艺，不仅薄，还安全，将大众认为的科技产品的卖点巧妙地衔接到卫生巾上。

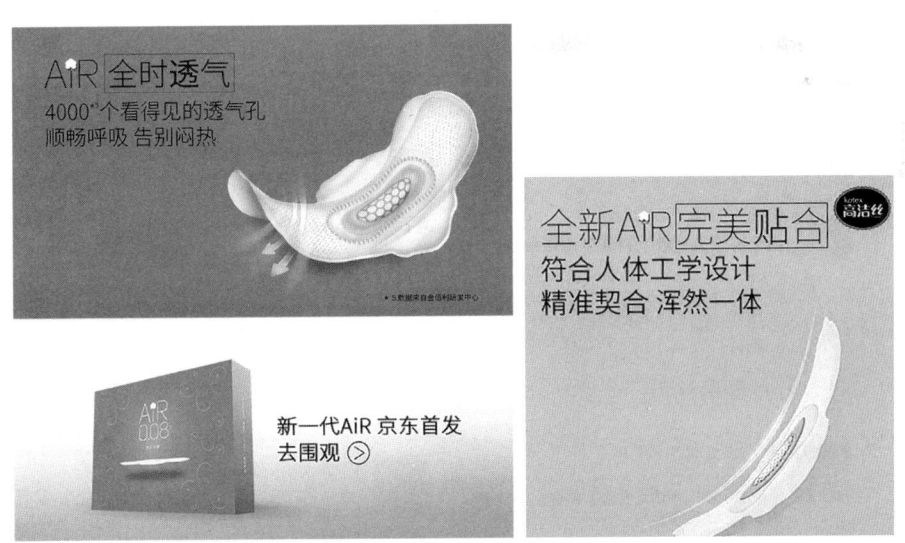

图 6—30　高洁丝微博广告截图之二

游戏还未结束，高洁丝竟然又分别送给吴昕和杜海涛 AiR 新品礼盒，杜海涛大呼："好巧，我也收到了！"官微互动："对不起，我发错了！"如图 6—31 所示，更有趣的是，潘玮柏再度转发杜海涛的微博说："我也买到了，但是是金的！"诸多粉丝忍俊不禁。

如图 6—32 所示，此次活动结果不言而喻，仅仅半天，微博话题阅读量破亿，讨

图 6-31　高洁丝微博评论与广告截图

论量达到两万。连朋友圈都被"霸屏"了。

图 6-32　高洁丝微信朋友圈评论截图

三、传播效果

其实，卫生巾广告在大多数人眼里属于一个禁忌的话题，认为它是一个不该广而告之的产品。但是，只要在广告形式得当，且不有损女性形象的前提下，还是可以在媒体上进行公开推广的。作为一个女性，每个月都会有那么几天不舒服，甚至有时候动一下，就会感到很不舒服。此时，如果使用的卫生巾没有足够强的吸水性，或是宽度不够适宜，时常会有所担心，极不方便，也非常令人尴尬。所以，对于广大女性而言，选择一款合适的卫生巾就变得尤为关键了。于是，在看到这两则广告之后，女性消费者愿意尝试这两款高洁丝产品，并感觉到各方面都很满意，如果产品实际很符合广告宣传，那么就会更觉得自己选对了产品。

第一则广告在说，通常处于月经生理期的女性都会变得特别敏感，而猫咪又是敏感的动物。于是，巧妙地将女人比作猫咪。这样，更能体现出高洁丝卫生巾给女性带来轻柔、体贴的呵护。以轻松、可爱的风格，引出了消费者对产品的认同。由于卫生巾广告在介绍产品的使用功能时，经常要涉及女性隐私。那么，在广告播出时，可能就会让女性感到很不自在，进而不会有所关注。但是，这则广告就很好地避免了这种尴尬。特别是对于一个喜欢猫咪的女性，或是一到"那几天"就会特别敏感的女性，看到这则广告，很容易激发购买需要。并且，可能毫不犹豫地买来使用一下，看看是否像广告中说的那样神奇。毕竟，每位女生都希望"那几天"可以像往常一样平静地度过。如果效果确实让人满意，那以后就会认准高洁丝这款产品了。

第二则广告在说，当女性想找"另一半"时，就像选择卫生巾产品一样，其特点在高洁丝上都有所体现。例如，这款卫生巾上有好看的花朵图案，让人看着心情舒畅；卫生巾分为"棉柔纤巧"和"干爽纤巧"两款，满足女性的不同需求；安全感体现在更宽、更薄、更吸收；最后一点是"亲密柔情"，也是高洁丝卫生巾最大的特点，给女性更轻柔体贴的呵护。这则广告也是以一种较为委婉的形式，展现了该产品特点。每位女性肯定都希望自己找的"另一半"是最优秀的、最出色的、最体贴的、最舒心的。在生病不舒服的时候，被男朋友悉心照料。虽然找一个这样的男朋友不容易，但高洁丝卫生巾却能给你这样贴心的体验。这则广告似乎在传达这样一个信息："单身的女性朋友们，你心动了吗？心动就赶快行动吧！广大的单身女性，如果找不到一个体贴的男朋友，那就一定要找到一款体贴的卫生巾！高洁丝就是你的不二之选！"

在微博、微信上做广告，需要抓住"现代都市白领都把大部分时间花费在网上刷微博、刷朋友圈"的特点。这两则高洁丝广告仅仅挂在网上半天，其微博话题阅读量就已破亿，讨论量也达到两万。可见，这种微博营销的效果非常强大。

四、营销启示

新媒体广告营销是以互联网为载体，基于新媒体传播的方式、方法和理念开展的营销活动，更有效地促成个人和组织交易活动的实现。互联网成为一个辐射面广、交互性强的新型媒体，不再局限于其他类媒体的单项性传播，而且还可以与媒体的接受者进行实时的交互式沟通和联系。新媒体广告营销是一个更具有吸引力、诱惑力和挑战力的市场。通过新媒体视频广告，高洁丝公司抓住了用户的需求。根据用户的喜好以及关心的话题，来展开对产品的介绍。这样的营销方法，更容易让用户有所悟、有所感，激发用户的兴趣，产生购买欲望。

例如，在微博上做广告，借助大众熟悉的品牌进行自我传播的做法并不少见，但最终实现的效果却有所差异。要想取得良好的营销效果，企业广告营销需要注意以下两点：第一，寻找到产品与借势品牌之间的关联点。例如，借"苹果 AiR"的噱头，高洁丝巧妙地将产品"薄"的特点与科技产品相结合。这种简单又不乏创意的做法，让新产品在短时间里迅速被受众认知。第二，增加品牌营销方与受众之间的互动性。无论是开始的微博悬念广告，还是后来的新产品发布，以及"微博大V"的互动转发，高洁丝都十分注重消费者的主体存在感。如果忽视消费者在营销过程中的中心地位，那么营销最终会变成一场自娱自乐的独角戏。

由此可见，高洁丝广告之所以比其他的卫生巾广告做得成功，主要是因为其新颖的营销方式和广告形式。其他的卫生巾大同小异，以比较直接的形式来做广告。而高洁丝的广告是含蓄的，易于让人接受的。其原因是，高洁丝构建了"体验式品牌"系统，将受众的体验认知带入品牌。在该系统流程中，品牌先创造出接触点，通过感知体验、思维体验吸引受众注意；然后通过行为体验、情感体验、联想体验唤起品牌与受众之间的情感共鸣与思维联想。其较为理想的效果是导向受众对品牌的理解并改变态度，为进一步的行动提供意向。若无法成功导向理解，则进入另一分支流程，通过体验挑起受众的好奇心，激发受众主动了解品牌传播的内容，最终导向理解、改变态度。

第八节 杜蕾斯——"蹿红微博是王道"

无论是电视或平面媒体的传统广告形式，还是现在迅速发展的互联网广告形式，都一直在吸引消费者的眼球。通过运用网站上的广告横幅、文本链接、多媒体的方法，在互联网直接刊登或发布广告，将广告内容直接以数据形式传递给互联网用户。与传统的四大传播媒体（报纸、杂志、电视、广播）广告及常用的户外广告相比，互联网平台是一个全新的广告媒体，其具有到达速度快、成本低、效果好等特点。不仅是中小企业广告运作获取效益的良好途径，同时也便于国际企业集团广泛拓展相关业务。也就是说，广告主需要走在广告营销与传播媒介变化的最前沿，才能在商战中百战百胜。目前，有许多产品品牌都瞄准了互联网广告传播模式，如借助微博、微信等社交平台，发布当下的流行广告。下面以杜蕾斯为例，重点分析该品牌产品在互联网平台上的广告投放策略及效果。

一、杜蕾斯简介

杜蕾斯（Durex）品牌诞生于1929年，名称源自三个英文单词的组合：耐久（Durability）、可靠（Reliability）和优良（Excellence）。历经八十多年的时间考验，杜蕾斯已经成为卓越品质的代名词，深受全球消费者的信赖。杜蕾斯安全套在全世界150多个国家销售，在40多个市场占据主导地位。杜蕾斯品牌占据了世界40亿安全套市场份额的26%，其每年生产约10亿只安全套，占全球总量的1/4。在中国，青岛伦敦杜蕾斯有限公司成立于1998年，是中国首家生产安全套的合资公司，生产和销售世界知名的杜蕾斯品牌下属的安全套和润滑液产品。而且，专供中国市场，占据了30%~40%的市场份额。2010年，被利洁时收购后，杜蕾斯顺应传播环境的变化，在中国市场更加大了数字营销的传播和推广力度。

在中国，杜蕾斯这类产品在消费者中很敏感。所以，在传播的时候，有许多需要注意的问题。杜蕾斯的口号是"LOVE & SEX"。除了爱情，还有如性感、安全、时尚等传播关键词。当然，随着中国社会观念的发展，越来越多的年轻人不再谈"性"色变，而是以一种健康的心态去了解和分享。杜蕾斯作为全球知名的性健康品牌，致力于通过提供创新性的产品和解决方案，让人的生活更健康、家庭更幸福，这正与中国市场不谋而合。

1. 优势

多年来，杜蕾斯塑造的产品形象是经久耐用、舒适度高和安全可靠。而且，品牌知名度高，注重技术革新。杜蕾斯曾推出第一个配有润滑剂的安全套，以及第一个符合人体生理结构的安全套。新款式、新样式层出不穷。不同的颜色、味道、薄厚等类型，能满足不同人的需求。另外，中国的消费者开始注重宣传传染病的危害，人们更加注重保护自己和伴侣。同时，随着政策的转变，安全套广告宣传逐渐浮出水面，安全套市场将更加开放。更重要的是，消费者更加注重产品质量，目标消费群体的目光已经从低端廉价的产品移向质量占优的高端产品。

2. 劣势

和同档位品牌相比，杜蕾斯产品价格高，会因此流失部分消费者。同时，市面上的安全套品牌多而杂，质量参差不齐。另外，对该类产品的管理、认证和监测比较混乱。

3. 机会

据调查数据显示，青少年第一次性行为的年龄正在降低，中国人性伴侣平均数量正在上升。随着社会舆论的逐步开放，对安全套的宣传、推广力度加大，中国人的性观念正在发生改变。同时，女性性观念的转变，也让更多潜在的女性消费群体浮出水面。微博、微信等网络平台的兴起和普及，也为杜蕾斯树立品牌形象带来了良好的

4. 威胁

2016年，中国放开二胎生育政策，提倡一对夫妻生育两个子女，会减少部分潜在消费者。《人口与计划生育法修正案（草案）》规定，依法生育二孩的夫妻，会享有一定的福利待遇。此外，杰士邦等竞争对手以一系列有效的营销手段，逐渐侵占杜蕾斯的目标市场。同时，本土安全套品牌正在崛起。而且，由于相关法律法规的规定，杜蕾斯的产品宣传渠道有限，宣传受到限制。

二、企业理念

截至2014年底，已经有4万多个品牌在新浪微博上开设官方账号。由于受众越来越依赖微博平台，各大品牌也不惜冒着"生命危险"出镜。但是，经营微博平台和一般的广告形式不同，品牌更加需要注重与消费者的互动。2011年2月，杜蕾斯开通新浪官方微博。目前，已有150多万粉丝量，累计15689篇微博。杜蕾斯微博营销的特点就是塑造情感形象。起初，杜蕾斯官方微博的形象并不是如此多元化，而是将自身定位成"宅男"形象，单纯地发布或者转发产品相关的话题，把微博当成一个免费的广告牌。这种"自说自话"的模式，很难引起微博用户的兴趣或共鸣。当时，品牌缺乏一定影响力，广告营销收效甚微。其实，微博就像人一样，要有自己鲜明的特点和个性。网络热点很多，不一定要将所有内容都结合进去。比如，微博上的两个热门体裁：一是"抱抱体"；二是"杜甫很忙"。杜蕾斯就使用前者来发微博。因为"抱抱体"是在阐述人与人的关系的，这符合杜蕾斯的定位。

如图6—33所示，品牌官方微博很重要的作用就是，与粉丝进行互动。杜蕾斯几乎是所有的官方微博中最喜欢与粉丝沟通的。杜蕾斯平均每天要回复400多次，最高纪录是一天回了1000条。杜蕾斯每半个小时进行一次关键词搜索，能够及时找到粉丝对杜蕾斯的评价，不错过任何一个与粉丝交流的机会。要做到这一点，其实是以专业化团队的严谨运营为基础的。据了解，仅杜蕾斯微博的维护人员就有12个，分为文字组、图片组和视频组。其团队分工细致，仅微博版面设计就分为内容、文案和回复几个工种。内容人员主要负责微博信息发布，文案人员策划主题，两名回复人员则需要在官方微博的所有"@杜蕾斯"网友评论里筛选并回复有趣的内容。每天早晨，微博团队都会召开例会，讨论当日热点，确定主题。杜蕾斯微博每天大概发布十条信息，其中，原创需要占6~8条，其余则来自网友微博里的内容，仅杜蕾斯的微博网友评论每天就达到2万多条。网民也成为创意的一分子。杜蕾斯努力让粉丝意识和感觉到，杜蕾斯不只是一个品牌，更是一个活生生、有个性的人。

1."雨夜传奇"

2011年6月23日下午5点，北京天降大雨，而这时也正好临近下班，大雨倾盆，

第六章 不同行业企业综合案例分析（下）

图6-33 杜蕾斯新浪官方微博

微博网友也开始讨论如何回家。如图6-34所示，此时一个叫"地空捣蛋"的网友发来一条微博："北京今日暴雨，幸亏包里还有两只杜蕾斯！"下午下班时间，雨越下越大。新闻报道地铁站因积水关闭，京城大堵车，意味着很多人回不了家，也意味着很多人在微博上消磨时间。运营团队负责内容的成员立即切入这一热点，并把杜蕾斯品牌植入其中。同一天，竞争品牌杰士邦也跟进了几乎雷同的微博营销，但是反响不大。2分钟后，该帖子已经被一些大号主动转发，并迅速扩散。5分钟之后，杜蕾斯官方微博发表评论"粉丝油菜花啊！大家赶紧学起来！！有杜蕾斯回家不湿鞋～"，并转发。

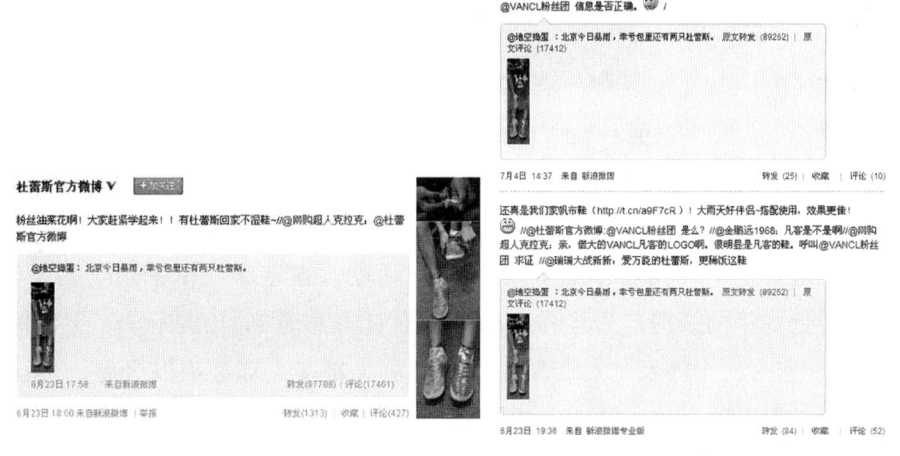

图6-34 杜蕾斯"鞋套哥"微博广告

· 199 ·

20分钟之后，杜蕾斯已经成为新浪微博一小时热门榜第一名，并在当晚12点转发近6000条，成为6月23日全站转发第一名。把此前地铁站因积水关闭的新闻甩在身后。3天内，最高转发超过了9万条。接下来的一周，"中国日报"英文版也将此案例评为"2011年最有代表性的社交网络营销案例"之一。而且这次没有花费一分钱预算的事件传播，可以与CCTV黄金时间点的3次30秒广告的效果相媲美。同时，在社交网络里转发的人，大部分是对杜蕾斯品牌有认知的消费者。

虽然这件事是杜蕾斯官方的一次广告，包括所谓的"网友"——"地空捣蛋"也是计划之一，但这次的广告收效却非常不错。因为用这个概念做广告会影响杜蕾斯的品牌形象问题，所以最终执行时选取了一个小号"地空捣蛋"来发布图片。其实，"地空捣蛋"就是杜蕾斯公司微博运营团队成员之一。

2. "牵手门"

2015年12月2日，是交通安全日。如图6-35所示，这一天前，就是12月1日，唱着"对你爱爱爱不完"的郭富城在微博上晒出了一张图片：郭富城微博链接。然而，在微博上公布恋情的不仅是郭富城，之前的范冰冰和李晨的"我们"也引爆互联网。一个在车里两手相握的图片，迅速引起了无数有"狗仔队员"潜质的网友们追捧，达到1.4亿阅读量。在这个话题中，最重要的是全民参与，而网络营销要制造的就是参与感。郭富城这一个简单的手势，就让大家都嗨起来了！

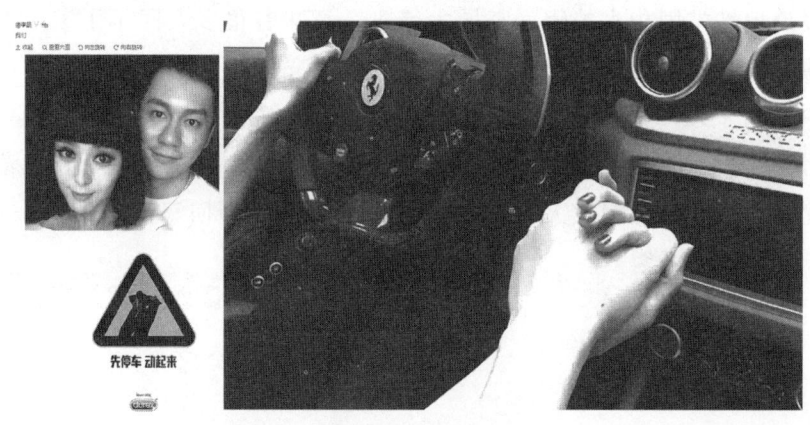

图6-35 杜蕾斯"牵手门"微博广告

再加上使用了郭富城的歌词，与杜蕾斯品牌产生紧密的联想。"歌词＋杜蕾斯"马上使网友浮想联翩了。图片没有直接使用原图，而是用剪影做成了交通安全的提醒标志。加上"交通安全日"，形成典型的借势营销活动。在这次"牵手门"营销事件中，凸显出杜蕾斯近些年的微博广告运作经验，也会让人感觉到杜蕾斯一向是互联网营销的"领头羊"。作为一个涉及"私密"的产品品牌，很多人都会难以启齿，可杜蕾斯利用亲民的态度、诙谐的手法，紧跟时事热点，轻轻松松就造成了全民讨论的事件氛围，潜移默化地宣传了品牌文化，加深了消费者的认知度。

另外，为什么郭富城拍了张照片，就会引爆互联网？有人说明星干什么都有人关注，这只是一方面因素。实际上，在新媒体广告营销中，体现为"关键人物或意见领袖"传播策略。通常会选择明星、网络"大咖"助推品牌的互联网传播。同时，要找到可以轰动的网络话题。"牵手门"广告引入的话题会"红"、会"火"，主要体现在以下三个方面：

（1）时机好。交通安全日，不是什么人尽皆知的节日，但是对于媒体、社会化媒体运营来讲，是要了解的。即便这次郭富城发此微博也纯属无心之举，但恰好赶上第二天是交通安全日，而且各地区交警官方微博运营"小编们"的嗅觉都十分敏感。在互联网上，只要彼此间有一些积极的正向互动，或略带调侃，或一本正经，便会引发很多网友参与互动。

（2）参与感。人人都可以玩。选择这样的微博合照，可以让更多的人参与进来讨论与调侃，对用户的感染力是巨大的。各大企业也玩起了借势营销，使用文案、图片等各种招数配合营销。其中，有些创意设计得非常巧妙。比如，杜蕾斯引用郭富城的一句歌词，就秒杀了参与的其他同类竞争品牌。

（3）娱乐化。仅仅以这个"郭富城事件"话题，就有很多文章可以做。例如，关注"网红"，剖析"网红"如何成名、明星恋上"网红"等。另外，2015年12月1日郭富城的明星八卦消息一出，其前任女友熊黛林在12月2日就公布其新的恋情。这样，娱乐化的微博话题就一环连一环地关联上了。

3. 近期案例分析

除此之外，杜蕾斯官方微博的更新频率，基本保持每天都会更新。而且，与近期社会热点问题，以及网络热点话题都高度相关。

（1）如图6—36所示，比如2015年"白色情人节"刚过去不久，杜蕾斯全新AiR空气套上市，在哔哩哔哩（Bilibili）视频网站，以及微博、微信等社交媒体上引发了空前讨论和组团围观。

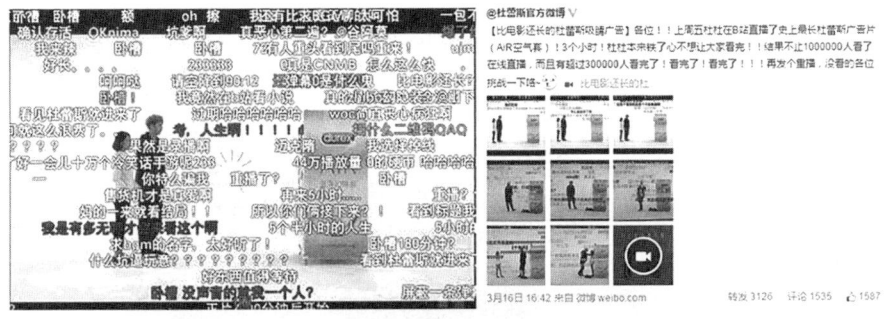

图6—36 杜蕾斯比电影还长的吸睛广告视频截图

（2）如图6—37所示，借风近期上映的电影《老炮儿》，12月26日杜蕾斯官方微博也发布了一条相关微博。

（3）如图6—38所示，平安夜，杜蕾斯发布："圣诞竖起来了吗？"

（4）如图6—39所示，正值《神雕侠侣》热播，"小龙女变小笼包，遭调侃"。

图 6-37　杜蕾斯 "老炮儿" 微博广告

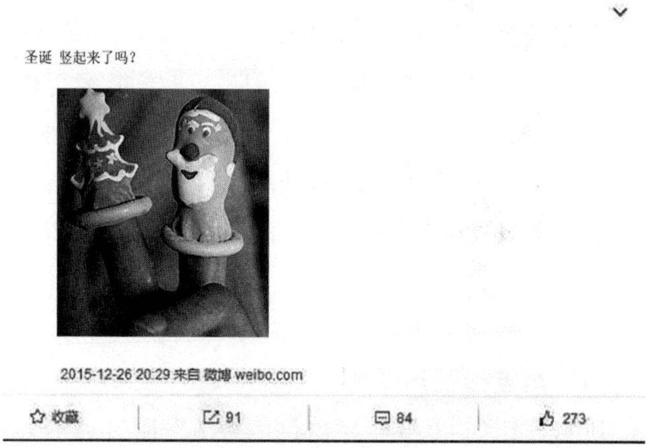

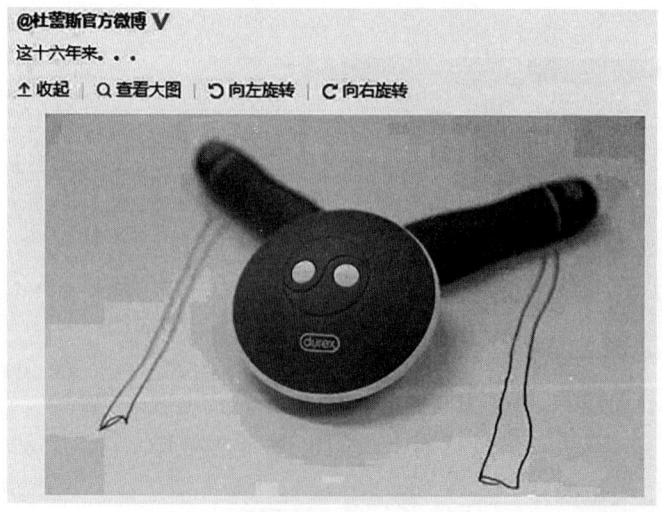

图 6-38　杜蕾斯圣诞节微博广告

图 6-39　杜蕾斯 "《神雕侠侣》之小龙女变小笼包" 微博广告

挑逗网民神经的内容一般很容易"火"。可以说,杜蕾斯在互联网广告时代"蹿红",是因为这个原因。但不可否认,从微博到微信,"小杜杜"(杜蕾斯网络别称)一路走得很用心。完全拒绝使用"官方"等词汇,而是与其微博粉丝们称兄道弟,嬉笑怒骂,很"接地气"。杜蕾斯把官方微博设计成为一个"有一点绅士,有一点坏,懂生活又很会玩的人,就像夜店里的翩翩公子"的形象。在其微博粉丝的眼中,"小杜杜"是有"千面"的,这都来自运营团队的良苦用心。

三、传播效果

根据传播链条的统计,杜蕾斯此次微博传播覆盖至少5000万新浪用户。同时,在腾讯微博、搜狐微博的发布,影响人群也在"一千万"的级别。据AC尼尔森的统计,杜蕾斯2011年的销售额增长超过50%。比如,在武汉的销量也在2011年首次超过杰士邦。杜蕾斯的经销商们说,其144字的官方微博对销量增长的贡献,真不可小觑。例如,杜蕾斯这次"雨夜传奇——鞋套哥"微博广告营销的成功,究其原因可以概括为以下两点:网络微博一级传播带动二级传播,以达到更广泛的广告效果;利用内容的"新、奇、特",有目的地进行一场涉及公共关系的网络舆论传播。

1. 微博营销

(1) 内容。在中国,像杜蕾斯这样的产品是很敏感的东西,在传播时要注意很多问题。杜蕾斯的口号是"LOVE & SEX"。因此,在网络上会谈比较多有关"LOVE"的内容。例如,"有爱情,才有伴侣嘛!"除了爱情外,还有一些其他的营销关键词,比如性感、安全、时尚、幽默等。一般来说,做商业品牌微博广告营销的内容有以下重点规则:第一,不碰政治;第二,不涉及宗教;第三,不牵涉、不攻击竞争品牌,甚至是其他任何人、事、物。因此,只要是相关热点,又不牵涉敏感话题,杜蕾斯官方微博都很愿意与网民一同分享,如公益、慈善等方面内容。例如,在温州动车事件发生后,杜蕾斯官网首页一律换成单灰色调,挂上黑丝带标志,并且宣布停止更新微博娱乐信息一天,以示悼念。这就是一个知名品牌应该有的社会公益态度。

(2) 方式。企业使用新媒体广告传播时,普遍认为"先微博、后营销"。作为一个官方微博,要先交朋友,然后才可以提产品品牌的事情。杜蕾斯希望通过微博营销,让品牌更加亲切,与消费者更加亲近。特别是与消费者互动最关键的一点,就是要先学会聆听。微博营销的好处在于,可以迅速得知消费者的反馈,并迅速做出反应。企业要放下身段,倾听消费者心声。对于微博营销来讲,有"人味"是很重要的。杜蕾斯几乎是所有官方微博中最喜欢和粉丝沟通的品牌之一。在中国,人们认为"性"是"不可公开提及"的事情。但如果能够把它变成一种性感、一种时尚,或是亲切的、娱乐的网络话题,则网民都能很开心地转发与评论,就会有所关注。例如,有粉丝用微博分享与杜蕾斯有关的生活细节:"给朋友祝贺30岁生日,买了个小熊包装的糖果。

然后把糖果取出，把杜蕾斯产品塞进去。祝福留言是'性福满满'，一定要把它用光!"

2. 传播经验

（1）塑造品牌形象，赋予情感，人格化。"有一点绅士，有一点坏，懂生活又很会玩的人，就像夜店里的翩翩公子"，这是杜蕾斯的一句广告语，语言诙谐、幽默。让粉丝意识到，杜蕾斯不只是一个品牌，更是一个活生生、有个性的人，跟杜蕾斯交流是很开心的事情。这样，逐渐会在粉丝心中建立良好的品牌形象。

（2）别致的定位，适时调整策略。杜蕾斯微博刚开始运营时，其目标群体定位是"宅男"。但是运营团队逐渐发现，"宅男"不是杜蕾斯的主要目标受众，也限制了广告营销创意发挥。于是，又做出了及时调整。让杜蕾斯微博的风格再"往前走一些"，将其定位于"中国人的性教育上"。

（3）及时与名人微博互动，借势热点人物话题。2011年4月12日晚上，喜欢"玩水"的新浪"草根"微博主"@作业本"发了一条恶搞微博："今晚，一点前睡觉的人，会怀孕!"当杜蕾斯官方微博发现此条微博信息后，留下评论："有我！没事!!"随后，"@作业本"回复并转发两条相关微博，"@拱北"转发7000多次。当天，杜蕾斯微博就增加粉丝3000人。2013年3月18日，刘烨抢"沙发"，迅速在微博"爆红"。杜蕾斯很快发出一条微博："抢沙发算什么，叫你一声火华社长，你敢答应吗?"配上一张含有杜蕾斯避孕套的图片。然后，刘烨对此的又一次回应，又给杜蕾斯官方微博带来很多情绪激动的粉丝。

（4）与粉丝进行"流行语言体"的互动。当杜蕾斯官方微博话题推出来后，其粉丝的回复就会变得非常有意思。例如，有一个网友的微博帖子是将益达口香糖的广告词改为："兄弟，油加满，你的杜蕾斯也满了!"当时，杜蕾斯回复了一句："杜蕾斯无糖避孕套，关爱牙齿，更关心你!"粉丝又回复道："你只看到我各式各样的款式，却没看到我制作背后的历程。你有你的品牌，我有我的信誉，你可以无视我的外观，我可以证明谁可以真正给你带来安全。但那又怎样，即使被狠狠地爱着，也要拥有给你安全的杜杜。我是杜蕾斯，我为自己代言!"

3. 传播成效

（1）粉丝增长情况。如图6-40所示，根据Weibo Master微博大师对新浪微博Top 300品牌微博粉丝增长趋势的分析，可以看到Top 300品牌微博的粉丝平均增长数在35500左右，而杜蕾斯官方微博则实现了20万粉丝的突破，接近于平均水平的6倍多。杜蕾斯微博取得如此快速增长，总结其主要原因：拟人化传播策略，准确的微博性格定位；抓住时事热点，充分利用社会化媒体信息传播速度快的优势；关注意见领袖的微博动态，寻觅互动契机。

（2）内容质量差异。微博广告营销最核心的竞争，其实就是微博内容之争。因而，对于微博内容质量的评估，不可或缺。通过对每条微博传播路径的追踪，计算任意时间段所有微博的转发总数和评论总数，以设置"内容吸引力指数"，即平均每条微博获

第六章　不同行业企业综合案例分析（下）

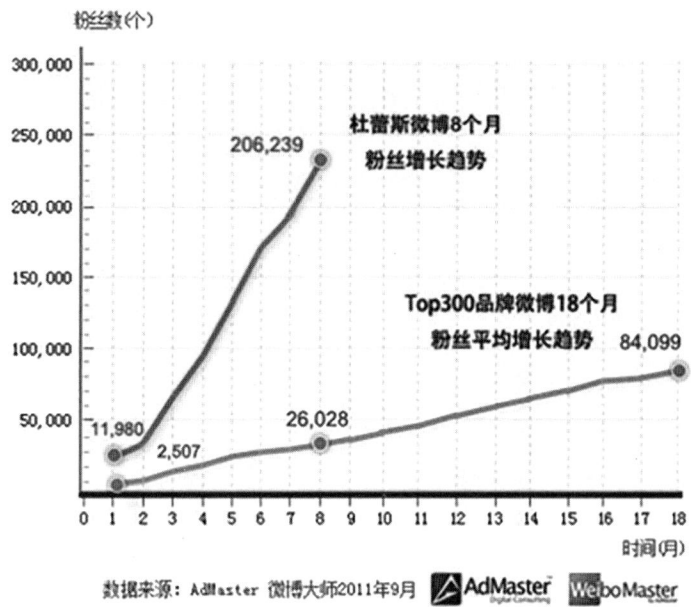

图 6—40　杜蕾斯微博粉丝增长情况

取的互动数（包括评论数和转发数）。如图 6—41 所示，以 2011 年 9 月为例，杜蕾斯官方微博吸引力指数达到 295，而 Top 300 品牌微博的平均指数只有 121，前者是后者的 2.4 倍。由此可见，"内容为王"的理念在微博营销上体现得尤为突出。

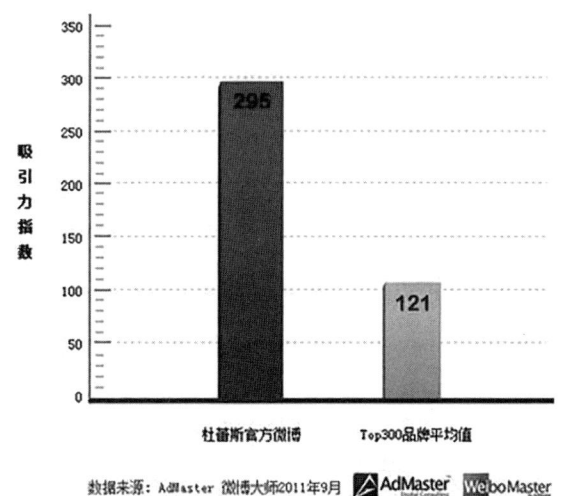

图 6—41　杜蕾斯微博内容吸引力指数增长情况

（3）曝光数。原理是计算出任意一条微博的曝光数，并追踪到该微博的转发路径和层级。如图 6—42 所示，以上文中所介绍的著名的"杜蕾斯鞋套哥事件"为例，该条微博在发出的一小时内就获得了 29536 次转发，第二小时获得 17247 次转发，前六小时共获得 81611 次转发，累计获得惊人的 62138520 次曝光。如果微博上广告每千人成本（CPM）按照 10 元人民币计算的话，那这条微博就为杜蕾斯带来了 62 万元的曝光价值。同时，通过对微博传播路径的分析，该条微博最远转发层级达到 14 层，并被粉丝超过 10 万的 60 个意见领袖转发、评论。此外，再对比一下 2011 年 9 月杜蕾斯所有微博的平均转发层级和 Top 300 品牌微博的平均转发层级发现，杜蕾斯官方微博的平均转发层级为 4.25，而 Top300 品牌只有 1.98. 前者是后者的 2.15 倍。

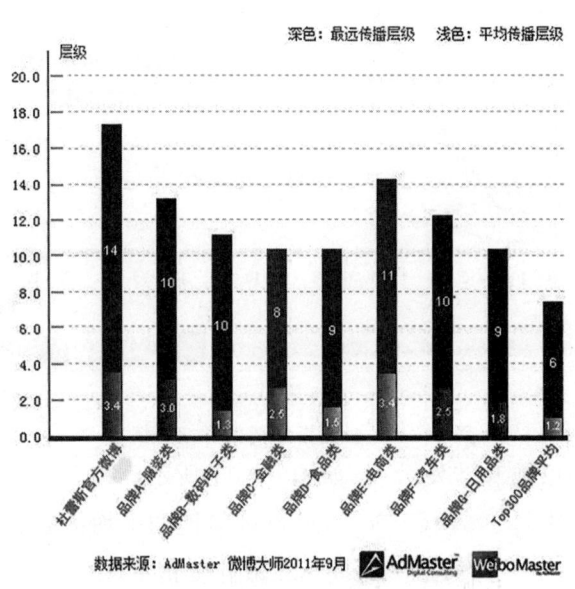

图 6—42　杜蕾斯微博曝光数情况

四、营销启示

1. 微博营销的关键要点

（1）择势。择势重要的是选择好热点：方法一，应用一些舆情监测、社会化媒体监控系统，可以捕捉到一些热点消息；方法二，可以观察并监测微博热门排行榜、百度热搜榜等网络榜单的变动情况，不要总是盯着前十名、前五十名或前一百名的热点，价值也很大，可以先进行预判，提前做好准备撰写软文的工作；方法三，如果人力、精力跟不上制作团队，那就只好紧盯一些其他借势做得好的品牌（如杜蕾斯、宝马中国、可口可乐等）。每个行业都有佼佼者，可以去发现，看其他品牌都关注到了哪些热点。

（2）用势。好不容易找了一个借势的热点，也花心思去做了图文广告，但不能就一发了之。"发在了微博、微信上就结束"，确实是现在很多企业做借势营销一贯的手法。这方面大家都用在了新媒体运营上，但先要对运营团队有个基本考量。在"用势"方面，最好要懂得信息的内容放大。方法一，主动寻找机会。如果在微博上发布了借势图文，记得"@"一些大V、媒体、营销人、自媒体人、事件原发企业等。这些关键人物、机构或将成为广告创意图文的二次传播单位。如果是用微信公众号发布，就要分享到微信群、朋友圈中。方法二，准备付费传播。做好借势，在重大事件中，需要做一些经费预算，进行付费传播。不管是发在微博还是微信中，都可以找到一些意见领袖，使其参与讨论和分享。

（3）造势。有时候事件是突发性的，需要考验企业的反应能力。但很多时候，事件是可预知的，比如节日、特殊日等，春节、情人节、"双十一"、世界杯等。这些日子大家都会做广告营销，信息会铺天盖地，需要有造势的能力。从突发事件的借势上讲，是可以造势的。比如，春节回家抢票，"猎豹"品牌就借此事件的势，做了一个"送老乡回家"的广告。这种造势，不仅是文案上的简单"跟风"，而且要有落地活动配合。从话题上，延长时效性，为品牌带来更多的关注度。

2. 微博营销对品牌的影响

（1）作为信息发布平台，进行产品的推广。企业微博通过发布企业最新资讯动态、促销活动、作品分享等，引起粉丝关注，达到品牌曝光、品牌宣传的目的。企业微博也可以通过制造引人入胜的话题，与粉丝听众进行有奖互动，发起对某一件事情的投票等方式，与粉丝进行互动双向交流，吸引粉丝参与，建立粉丝的忠诚度。

（2）与消费者互动，了解最新动向。微博可为企业提供用户追踪服务。在追踪模式中，展开对产品、品牌的信息传播，并与顾客进行对话，缩短企业对客户需求的响应时间，更深层次了解他们的需求，进而改进产品的性能和服务，并提供新产品，以满足消费者的需求。同时，微博互动可以打破用户交往的地域限制。最重要的是，来自不同地区的志趣相投的用户能够进行实时沟通，加深品牌烙印。

（3）进行品牌维护，提升品牌影响力。微博融合了数字技术、互联网和移动通信技术，可以提供文字、图片、视频、链接等多种方式，以达到更好的传播效果，成为受众认知了解品牌的主要渠道。通过与客户的有效沟通，企业微博在潜移默化中就传播了企业文化与品牌理念，也可以通过产品和促销信息刺激销量。同时，还能第一时间了解客户的意见与想法。甚至，可以在线开展"客户满意度"调查，为企业战略的制定提供最原始的参考数据。

（4）处理危机公关。企业可以通过微博进行监控和追踪，尤其是关注相关利益方、客户、媒体及意见领袖的言论。及时发现危机苗头，并争取在第一时间解决。当危机事件发生后，企业可以在微博中发布公司对危机的处理过程。针对问题进行主动、公开、透明的回应，及时弥补过失，控制事态扩大转移。

第九节　苏宁易购——零售巨头的"互联网+"

在互联网还不发达的过去，人们日常生活中所需要用到的电器，都从实体店购买，如苏宁、国美等。随着科技的发展、互联网的普及，网购逐渐走进人们视线，成为生活中必不可少的部分。人们可以坐在办公室里或躺在家里的沙发上购物，等着货物送上门。也就是说，互联网方便了人们生活。但是，在做到方便人们生活之前，要做的是利用广告进入人们视野。在许多人眼中，苏宁是一艘拥有上千个店面的超级航母。"买电器，到苏宁！"这句耳熟能详的广告语，也让很多人把苏宁营销简单地理解为就是卖电器。事实上，终端店面的电器销售，只是苏宁企业营销的冰山一角。苏宁是一家家用电器类的连锁零售企业，在近几年的互联网潮流中，已由实体零售行业逐步演变为实体零售业与电子商务行业相结合的运营模式。

一、苏宁易购简介

1. 企业沿革

苏宁云商集团股份有限公司（以下简称苏宁），创办于1990年12月26日，是中国商业企业的领先者，经营商品涵盖传统家电、消费电子、百货、日用品、图书、虚拟产品等综合品类。线下实体门店1600多家，线上苏宁易购位居国内B2C前三，线上线下的融合发展引领零售发展新趋势。其宗旨是："正品行货、品质服务、便捷购物、舒适体验。"从1999年开始，苏宁电器就开始了长达10年的电子商务研究，先后对8848、新浪网等网站进行拜访，并承办新浪网首个电器商城，尝试门户网购嫁接。2005年，组建B2C部门，开始自己的电子商务尝试。2005年，苏宁网上商城一期面世，销售区域仅限南京。2006年12月，苏宁网上商城二期在南京市、上海市、北京市等大中城市上线销售。2007年，苏宁网上商城三期上线，销售覆盖全国并且拥有了单独的线上服务流程。2009年，苏宁电器网上商城全新改版升级并更名为"苏宁易购"，8月18日新版网站进入试运营阶段。此次改版整合了全球顶级的资源优势，并携手IBM联手打造新一代的系统，建立了一个集购买、学习、交流于一体的社区，全面打造出一个专业的家电购物与咨询的网站，旨在成为中国B2C市场最大的专业销售3C产品（计算机、通信和消费类电子产品）、空调、彩电、冰箱、洗衣机、生活电器、家居用品的网购平台。

2010年2月1日，正式对外发布上线。凭借苏宁电器长期以来积累的丰富零售经验和采购、物流、售后服务等各方面优势，结合自身强大的品牌优势及资金实力，再加上简洁明了、用户体验较好的平台网站和精准的网络营销策略，在短时间内取得了不菲的成绩，成为电子商务网络营销界又一成功典范。2010年9月26日，又进行重新改版，赢得了广大网民的一致好评。2011年，苏宁易购强化虚拟网络与实体店面的同步发展，不断提升网络市场份额。未来三年，苏宁易购将依托强大的物流、售后服务及信息化支持，继续保持快速的发展步伐。到2020年，苏宁易购计划实现3000亿元的销售规模，成为中国领先的B2C平台之一。2013年2月19日，苏宁电器公告称：

基于线上线下多渠道融合、全品类经营、开放平台服务的业务形态，苏宁拟将公司名称变更为"苏宁云商销售有限公司"，以更好地与企业经营范围和商业模式相适应。此次更名可看作苏宁电器科技转型战略迈出的又一大步，也宣告着苏宁"云商"新模式的正式面世。2015年8月17日，苏宁易购正式入驻天猫。

目前，位居中国B2C市场份额前三强。如图6-43所示，"苏宁易购"作为苏宁云商的线上品牌，依托规模采购和品牌优势，共享苏宁线下资源、物流配送与售后服务网络，加快建设高水准的网购平台。苏宁易购为顾客建立了一个集购买、学习、交流于一体的社区，全面打造出一个专业的家电购物与咨询的网站，努力为用户营造轻松、和谐、愉悦的购物环境，不断丰富品牌类型，优化产品结构。不仅为顾客提供家电类产品，更增加了家居用品以及办公用品，极大丰富了消费者的购物体验，改变了网购的传统模式，让顾客在享受网购的过程中体验人性化的服务。在全新蜕变之后的两个月以来，苏宁易购重新梳理了能贴合网络购物特点的页面风格、采购体系、物流规划、商品清单、页面设计、购物流程、支付手段、配送售后等新的购物体验。

2. 背景及优势

首先，苏宁易购的背后，有苏宁电器的品牌支持。苏宁电器在全国传统市场有上千个实体店和上千亿元的年销售额，足以让苏宁易购在电子商务3C市场做到与其他电商抗衡。依托这项最宝贵的资源，苏宁易购将有可能成为中国最专业的网购电器专家。

图6-43 苏宁易购官方网站首页

其次，苏宁多年来的实体店经营，与国内外各大厂商建立了直接的合作关系，借助强大的供应链支撑，保证在同等类型家电网购渠道中具有绝对价格优势。同时，产品的质量、品质也有严格的保证。在物流配送方面，苏宁易购也有先天优势。实体店能提供实体的体验或提货，也能参与配送。实体店的存在，能给客户带来更多的信赖和认可。而且，苏宁实体店在全国的布局，意味着它有符合全国布局的物流体系和仓库。而京东商城、卓越、亚马逊这种类型的B2C商城要把服务做好，需要斥巨资建设物流中心。这种类型的完全依托网络的商城，是不可能建设像苏宁这么多的物流中心和服务网点的。相比之下，其所需投入的资金和面临的风险，要比苏宁易购大出很多。

最后，苏宁与行业内领先合作伙伴IBM等企业达成战略合作，提供技术支持。京东、亚马逊这些老牌B2C网站经过数年发展，网站系统已经比较成熟。苏宁易购由IBM提供技术支持，也不会逊色。

二、企业理念

苏宁易购在进入人们视线的时候，所做广告基本都是选取当下最流行的娱乐艺人，搭配容易记忆的广告词句。甚至在2014年"双十一"之际，直接做出了"打脸淘宝天猫"的文书。苏宁易购步入"互联网+"的时间较晚，那又是如何在短短的两年时间内，通过新媒体广告营销获得大众的认可呢？

1."双十一打脸"广告

2014年"双十一"电商大战格外热闹，各电商间用"互掐"、"互黑"的精彩故事，给当年参与"双十一"电商大战的消费者带来深刻的感受，仿佛是上映一场好戏接连的电影。2014年"双十一"期间，《南都周刊》、《扬子晚报》、《京华时报》齐发六联版的"逆天"广告。在北京市、广州市、南京市等城市的主流媒体，尤其是微博上，出现多个整版"苏宁易购"广告。如图6-44所示，其主题："这个TM的'双十一'，你该多一个选择！"广告内容则是"下单不比价，你丫首富啊！""快递等半月，你丫很闲啊！""熬夜扑个空，你丫神经啊！""五折买假货，你丫很LOW啊！"等。网友们惊呼："整个广告言辞画风网络化，内容大胆直接，暗指'天猫'，大有公开挑衅'阿里'的意思，悉数吐槽了'光棍节'大促的弊病！"数小时后，一组"打脸双十一"海报也爆出"贴身回扇"版，内容与苏宁投放的广告一一对应。"包裹几十亿，你丫试试啊！""便宜又有面，屌丝刚需啊！"其中，漫画中被扇的女孩回复了一句："这就是我TM的'双十一'，你有且只有一个选择！"等。此类广告是否是天猫所为，还不能确定。但这次营销战略，苏宁易购的确夺得了网民们的眼球。

图6-44 "双十一打脸"广告之一

2014年"双十二"期间，也就是"双十一"刚过去一个月，苏宁易购便又推出了新一版"打脸广告"，叫嚣其他电商平台。广告内容正是近期发生的"撕×三部曲"。另有一版，则是被打脸的"马先生"。2014年，火爆大江南北的《奔跑吧！兄弟》是由苏宁易购联合特约播出。奔跑团李晨也在其微博上转发苏宁易购广告，用明星效应来宣传品牌。有评论人说，这样一种"互黑"，对于深谙互联网营销思维的电商们来说，更多的是一种营销的默契。通过"攻击"、"回应"等方式，共同缔造一场电商营销盛宴。京东、阿里巴巴的"双十一"商标之争，更多的是一种宏大叙事，更像是一场早就设定好的公关"阳谋"。最后关头，苏宁易购的"打脸"广告让这场默契营销达到顶峰。

2014年11月10日,在"双十一"购物狂欢节的前一天,一组"打脸"广告在网络上引起热议。利用经典网络图片"妈妈再打我一次"来做品牌营销已经很多。但这次似乎不太一样,《南都周刊》更是用六联版刊登了该广告。据了解,除平面媒体以外,部分城市的公交、地铁等灯牌也出现这组"打脸双十一"广告。其语言辛辣,直指天猫商城"双十一"促销活动的弊端。甚至,有人说这是在打马云的"脸"。其中,"有门互动"与苏宁易购共同策划了这一场"打脸"营销,案例中"下单不比价,你丫首富啊"等经典文案,直接戳中了网购消费者的痛处。"有门互动"CEO王小塞表示:"我们当初构思这个文案的时候不仅要找到对手的缺陷和消费的痛点,最重要的是这些缺憾对于苏宁易购来说都是他们的优势所在。"有意思的是,在10日晚间,一组"回扇"广告也迅速在网络走红。例如,"包裹几十亿,你丫试试啊"、"便宜又有面,屌丝刚需啊"等,漫画则变成小女孩"被扇"的画面。"100元都不肯给我"、"我的项链2000块"、"我和你什么仇什么怨",话里话外这次苏宁易购是摆明了要和淘宝打到底。再看最后一张平面,"马头+云朵"的组合则直指马云。苏宁易购延续"双十一"的噱头,继续使用"打脸类"海报,发布在微博上,刊登在报纸上。既为自己的活动造势,还通过讽刺淘宝、天猫成功引得更高的关注,刺激下单量。苏宁易购的两版广告字字犀利,具有深意。其中,大众都非常清楚暗讽的对象。广告画面使用"打脸类",一层意思是以消费者为主体,消费者的不理性消费,而另一层深意便是将巴掌直接打在暗讽对象脸上,假货、物流慢的问题,均透过广告画面反映出来。

如图6-45所示,2014年苏宁易购"双十一"广告,使用当下最火的"妈妈再打我一次"表情包作为主题,搭配文字,中文加英文,每句话均有深意。在网络战最激烈的"双十一"发布此版广告,也是希望可以从马总那里分一杯羹。苏宁易购这次以"一种迅雷不及掩耳之势,打脸'双十一'",实际上是想唤醒盲目网购的"剁手族",释放理性消费的正能量。

这两组广告被网友解读为苏宁和天猫的"互掐",但"回扇"广告是否出自天猫,并未得到官方印证。网友笑谈:"这边用的天猫红,那边回敬苏宁蓝,果然隔空吵架不过瘾,滚在一起才

图6-45 "双十一打脸"广告之二

是好朋(ji)友!"事实上,关于"双十一"的掐架,早在10月底就已经开始。由于阿里巴巴集团早前已将"双十一"有关的系列商标注册于自己名下,其他电商企业不得随意使用"双十一"等字样做宣传。此事曾引发京东等电商企业与阿里的"激战"。

2. "匆匆那年"广告

另外,由"青春教父"张一白导演,携手同名小说作者九夜茴,集结彭于晏、倪

妮、魏晨、郑恺、张子萱等主创共同打造的《匆匆那年》于2014年12月5日正式上映,引爆集体怀旧风潮,如图6-46所示。并连续13天票房第一,获得"2天破亿,3天破2亿,6天破3亿,9天破4亿,15天破5亿"的喜人成绩。其引发广泛关注的青春话题,时时占据热搜榜和话题讨论榜。女主角方茴留下的那句"不悔梦归处,只恨太匆匆",也成为很多人的个性签名。

图6-46 电影《匆匆那年》宣传封面

作为一部商业电影,《匆匆那年》中商业元素也格外抢眼。例如,赵烨频繁提及的小米、凡客以及林嘉茉数年钟情的伊利牛奶等植入的品牌,随处可见。但是,最令人印象深刻的则是苏宁易购的情节植入。这次,虽然苏宁易购的植入,看上去似乎显得有些生硬,但采用简单、粗暴的方式,反而起到了意想不到的效果。如图6-47所示,在电影情节中的赵烨婚礼现场上,老同学悉数到场。"从当年青春可爱,成长为轻熟女"的林嘉茉,现场通过手机上的苏宁易购APP应用,下单为赵烨订新婚礼物。下单之后,婚礼未开始苏宁易购时光快递盒就送到现场。快递中的一箱牛奶也再次将众人的记忆揭开。现场下单急速送达的新婚礼物,也让电影情节格外丰满。影片中,包裹上偌大的"苏宁易购"品牌露出,显得有点生硬,但十分显眼。记得在电影院观看影片时,当看到苏宁易购的大标志露出时,观众们集体笑了。确实,太明显,有点生硬,但都牢牢记住了这一广告。

二、传播效果

1. "双十一打脸"

苏宁易购言辞画风网络化,内容大胆直接,一夜间"打脸"漫画风靡网络。苏宁易购自创的"打脸体"在互联网圈子蔓延,巧妙吐槽。苏宁易购"双十一"打脸广告,

 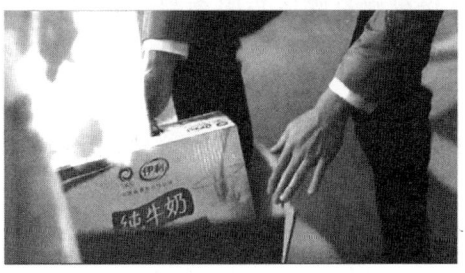

图6—47 苏宁易购植入《匆匆那年》情节视频截图

借鉴了此前走红的网络漫画"妈妈再打我一次",再配合网络热词。自纸媒出街后,从朋友圈开始陆续刷屏讨论,很快从朋友圈又蔓延到微博。如表6—7所示,"打脸双十一"瞬间冲进微博热门话题小时榜,该微话题阅读量2.1亿,讨论度达到4.9万,总计超过30家媒体,20家自媒体微信号,30余个媒体大V微博相继发布和转发,获得了网友的广泛关注。不得不说,这是一次暴风雨来临之前的完美偷袭,将正在云端的天猫大促变得略显尴尬。所以,广告在纸媒出版后,从朋友圈开始陆续刷屏讨论。有人说南都"疯"了,有人说这是"打脸党"送给"剁手党"最好的"双十一"礼物。朋友圈又蔓延到微博,通过一些"微博大V"爆料,不断地激发网友的热情,话题热度一路飙升。"打脸双十一"这个微博瞬间冲进微博热门话题小时榜,要不是微博网站的"干预",话题的爆发会更加势如破竹。

表6—7 苏宁易购"双十一"打脸广告传播效果

百度指数		(1) "双十一"当天浏览量达到415862次 (2) 在大规模纸媒与社交媒体投放后,苏宁易购百度指数开始显著提升;在"双十一"流量增加的前提下,说明"打脸"海报创意带来流量的显著提升,有效分流当天的天猫流量
社交媒体	投放数据	(1) 话题阅读量总计达到2.5亿次以上 (2) 微博有效转评达5万余次 (3) 24小时内微博讨论量突破1万次 (4) 投放3小时,微博热门话题榜第12名 (5) 投放覆盖人数超3亿 (6) 微博总计投放40余个账号 (7) 微信仅仅投放3个微信阅读号,总阅读数超越20万,其中雷锋网更是突破其单篇文章最高阅读量纪录
	非投放传播	总计超过30家媒体,20家自媒体微信号,30余个媒体大V微博相继发布和转发,更有上海电视台"新闻综合"频道的新闻夜线报道

苏宁易购凭借"双十一打脸"广告,获得We Media移动风云榜"年度社会化营销案例"奖。据了解,此次风云榜是由中国最大的自媒体联盟组织We Media和社会化营销平台共同发起的,所有奖项均由网民全网公投选出,其中包含2000万大众自媒

体、300 位权威自媒体共同参与。此次，苏宁易购言辞画风网络化，内容大胆直接的"双十一打脸"广告，在全网公投中得到了网民的认可。We Media 移动风云榜组委会也给出了"'这个 TM 的双十一，你该多一个选择'，一夜间'打脸'漫画风靡网络，苏宁易购自创的'打脸体'在互联网圈子蔓延，巧妙吐槽了以往光棍节网购时的假冒伪劣、差评人肉、冲动消费等诸多问题，形成热议话题"的肯定。据苏宁易购市场中心相关负责人称，以前做一个营销活动，需要一周的时间才能形成影响，但现在几个小时之内就能引起大范围的关注。随着新媒体发展，信息传播的内容和渠道都在发生着变革，新媒体时代的权威，更是由文章的点击量、评论数计算权重，形成了受众既是内容产生者又是传播者的局面。经过此次"双十一"，苏宁易购通过数据证明了它此次营销的成功。

（1）金融。第一，易付宝（易付宝是苏宁云商旗下一家独立的第三方支付公司）用户激增。自 2014 年 11 月 7～11 日第二届 O2O 购物节，五天苏宁易付宝新增 1370 万用户。"双十一"当天，易付宝手机客户端下载量得到大幅增长。线上支付占比超过 7 成，支付订单增长率超过 600%。第二，打通开放平台线下支付。在本次 O2O 购物节中，苏宁易购线上平台商户所售商品均可在苏宁门店内实现线下支付。借此，苏宁易购所有实体商品均实现线下支付。第三，"双十一"期间，苏宁成为国内首家全面打通线上线下融合支付的企业。用户在线上购买的商品，可以就近到门店进行线下支付；在线下购买的商品，也可以通过 PC 端或者移动端进行支付。在 O2O 中，支付扮演的角色是两个场景之间的那个"2"，因此被视为线上线下融合的一大切入点，连接线上线下场景的桥梁。

（2）IT 研发。从 11 月 3 日开始，苏宁研发人员入驻全封闭信息保障指挥中心，连续十天十夜，备战第二届 O2O 购物节，苏宁云商高级副总裁任峻亲自坐镇。在持续 6 天的活动期间，未出现一例问题。而且，在 O2O 购物节期间，苏宁 IT 研发产品"闪拍"大放异彩，共拍出 10 套房产和 10 台汽车。其中房子多以市场 8～9 折的价格拍出。

（3）跨境电商。"双十一"期间，苏宁上线了美国旗舰店和中国香港旗舰店。加上此前上线的 LAOX 日本旗舰店，苏宁正式加入跨境电商战团。几个新闻点包括："双十一"期间推出了包括 11111 的浪琴手表、gopro 等，既有价格竞争力又能保证正品的产品，"双十一"当天销售 21358 单；日本和中国香港店，都是基于苏宁收购的 LAOX（日本电器连锁商场"元老"）和 CRM（香港电器零售连锁店前三的镭射公司）建立的，因此有大量的消费数据。通过大数据的挖掘，将中国消费者对海外购物需求最大的产品带到中国市场来。与平台类跨境电商不同的是，苏宁自营的跨境电商，保证了正品行货和全球联保。日本自营产品从下单到运到国内，最快 3 天，最慢一周。

（4）单品营销。第一，单品销售火爆。"双十一"当天凌晨第一个小时内，超市食品销售 31 万件，母婴用品销售 25 万件，手机销售 10 万多台，平板电脑销售近 4 万台等。前18个小时内,卖出23.6万个灯泡、30万件保暖内衣、19万件羽绒服等。第二,O2O购物节单品全面爆发得益于大数据技术。数据发现:购买过母婴用品的用户,紧接着购买汽车用品及汽车的概率非常高;在超市频道购买过粮油等生活用品的用户更容易购买厨卫电器、生活电器等产品。因此,苏宁在大促期间进行了有针对性的捆绑销售。第三,单品凸显同样还得益于苏宁的供应链优势。苏宁通过多年积累的供应链经营优势,可以有效保障产品质量。借助大单采购,则可以获取更优质的价格,因而使得产品优势更加突出。

2. "匆匆那年"

随着电影《匆匆那年》热映,其粉丝效应也越来越凸显。电影中的经典台词"喝什么补什么",在网络上成为模仿金句。电影中的经典情节,也成为现实生活中年轻男女争相效仿的对象。苏宁易购"时光快递盒"包裹的牛奶,更是成为年轻人互相表达情愫的一种时尚。不少消费者模仿电影情节送牛奶,这也从另一维度间接传播了苏宁易购这个品牌。"现代快报多媒体数字报刊平台"发布的数据显示,在影片《匆匆那年》上映后一周内,苏宁易购牛奶销售量达到100万箱,环比增长超过了500%。40%的订单是为他人订购,45%的订单来自校园。很多人都受到剧中情节影响,特意在苏宁易购下单购买剧中同款的牛奶。所以,这也可以看出其中的效果。当然,苏宁为此具体花了多少植入费用暂时不得知,但最起码从用户的反映来说,品牌影响力最少是感知力被大范围传播出去了。

一般影片植入品牌到此也就圆满收场了。不过,苏宁这次的营销打法还只是个开始。随后,苏宁又接连打出一套举措,形成有效的补充和延续。其一,电影《匆匆那年》里的苏宁易购时光快递盒演变为"时光宝盒"于苏宁"双十二""时光盛典"期间限量开售。12月11~15日,每天限量2000个,共10000个,所有宝盒价格均为24元。而宝盒里面所装商品总价值在70元以上,如果足够幸运,还有可能收到iPhone 6、iPad Air、55℃水杯、《匆匆那年》全球限量版画册等礼品。其二,苏宁还将电影《匆匆那年》中出现的"时光快递盒",随机放在各大影院放映厅的椅子下面,里面放的卡片和牛奶也与电影形成呼应,消费者看电影就有机会偶遇苏宁"时光快递盒"。此外,苏宁还在门店特别打造了"时光盒子",并内置"时光剪影",到店消费者可以选择属于自己的年代来寻找属于自己的"匆匆那年"。借助影片,一周内在新浪微博"@时光盛典"讨论专区上,转发量和讨论量已经超过了3000万次。苏宁在"双十二"期间推出的《时光盛典》,是互联网零售业与影视文化的融合,牵手《匆匆那年》大打怀旧牌,使得原本商业味十足的促销活动变得感性而文艺感十足。

四、营销启示

首先,像苏宁易购这种以电器起家的公司,必须要保证快递的服务质量,才能保证消费者能够给出好口碑。以苏宁门店的数量做到社区化,在镇级城镇,也可以设立快递公司点。例如,2015年"双十一",淘宝又一次成为举世瞩目的电商之一。不仅在鸟巢举办了"双十一"晚会,而且晚会节目艺术水准较高。特别是还请到了"美国前总统"。但华丽序幕后,每件货品都交与快递公司运送。甚至,马云也亲自视察了物流中心,叮嘱千万不要爆仓,目的也是为了顾客可以及时收到心仪的货物。而现在的快递行业,顺丰俨然已经成为优质快递的代名词,其他快递存在不同方面的差距。

其次,苏宁易购的广告宣传代言人。苏宁易购能够抓住当下最火的艺人以及娱乐节目,利用歌唱真人秀和户外真人秀等已经存在的明星效应,来带动产品关注量。《中国好声音》人气学员演唱广告歌曲,冠名《奔跑吧!兄弟》,并用邓超做代言人等,都是博得观众眼球的手段。所以,在选用代言人方面,苏宁已经做得非常到位。

最后,苏宁易购作为电商的后起之秀,不骄不躁。凭借多年的实体店经验和常年积累的客户资源,在近两年时间内迅速打开市场,与京东并肩。而2015年8月10日下午4时,阿里巴巴集团与苏宁云商集团股份有限公司共同宣布达成"全面战略合作"。阿里巴巴集团将投资约280亿元人民币参与苏宁云商的非公开发行,占发行后总股本的19.99%,成为苏宁云商的第二大股东。由此,电商界的"老大"、"老三"正式合体,双方未来将展开全面合作,为中国乃至全球消费者提供更加完善的商业服务,引领中国零售行业变革提效。两家公司"一笑泯恩仇",握手言和。一年以前的"双十一打脸"大战,并不会影响两家的感情,今后携手对抗京东。苏宁最重要的是打通线上线下的变革式营销策略,把实体店的优势完全发挥出来。

第十节 卖萌的"故宫淘宝"

"故宫淘宝"是北京故宫文化服务中心开设的官方销售网店,致力于通过电子商务的形式传播故宫文化,其产品与故宫内外商店销售的基本一致。在刚上线的两三年里,故宫官方网站一直未能有效提高故宫纪念产品的销量。直到2013年,故宫开始涉足新媒体,运用一批有创意的设计师,在微博、微信上投放大量有颠覆性的故宫淘宝"烧脑"广告,创造出许多卖萌的历史人物形象,以及制作一系列QQ表情包,甚至还推出5款APP应用等。此类广告一经投放,便受到广大网民的喜爱,成功使得"故宫淘宝"进入大众视野。故宫文化创意产品销售收入连续三年持续攀升。2015年上半年,已创造出7亿元的文化产品收入,与故宫门票年收入持平。

一、"故宫淘宝"由来

北京故宫,全名北京故宫博物院,旧称紫禁城,位于北京中轴线的中心,是中国明、清两代 24 位皇帝的皇家宫殿,是中国古代汉族宫廷建筑之精华,无与伦比的建筑杰作,也是世界上现存规模最大、保存最完整的木质结构古建筑之一。故宫有大小宫殿七十多座,房屋九千余间,以太和殿、中和殿、保和殿三大殿为中心,被誉为"世界五大宫"(其余为法国凡尔赛宫、英国白金汉宫、美国白宫和俄罗斯克里姆林宫)之首,已被列为世界文化遗产、全国重点文物保护单位、国家 5A 级旅游景区。

北京故宫博物院作为一所博物馆,运营成果除了门票收入来源之外还有很大一部分来自博物馆衍生品的销售收入。2014 年 11 月 23 日,北京故宫吉祥物首度对外亮相,该吉祥物源自中国传统的吉祥龙凤形象,分别为"龙壮壮"和"凤美美"。2010 年 10 月 1 日,故宫为了售卖纪念品,就上线了"故宫淘宝"的淘宝店,按照各类名胜景点的惯例,景点周边开设的实体纪念品店,一贯是一群看起来很清闲的小店老板,售卖着一堆价格昂贵却新意不大的产品。而故宫却增加了各类产品的销售渠道,特意在产品的销售渠道和广告推广上下功夫,开创新的将实地的旅游纪念品由线下转为线上渠道,在淘宝上专门开设了故宫淘宝店,后来随着各类推广营销活动,"故宫淘宝"从某种程度上已经成为一种新的文化品牌,它代表着互联网时代人们对于有趣、有料、有内涵的产品的追求。如图 6-48 所示,从"故宫淘宝"的定位来看,本是北京故宫文化服务中心开设的官方销售网店,希望通过电子商务的形式传播故宫文化。但在刚开始时,"故宫淘宝"并没能很好地改善故宫商品的销量问题,直到 2013 年开始涉足新媒体,在微博、微信上设计并投放了大量"烧脑"洞的颠覆性广告,广告成功使"故宫淘宝"进入大众视野,并且树立了喜闻乐见、亲近网民的品牌形象。2015 年,已经拥有 32.6 万淘宝粉丝的"故宫淘宝"早已成为金牌淘宝商家。"故宫淘宝"的广告投放渠道主要是微博和微信,另外,APP 也是其广告的最佳载体之一。

图 6-48 "故宫淘宝"官方微博

截至 2015 年 12 月 31 日,"故宫淘宝"微博粉丝已达 42 万余人。在网民关注新浪微博"@故宫淘宝"之后,系统会自动发送一条提示:"既然关注了,那从此便是本公的人了，回复DY订阅本公，本公会给你们私信悄悄话的。"巧妙使用热播宫斗剧中"本宫"一词的同音词，用一个可爱活泼的男性宫廷形象，拉近了与粉丝的距离，让人感觉到亲切而又诙谐。打开"故宫淘宝"的淘宝网店，会看到一些"朝珠耳机"、"皇帝大婚胶带"、"顶戴花翎官帽防晒伞"、"嬷嬷针线盒"、"朕亦甚想你折扇"、"奉旨旅行行李牌"等花样繁多、紧跟潮流的产品。"故宫淘宝"店现有粉丝超过36万，许多顾客的留言都表达了对这类产品的喜爱，诸如"做工非常精美"、"爱不释手"、"完全被萌哭了"等，比比皆是。故宫本身就是一座文化宝库，现在将其中历史人物形象以活泼、生动的形式与现实生活联系起来，让人觉得有种"反差萌"。

二、企业理念

1. 微博篇

2015年11月，一系列"故宫淘宝"组图火爆了整个新浪微博。如图6-49所示，引用并重新设计雍正、年羹尧等古代著名历史人物的画作形象，更突出喜感。同时，配以现代文化流行的元素，诸如双手合并置于耳畔的作可爱状，著名的无敌摆拍造型"V字手"设计，"伊莫吉（Emoji）表情"里很流行的"两滴眼泪"，以及将碎成两块的心捧在手上。当这些元素与传统印象中不苟言笑的皇帝、威风凛凛的大将军、端庄优雅的宫女结合在一起时，瞬间就戳中了人们的好奇心与笑点，令人忍俊不禁。该系列组图在微博中迅速传开，连粉丝都直呼"神经病设计师"以表达对这种宣传创意的喜爱。11月初，这条微博被迅速转载上万次，评论上千次。而这则广告中，文案只有一句话："我们疯了一个设计师。"简洁明了，充分证明了设计师的心血来之不易，也获得了粉丝的青睐。例如，有粉丝表示："我觉得这个疯了的设计师很美好。"更有粉丝表达出对"故宫淘宝"深深的爱："从小就想去给故宫看大门，现在想去故宫淘宝当客服……"

2. 微信篇

当然，在微信中"故宫淘宝"不仅仅是在朋友圈中转发以上广告图片，更重要的是通过这一系列的广告积累了忠实的粉丝。与微博直接放大图不同，"故宫淘宝"微信公众号则是注重于将产品文化内涵以一种卖萌和调侃的方式表现出来。多是通过微信文章的图文形式，讲述某位皇帝的风流韵事，或是大家熟悉的宫斗剧中某位嫔妃鲜为人知的故事。

如图6-50所示，整个画风非常有趣，将皇帝的形象复制多份，以层叠的形式展现出来，使得高高在上的天子不再是独一无二的，反而如普通民众一样幽默风趣。画面以红色、黄色为主，也是古代龙袍的主要配色。后两篇画风则更为"搞怪"，第一张中戴眼镜的人与第二张不戴眼镜的人形成对比，而且每张不戴眼镜与戴眼镜的人也形成对比。仔细观察，可发现两张图中只有两个人，但是第一张戴眼镜的人眼神朝左，

第六章　不同行业企业综合案例分析（下）

图 6—49　微博广告

第二张不戴眼镜的人眼神朝右，两张左图边背景人物的眼神均朝右，而右边背景人物的眼神是朝左的。在人物脸上，呈现一种鄙夷与不屑的神态。帽子顶端则与背景人物的面部重合，更增画面的"喜感"。微信画面使用的平面透视和个体堆积，使其更有凝聚力，能够很快抓住读者的眼球。特别是第二部分，将主要产品——独特的眼镜，凸显得淋漓尽致。

另外，微信中的图文都有一个共同点，那就是几乎每一篇推送最终都能轻而易举地将话题转移到当天要重点推荐的淘宝店铺中的商品上去。因此，这个公众号被一些圈内人士看作是一个只发广告的公众号。但是与一般生硬的广告不同，这些广告大多是以有趣的软广告植入，具有丰富的文化内涵。因此，每一篇广告阅读量都在 10 万以上，连点赞数都接近 2000 次。

如图 6—51 所示，微信图文广告的封面，大多是皇帝的诙谐形象。加之，流泪的表情、极具现代感的玫瑰花和卖萌的"利器"——"戳脸"等，将待人严肃、古板的皇帝形象活化成一个现代版的皇帝，具有很强的时代层次感。此外，广告文案也极有特色，比如"从前有个皇帝，他不好好学习，然后就死了"或"感觉自己萌萌哒——

· 219 ·

图 6—50 微信广告

皇帝的一天,从起床开始"。这些标题、引文都运用了现在网络流行词汇、语句,增强读者的好奇心,促使读者打开链接观看详细的故事。例如,一篇《雍正:感觉自己萌萌哒》的文章就被微信朋友圈疯狂转发。同时,微信内文多为动态图或"萌、贱"文案。其中,动态图由故宫博物院工作人员创作,图片选材源自《雍正行乐图》。但在这些动态的《雍正行乐图》中,雍正或在泡脚或在打虎、松下抚琴……各有造型。再配上故宫博物院工作人员拟定的搞笑解说词,"萌萌哒"的喜感,油然而生。

图 6—51 微信推送图文封面

除吸引眼球的图文封面外,推送的内容本身也延续了一贯以来的卖萌、搞笑风格。如图 6—52 所示,这是一则眼镜的广告,其文案是"可能是年岁已高,且过于操劳,毕竟这是一个每天只睡 4 小时,能在奏折上累计批语 1000 多万字的人。雍正帝的视力

第六章 不同行业企业综合案例分析（下）

可能是年岁已高，且过于操劳，毕竟这是一个每天只睡4小时，能在奏折上累计批语1000多万字的人。雍正的视力并不好。

图6－52 雍正在微信推送中的形象

并不好"。整个配图以黄色为底，雍正的形象也是一本正经，但是文字说明却将其描述为"霸道总裁"、"汉子"、"爱卖萌"、"爱加班"，让读者感觉"萌萌哒"。

此外，如图6－53所示，"故宫淘宝"微信公众号除设计各类系列的卖萌表情包外，还注重与当下"网购狂欢节"的结合，如在"双十一"、"双十二"（如图6－54所示）前夕都会推送相应的简约广告。如图6－55所示，"双十一"广告是慈禧拿着红包慈祥地问大家："双十一故宫淘宝店铺红包都领了吗？"亲切而又风趣。另外，如图6－56所示，在2015年12月北京下大雪，摄影师就专门为在故宫散步的"四阿哥"和"若曦"拍了系列的雪天写真，画面风格文艺清新，激起了很多人去故宫赏雪的激情。虽然是将产品赤裸裸地植入在有故宫故事的地方，但却丝毫不会让人觉得反感。反而，会有兴趣想着要去买下这两个可爱的小玩偶。

图6－53 粉丝专属微信表情包

3. 开发APP应用

除微信、微博外，故宫也积极推出了五款APP应用。在展示故宫珍贵的展品故事

图 6—54 "双十二" 微信广告

图 6—55 "双十一" 微信广告

之外，还能对故宫形象进行很好的宣传。2013 年 5 月，故宫首个 APP 应用"胤禛美人图"上线，试水 APP 应用市场。其中，选择故宫最擅长的文物鉴赏。如图 6—57 所示，连"美人屏风"都能随指而动，是以故宫博物院藏清代宫廷绘画《雍亲王题书堂深居图屏》的十二幅工笔仕女图为基础的交互式数字媒体内容集合。还有，以《雍亲王题书堂深居图屏》为背景，以书画、陶瓷、工艺美术、宫廷生活等领域专家的研究成果作为支撑，从美人妆容发饰、室内家居装潢、摆放器物陈设、图案隐含寓意等方面，欣赏宫廷绘画及清宫生活场景。如图 6—58 所示，2014 年 4 月发布的《紫禁城祥瑞》iPad APP 应用。其中，祥瑞是中国古代重要的文化符号，意寓吉祥福瑞，尤其是在紫禁城中，无论是建筑雕塑、装饰陈设，还是其他日常用品，处处可见祥瑞的身影。也就是说，在延续了《胤禛美人图》的精美风格、欣赏和教育的基础上，增加了更多

第六章　不同行业企业综合案例分析（下）

图 6－56　故宫赏雪

的互动体验和趣味性，观众可以"DIY"瑞兽，并在微信中分享网络链接。上线后，即可获得 APP Store 的编辑推荐，入选 APP Store "六月最佳应用"，荣获 APP Store 的"2014 年度精选优秀 APP"。

图 6－57　胤禛美人图

相比之下，如图 6－59 所示，2014 年 10 月推出的《皇帝的一天》更受欢迎。其中，虚拟了一个故事：少年皇帝想要出宫，乾清宫外的小狮子于是帮忙为皇帝找替身。从清晨 5 点起床穿衣开始，读书、骑射、上朝、用膳，玩家就这样当起了"皇帝"。游

图 6-58 《紫禁城祥瑞》

图 6-59 《皇帝的一天》

戏中,小狮子深入浅出地介绍故宫的古建、文物、历史故事,符合青少年的认知。通过简单有趣的游戏设置和全手绘风格的角色、场景结合实物收集,来满足不同受众的喜好。这款 APP 应用,还结合了解密、收集等流行的游戏元素,一个个精心制作的小游戏妙趣横生,200 多个大小交互点处处有讲究,你还可以把成绩分享到朋友圈,和小伙伴们来一场勇气和智力大比拼。2015 年 1 月 12 日,故宫又发布了《韩熙载夜宴图》APP 应用,设计主体页面色调清雅,文本风物古朴,既保留了古卷的本色,又呈现了 3D 鲜活动态。如图 6-60 所示,2015 年 2 月,又发布了《每日故宫》iPhone 和 Android 手机版应用。这是一款定位于日历类、工具型跨界应用,以在线更新、每日推送的方式,通过精致的设计和部分特殊策划微交互等形式,以每日一赏的形式向用户展示故宫博物院代表性藏品。

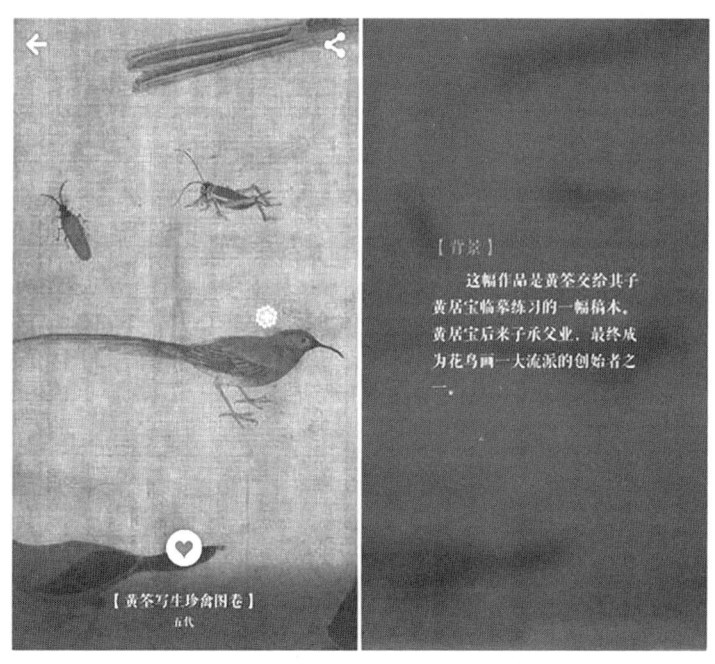

图 6-60 《每日故宫》

放到传统媒体时代,想到故宫,想到皇帝,读者的印象一定是威严、庄重的,但给他们相关的东西冠以"软、贱、萌"的气质,恐怕是无论如何也想不到的。在"故宫淘宝"中,可以买到"朕知道了"的折扇,可以买到"起来嗨"的卡片,也可以买到"萌皇上"的便签。这就是新媒体广告的标志,分享无边界,打破传统、标新立异,给大家新鲜的东西便能够赚到足够的眼球。同时,在视觉效果上,以复古的颜色作为 APP 应用界面的底色,画面中出现较多的是中国传统文化中一向较为美好的祥云、龙、天子、侍女、花鸟等,使整个 APP 应用界面简洁但不单调。同时,还在菜单栏中,加入一些现代化的元素。比如,在《每日故宫》的菜单界面中,以饱和度较低的黑色为背景,加入手绘。而在《皇帝的一天》中,则以卡通为主,情景轻松愉快,适合小孩阅读。

三、特点分析

1. 内容独特

"故宫淘宝"系列广告通过将历史人物以一种新时代人们喜闻乐见的表现形式展现出来,使得广告中展现的形象与人们心中的这些历史人物的固有形象,形成鲜明对比。例如,"卖萌的皇帝"系列创意设计,这种独特之处在于将文案宣传与产品非常完美地结合。这种基于古代著名历史人物的卖萌设计,也正是"故宫淘宝"的亮点。正如"USP理论"中罗瑟·瑞夫斯提出的"独特的销售主张",即"独特的卖点"。一个品牌的宣传必须要打出与众不同的卖点,才能吸引广大广告受众。

2. 做有内涵的东西

在移动互联网如此发达的现今,广告内容传播已变得轻而易举。传统的各大主流媒体纷纷转型,期望跟上移动互联网潮流,各式各样自媒体的应运而生,也使得互联网传播的便捷性和高效性更为显著。例如近两年,"逻辑思维"创造出一个庞大的自媒体文化圈;传统行业(如手机制造、酒店等)也开始赶上浪潮,纷纷建立各自新媒体文化圈。大家都在做的一件事情,就是运用互联网将现实世界中的人联系得更紧密。但与此同时,不得不承认,在相互连接的过程中,也出现了一些极端的现象。一部分企业为获得更多的粉丝而在推广活动中耗费巨大财力。例如,现在常见的一种方式是"扫二维码,送××福利",花钱买粉丝也成了常有的事。然而,能够通过这种推广方式带来的粉丝往往黏性不强,在很短的时间内,会取消对企业的关注。其中的原因不难理解,当初"关注二维码"不是因为公众号的内容有新意,仅是想要得到那小小的奖品而已。因此,在新媒体时代里,能够想象出各种各样的传播方法来宣传一个产品或理念,但是却很难创造出有内涵、吸引人的广告内容。吸引眼球不难做到,明星八卦、"心灵鸡汤"都总能够获得大量转发,但这些却并不能给受众带来有效的精神提升。而"故宫淘宝"则巧妙地避开了这一雷区,为了一篇简短的微信推送,也要查阅数次史书,以及汲取并借鉴一些专家学者的学术成果,然后还有专门的团队负责将内容进行梳理和翻译,用幽默诙谐的图文解释古语中晦涩难懂的情节,最终呈现出精美的、有文化内涵的微信推送内容。这些内容多以历史文化、传统知识为主题,表现形式轻松活泼,吸引了大量的年轻人,每一次推送文章的阅读量也非常可观。可见,用户对于优质内容的追求是刚性的,企业做推广的过程中可用现有资源创造独特的优质文化来吸引受众,这远比"花钱买粉丝"更有价值。

3. 新媒体助力推广

这一系列广告选择了当下最热门的社交应用微信和微博来进行推广,加之优质的内容,很快便受到了广大网民的欢迎,在微博和微信公众号上,故宫淘宝以"本公"的语气实时与网友互动,创下了一天成交1.6万单的营销业绩。其微信公众号专门以

"你们考虑过人家的感受嘛"为题推送一则帖子,却是一边卖萌一边推广做成朝珠样式的耳机。而"故宫淘宝"更常用的方式,则是将产品深入到历史中引发大量转发。如在一篇为"朕生平不负人"的微信公众号文章中,用新媒体语言讲述了雍正皇帝与大臣年羹尧之间的故事,并利用历史中多个典故,推销"朕亦甚想你"等雍正笔迹的折扇。在整个过程中,新媒体的出现为故宫文化创意衍生品开辟了一个新的推广渠道,这种推广方式也被全国其他的博物馆借鉴,新媒体技术正在使这个行业焕发出新鲜的活力。

四、传播效果

2013年自"故宫淘宝"推出以来,故宫门票收入7亿多元,文化创意产品6亿多元。2014年,文化类产品又给故宫带来9亿元收入,高出故宫门票收入2亿元左右。2015年仅上半年,文化创意类产品收入就已经超过7亿元,预计2016年这一数字会再创新高。初始的"故宫淘宝"两款APP应用上线,两周下载量便超过20万,还获得了"2013年度精选优秀APP"。上线后,即获APP Store编辑推荐,入选APP Store"六月最佳应用",荣获APP Store"2014年度精选优秀APP"。《韩熙载夜宴图》APP应用被评价为"融汇学术、艺术、科技,贯通视觉、听觉、触觉,动态重现华美夜宴",荣获了唯一的"年度最佳APP"(iPad版);《每日故宫》APP荣获"年度优秀APP",其评价为"日历设计巧妙揭开故宫博物院层层珍品,品味艺术瑰宝,记录生活每一天";《清代皇帝服饰》APP应用,被誉为"精美三维建模,宫廷绘画结合高清图片,领略天子华服之美与皇家档案之巨细"。

如图6-61所示,从百度的搜索指数来看,自2015年11月故宫广告推出后,"故宫淘宝"搜索次数从11月22日开始显著上升,到12月1日时已经上升到1784次(当天数据)。经过一段时间的高水平之后,缓慢下降到平均每天400次的搜索量,相比投放广告之前的平均水平,搜索次数增加两倍。从搜索类型来看,移动端和PC端搜索比例约为1∶1.2。随着移动互联时代的到来,人们可以随时随地搜索到和了解到感兴趣的信息。而且,4G网络的普及也使得移动端上网更加高速、便捷。2014年10月,《皇帝的一天》APP应用推出之后,深受大家欢迎,由此也引发了大家对于"故宫淘宝"的关注。当月,百度搜索指数一下子最高上升到460次位置。如图6-62所示,从搜索指数的需求来看,特别是从2014年12月以来,与关键词"故宫淘宝"相关的"旗舰"、"故宫日历"、"淘宝网"等,正呈现出上升趋势。而与检索词相关度最高的,则是"故宫淘宝官方旗舰店"。从百度关键词联想来看,在百度输入关键词"故宫",自动弹出的关键词联想中,"故宫淘宝"仅次于"故宫博物院门票预订"、"故宫门票"和"故宫博物院",排名第四位。

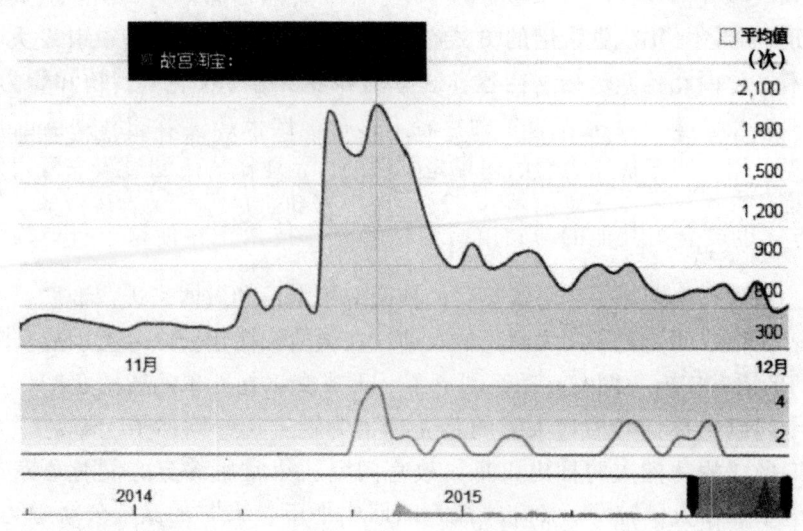

图 6—61　"故宫淘宝"搜索指数

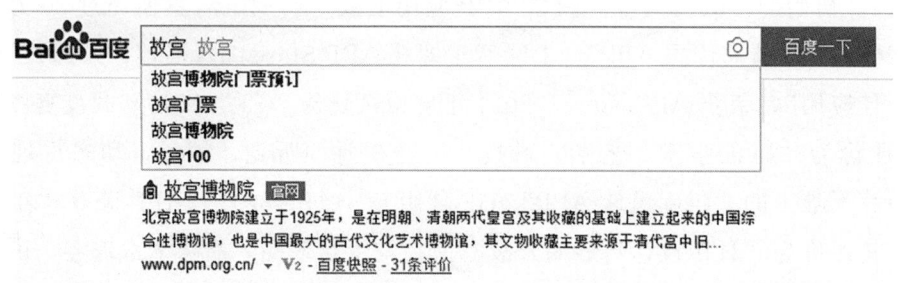

图 6—62　"故宫"的关键词联想

五、营销启示

在"有文化"的基础上，故宫的文创产品找到了其独特的创新风格，常意外地使人眼前一亮、会心而笑。2015 年 12 月末，"故宫淘宝"被评为"2015 年度十大社会化营销案例"之一。有很多运营微信公众号的编辑们开始将其作为案例来学习，如写出《为什么"故宫淘宝"这个微信公众号只发广告，却篇篇浏览量 10 万？》这样的文章，大谈特谈微信运营策略。自从"故宫淘宝"靠着搞笑、卖萌的风格，为大众所熟知后，故宫品牌也很快地被视作"网红"。那么，其究竟是用何种方式逆袭的呢？仔细想来，这个案例可以带来以下几点营销启示。

1. 内容：广告内容要有趣

2013 年 10 月 30 日，"故宫淘宝"官方微博发布《够了！朕想静静》的文章，以极具幽默调侃的语气介绍了"一个悲伤逆流成河的运气不太好的皇帝的故事"。故事的主人公是明朝最后一位皇帝朱由检。一开始，原本在画像上正襟危坐的崇祯皇帝画风突变,以手托额头,摆手作发愁状。然后,他变成了手拿机关枪、眼神有点小邪恶的"被害幻想症"患者,搭配台词"总有刁民想害朕"。再然后,你竟然能看到朱由检的身份证,住址一栏任性地写着"北京紫禁城想住哪就住哪"。接下来是一道证明题,求证的结果是"朱由检的心理阴影面积"。调皮的文风,搭配各种搞笑表情图,"故宫淘宝"把崇祯帝从登基到自缢的人生故事终于调侃完了。但如果认为这只是一个简单的"皇帝生平故事集",就大错特错了!原来崇祯帝的故事只是个铺垫,"故宫淘宝"真正的目的是推销"新年转运必买的2016故宫福筒"!因此,与一些报纸杂志上的传统平面广告不同,新媒体广告从视觉上来看更具有震撼性。无论是丰富的配色,还是精心设计的内容,都会给人带来高质量的享受。新媒体传播,是一种人格化的、主动性的传播。只有好的、能够打动人的作品,才能引起粉丝的共鸣,才会使得广告的受众也通过微信、微博的转发参与到广告的推广中去。

2. 态度:放得下身段,玩起来

传统媒体时代,想到故宫,想到皇帝,其印象一定是威严、庄重的。而对其冠以"软、贱、萌"的气质,恐怕是无论如何也想不到的。从本质来讲,"故宫淘宝"创意是一种大胆的创新。将一种高高在上的古时人物及其物件变得接地气,颠覆了以往人们对于这些古代形象的认知。当然,这种创新也并非一蹴而就,而是一步一步尝试的结果。若找到"故宫淘宝"的早期作品,同样能看出其跟大部分官方微博一样老套的内容。这或许给了很多所谓有"逼格"且高高在上的官方微博以不小的启示:既然进入社交网络,就要跟粉丝玩起来。"故宫淘宝"的成功,就像杜蕾斯一样,有赖于社交网络。在传统媒体时代,大多不会想到"软、贱、萌"会跟故宫结合起来,但那些在传统媒体时代不可能成功的广告都在新媒体中实现了。在微博上,每条广告的推广链接下面至少有上百条粉丝留言。其中,留言也多是围绕图片中的主人公进行的各种调侃,而有的则是针对设计师或是编辑的留言。由于故宫系列广告深受粉丝的喜爱,于是很多人用"这群设计师有毒"来表达他们对广告设计师的赞美。这种粉丝的效应在微信公众号中表现得更加令人欣喜。很多文章的阅读量已经突破10万,点赞数也接近2000,这就表明用户对产品传播的认可度极高,也是一种商家和顾客间的良性互动。特别是微信、微博等社交媒体,给当今互联网时代的人们带来了更多的分享机会,也就使得企业能够以更低的成本去做宣传。

3. 表现形式:文字的时代正在过去,表情的时代正在来临

近年来,最火的必然是"伊莫吉(Emoji)表情"。就连2015年使用次数最多的词汇,竟然都成了"伊莫吉(Emoji)表情"。用表情代表文字,成了人们越来越喜欢的表达方式。众多的品牌,也看中了这一领域的用户市场,为了更好地宣传与推广,纷纷推出了各式各样的表情包。"故宫淘宝"表情包一经推出就备受各界粉丝的青睐,极大地推广了故宫品牌。鲜明的人物形象、生动的故事情节是广告营销的灵魂。在现今碎片化的时代中,想要被人们记住,一定要生动!对于故宫博物院来说,大部分藏品

所代表的形象是不为普通人所了解的。因此，选择一个大家能够接受而又有特点的任务形象，作为宣传的重点，是很有必要的。例如，"四爷"正是一个广为人知的形象。二月河小说《雍正皇帝》里的雍正，是一个阴狠复杂、工于心计、不苟言笑的"冷面王"。到了热播宫斗剧《步步惊心》，以吴奇隆那张依然偶像气质的面孔来诠释的雍正，是一个古代的"高富帅"。既有相貌和才华，又有美人和江山。这也使得很多女性观众将这一形象深深地印在脑海中。而到了《后宫·甄嬛传》，郑晓龙号称要拍一出真正残酷的宫斗剧，一举粉碎万千"玛丽苏少女"不切实际的幻想。显然，这与吴奇隆版本的雍正是迥然不同的两种风格。一系列的穿越剧使得"雍正很忙"，这也充分说明了在当今社会雍正的知名度和认可度还是很高的。而"故宫淘宝"选择这一形象赋予了新的内涵，让人觉得亲切而又新鲜。

综上，"故宫淘宝"团队的成功不是偶然。他们在网络上的迅速走红，得益于广告制作团队进行的策划，得益于对推广内容的极致追求，得益于新媒体与优质内容的完美结合。总之，在本例中依照"AIDA法则"，无论是广告还是产品，有独特的卖点是引起观众注意的首要条件。优质的内容才能让受众产生兴趣，有内涵的产品才能激发受众的购买欲望，有效的营销手段是促成购买行为的强力催化剂。

总结，现代营销已经是新媒体营销时代了！曾经的"央视标王"模式已经离我们远去。

第七章 研究结论及对企业开展新媒体营销的建议

第一节 研究结论

新媒体营销是整体营销战略中一个重要的组成部分,作为企业的一种经营管理手段,是企业开展商务活动过程中一个最为基本的、最为重要的网上商业活动。新媒体营销是一种新的营销方式与营销手段,其内容相当丰富。新媒体营销是指在电子化、信息化及网络化环境下所开展的营销活动。新媒体营销以现代营销理论作为理论基础,通过高科技的技术及功能,最大限度地满足客户的要求,进而实现开拓市场和增加盈利的目的。

新媒体产业近年来得到飞速发展,这对于企业而言,既是大的机遇也是严峻挑战。开展新媒体营销活动的效果关系企业的品牌形象和经济效益,对企业的影响力越来越大。在此对企业的新媒体营销和旧式营销活动进行对比分析,指出了新媒体营销的特点和优势所在,同时也分析了现阶段我国企业新媒体营销活动中存在的问题,最后对企业开展新媒体营销提出了相关意见,以期有助于企业更好的开展新媒体营销工作。

第二节 对企业开展新媒体营销的建议

随着移动互联网时代的发展,新媒体营销越来越受到企业的重视,就当下而言,微信和微博是企业新媒体营销的主要阵地,那么企业的新媒体营销应该如何来做,才能实现粉丝增长和销售转化、口碑效应与品牌宣传的多赢呢?

首先:建议企业成立新媒体营销部门,人员配备为:运营、推广、文案编辑和美工,一个完整强大的新媒体营销团队,是企业做新媒体营销的基础。

其次：企业的新媒体营销包含新媒体运营和新媒体推广，运营是练内功，推广是练外功，两者相互结合，相互促进，缺一不可。只有这样才能做好新媒体营销！

一、新媒体营销建议

1. 新媒体与传统媒体有机结合

传统媒体，如传统的三大媒介——电视、广播、报刊，有其各自的优点。电视相对来说覆盖面还是非常广的，对于一些中老年和儿童群体，仍然是其获取信息的主要渠道。所以，在新媒体营销的应用方面，企业要把新媒体和传统媒体相结合，以达到最佳的传播效果。

2. 精选新媒体模式

新媒体主要的模式，如微信、微博、博客、微电影和网站营销都有广泛的受众群体，企业要精选新媒体形式及具体的网站进行新媒体营销。以微博为例，新浪微博较为成熟，腾讯微博人气比较火爆。

3. 内容致胜

"本来生活网"的褚橙营销走的是内容营销路线。笔者在微信朋友圈上曾经看过描写褚时健的文章，而这篇博文也引起人们对于以其姓氏命名的"褚橙"的关注。在2012年11月5日上午10点，褚橙在电商本来生活网开卖，"褚橙"可以说是"秒售"，前5分钟800箱被抢购；24小时内售出了1500箱；4天卖出了3000多箱；5天卖出20吨。褚橙进京也引起了微博热议，王石在微博上感慨褚时健在低谷的反弹力，许多名人纷纷发微博热议。

在预售期内，本来生活网站就推出一系列个性化包装，那些印有"母后，记得一颗给阿玛"、"虽然你很努力，但你的成功，主要靠天赋"、"谢谢你，让我站着把钱挣了"、"我很好，你也保重"等幽默温馨话语的包装箱，推出没多久就在本来生活网上售罄，可见其受欢迎程度。从电商品牌营销的角度，本来生活网选择了一个有爆点的产品，通过对一个爆款产品的炒作同时提升电商平台的影响力。所以，一个品牌在品牌基础还比较薄弱的背景下，要在互联网上建立品牌知名度，必须要有一个"明星"产品，利用其与品牌的捆绑营销来达成实效目标。

二、以微信为例，新媒体运营和推广

以微信为例，运营包括：标题、内容、排版、编辑、美工；推广包括：增粉（线上线下）、与大号合作、转化（利用自身和外部）。

微信推广的一些方法：

一、找自媒体大号转发、软文推广、互推，有线下实体店的，还可以找本地自媒体帐号做引导，引导至实体店进行转化或引导关注实体店微信帐号；

二、开通微信广告主，引导关注或销售；

三、与自媒体大号合作，利用其阅读原文和自定义菜单放置店铺链接，促进转化。方法有很多，需要不断研究和寻找。

那对于新媒体营销，究竟是运营更重要还是推广更重要呢？

这样，先不说哪个更重要，我们先聊一下运营和推广的作用。

先谈运营。运营是内功，一点不假，内功做好之后，对粉丝的吸引力就会更大，对企业品牌传播和企业口碑有积极作用，同时内功也对已有粉丝的转化起到促进作用，并持续长期影响，更有可能为企业发展一大批忠实的粉丝和用户。修炼内功的重要性不言而喻！

内功的强大，可以使企业的新媒体营销利于不败之地，不过，仅有内功还是不够的，还需要有外功，需要有招式，需要推广，只有这样才能内外兼修，天下无敌。

下面来谈新媒体的推广。外功即招式，通过各种招式（渠道）寻求强化（增粉和转化）的方法，才是企业通过新媒体营销把业务做大做强的主要途径。

所以运营人员在运营过程中需要不断寻求一切可以合作的外部新媒体渠道，来横向扩大扩展有利于粉丝增长和销售转化的途径。当然，无论推广渠道的多寡，首先要把运营做扎实，修炼好内功，只有这样，才能更加有利于新增粉丝的沉淀和转化。

现在，回到上面的问题，到底是运营和推广哪个更重要呢？就本人来看，运营和推广哪个更重要是由企业来决定的。

因为：

一、如果企业在新媒体营销方面没有预算，就请先做运营（内功），把运营（内功）做到炉火纯青，虽然粉丝增长会放缓，但同样可以提高现有粉丝成交的转化。但请记，一定要乐而思蜀，钻研和探索推广的方法和渠道（以备不时之需）；

二、如果有一定的或者充裕的推广预算，请内外兼修，只有内外兼修，企业才会在新媒体营销方面有所突破，甚至成为企业主要的销售来源。

最后：企业的新媒体营销一定要得到老板或相关领导的有力支持、技术部门同事的紧密配合，这也是做好新媒体营销的必要条件。

新媒体是快捷链接产品和客户的点对点通道，造势和导客是它的优势，但只有嫁接上具有销售力的内容才有意义，当我们在玩新媒体的时候，不要忘记我们的初衷，善用新媒体、会用新媒体才是关键。

随着新媒体产业的发展，新媒体营销在树立企业品牌形象、促进企业产品销售等方面起着越来越重要的作用。在新媒体时代，企业的产品营销渠道增多、营销组合更加弹性化，在争夺市场份额的竞争中，作为营销者的企业有了更多的机会将自己的产品推销给消费者。

选择新媒体营销这种新兴的企业模式，就决定了企业在发展过程中，必须承担一定的风险,这种风险有可能是媒体营销手段的失败,更多程度上,是对新媒体营销这种品牌树立手段的风险化使用,媒介化社会语境下,舆论风险问题已成为日益突出的风险问题。在风险社会理论框架中,企业的发展更多面临的是媒体营销选择的软风险,笔者通过对当前新媒体营销环境的考察,立足于舆论风险的角度,通过分析进行媒体营销策略在舆论风险生成以及传播过程中的作用,指出影响当下中国企业选择新媒体营销手段所将要面临的舆论风险的诸种因素,并且在梳理成因的基础上,寻找防范和解决悬着新媒体营销之后所面临的舆论风险的行之有效的途径,这个过程中,笔者也适当的借鉴了通讯行业的相关实例,解析本课题的研究过程和研究结论,争取为相关理论提供更好的基础性研究,为改变当前新媒体营销手段的使用环境做出一定的贡献。

随着科技的不断进步,新媒体给营销方式带来了新的生机和活力。作为新媒体营销,创新仍然是其主旋律,包括内容的创新、形式的创新等,给消费者和目标市场带来永久的新奇和惊喜。企业要转变观念,与时俱进,灵活有效地运用新媒体营销。

参考文献

[1]史亚光. 企业微博客营销策略研究[D]. 华东师范大学硕士学位论文,2011.

[2]王荟. 北京同仁堂自主创新发展路径及其价值观的分析[J]. 商业经济,2014(5).

[3]程书香. 同仁堂品牌文化内涵解读[J]. 消费导刊,2009(3).

[4]孙蕊. 浅析同仁堂跨文化营销理论与实践[J]. 商场现代化,2008(7).

[5]钟书能,李丹婷. 网络视频广告多模态隐喻与转喻的认知构建[J]. 山东外语教学,2014(4).

[6]郭颖. 网络广告品牌形象传播效果的探讨[J]. 新闻界,2010(4).

[7]邓恩. 互联网金融品牌形象传播效果评价模型构建与实证研究——以支付宝和积木盒子品牌为例[J]. 新闻与传播研究,2015(10).

[8]郭明春. 体验营销:体验经济时代的营销模式[J]. 生产力研究,2006(3).

[9]钟财帮,左仁淑. 试论体验营销的模型[J]. 经济管理,2003(5).

[10]邵劼,杨帆. 浅析体验经济与体验营销[J]. 商场现代化,2004(12).

[11]朱丽娅. 体验营销及其战略规划和策略建议[J]. 宁夏大学学报,2005(1).

[12]许稍稍. 颠覆传统商业,为什么是 Airbnb[J]. 中外管理,2015(11).

[13]颜婧宇. Uber(优步)以跨界营销打响品牌知名度的实践思考[J]. 中国商论,2015(16).

[14]徐晓日,李思佳."互联网+"战略下创新创业模式的规范化发展——以"优步"互联网租约车服务为例[J]. 电子政务,2015(11).

[15]丁爱丽. 浅析 Uber 在中国市场的传播模式[J]. 今传媒,2015(8).

[16]罗虹. 新媒体时代下现代企业营销策略创新研究[J]. 管理观察,2015(4).

[17]吕加斌."黄金脆皮鸡"VS"吮指原味鸡"看肯德基自导话题营销[J]. 市场瞭望(上半月),2014(2).

[18]谢桂花. 体验经济时代企业营销策略创新——以肯德基为例[J]. 福建商业高等专科学校学报,2014(2).

[19]朱庆华. 青年亚文化与百事品牌传播研究[D]. 苏州大学硕士学位论文,2010.

[20]彭迪,郭幼勤. 把乐带回家——百事新春贺岁片首映礼在京启动[J]. 社会与公益,

2012(2).

[21]李斌."把乐带回家"有使命感的营销[J].新财经,2012(2).

[22]张帆听,杨树青.体验经济下的营销创新——体验营销研究文献综述[J].市场周刊,2012(1).

[23]党夏宁,张莉云.关于体验营销模式的实践应用及深层思考[J].商业时代,2010(22).

[24]杨晶晶.三只松鼠的品牌经营策略[J].知识经济,2015(6).

[25]张帅.三只松鼠的营销之道[J].现代商业,2015(26).

[26]刘晓丽.垂直类电商的体验营销策略—以"三只松鼠"为例[J].鸡西大学学报,2013(12).

[27]唐莉莉,吴彩霞.三只松鼠整合营销传播中的体验营销的运用[J].新闻研究导刊,2015(14).

[28]张圆圆.互联网思维:"三只松鼠"营销模式评析[J].北京市经济管理干部学院学报,2015(2).

[29]何林.私密产品微博营销研究——以杜蕾斯新浪官方微博为例[D].辽宁大学硕士学位论文,2015.

[30]梁潇.浅析杜蕾斯官微的运营之道[J].视听,2015(10).

[31]吴珍.析谈苏宁易购网络营销策略[J].安徽电子信息职业技术学院学报,2014(1).

[32]苏龙飞,沈伟民.苏宁易购能走多远?最具实力的传统零售企业能否做好电商[J].经理人,2011(12).

[33]何建民.网络营销(第二版)[M].合肥:合肥工业大学出版社,2009.

[34]王乐鹏,谭峥嵘.电商新兵苏宁易购的竞争策略研究[J].市场论坛,2013(7).

[35]周秀婷,张宁.浅谈微博时代的企业微营销[J].重庆科技学院学报,2012(3).

[36]赵爱琴,朱景焕.企业微博营销的优势与运营模式[J].经营与管理,2012(4).

[37]何玲莉.益达的广告营销策略分析[J].企业改革与管理,2015(10).

[38]王建涵.浅析新媒体营销方式——以微博营销和SNS营销为例[J].才智,2013(17).

[39]王晓慧.快速消费品的新媒体营销研究[D].浙江大学硕士学位论文,2012.

[40]谢鑫.新媒体时代下如何激发汽车新型营销模式中的"微力量"——汽车微信营销模式的剖析[J].中外企业家,2014(15).

[41]刘劲强.鞋子就是最好的代言人——"新百伦"营销奇招给中国运动鞋业带来的思考[J].西部皮革,2004(10).

[42]唐兴通.2012新媒体营销的8个看点[J].科技智城2012.2.

[43]王怡.一次受众缺席的社会化媒体营销[D].广告大观(综合版).2010(12).

[44]王艺."蝗虫时代"无线新媒体的广告传播策略[D].新闻爱好者.2010(03).

[45]程小永,李国建.微信营销解密[M]北京:机械工业出版社,2013.

[46]严翔.中小企业新媒体营销现状调查分析[D].市场研究,2013(10).

[47]侯晓飞.探析新媒体营销应用[J].胜利油田党校学报,2009(03).

[48]张倩.旅游目的地新媒体营销及其应用研究[J].华中师范大学,2012.

[49]熊澄宇.新媒体与移动通讯[J].广告大观媒介版,2006.5.

[50]杨先红.论新媒体系统整合营销[J].现代商贸工业,2009.2.

[51]侯晓飞.探析新媒体营销应用[J].胜利油田党校学报,2009.3.

[52]叶晓.新媒体营销机遇[J].广告人,2012.3.

后 记

看着本书的完成，感慨颇多！终于长长地舒了一口气。好像是有一种强烈的责任感，在迫使我努力做完这项非常有价值的工作，我也因为完成了这项工作而感动无比的欣慰和兴奋。

本书详细介绍了企业开展新媒体营销的全过程，是企业高层、营销管理、信息企划、广告从业人员了解新媒体营销这一强大营销武器的一个窗口。我们希望她不仅是一本新媒体营销理论入门读物，更是一本指导企业在瞬息万变的市场环境应用新媒体营销策略的实战指南，对企业营销的发展和创新提供实际的帮助。

本书能够得以顺利出版，离不开众多朋友的关心、支持和帮助。这本书凝聚着他们的智慧和心血。他们的热心、真诚和认真令人感动。最后，就是一直默默给予我关心和支持的家人，他们永远是我不断前进的动力和最后寻求的归宿。我要特别地感谢他们。

如果您在阅读本书时遇到疑难问题或您在开展新媒体营销的过程中遇到困难，可编辑短信发送给我。

谨以本书，献给所有爱我的人和我爱的人！